ギャンブリング害

貪欲な業界と政治の欺瞞

Vicious Games

Capitalism and Gambling

レベッカ・キャシディ 著

甲斐理恵子 訳

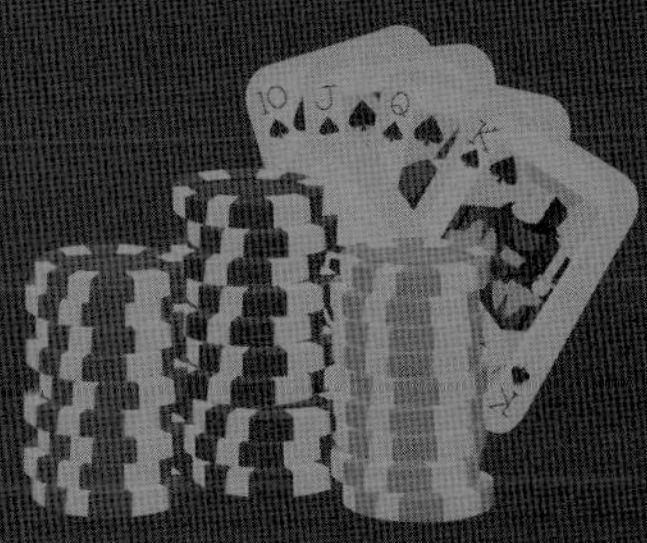

ビジネス教育出版社

VICIOUS GAMES
by Rebecca Cassidy

First published by PlutoPress,London.www.plutobooks.com
Japanese translation published by arrangement with Pluto Books Ltd.
through The English Agency (Japan) Ltd.

●謝　辞

本書は長年にわたる実地調査のすえに完成したので、限られた紙幅でたずさわった方々全員に感謝を示すことはできない。ただ一方で、本書のために尽力してくれた方全員が情報提供者として名前を掲載されたいと願っているわけでもない。そこで、過去15年のあいだにギャンブルについて語ってくれた人、書いてくれた人に感謝することから始めたい。協議会での空き時間や賭博店での会話はどれも貴重で、ギャンブルや政治の理解を深める助けになった。おそらく、必ずしも彼らが意図した通りではなかっただろうが――。

最大の恩義を感じるのは、自らの体験を語り、ギャンブルは娯楽活動だからボウリングや映画鑑賞と同じだという根強い主張に疑問を抱かせてくれた大勢のギャンブラーたちだ。なかでも、ギャンブリング害について語ってくれた方々には大変お世話になった。ギャンブル依存症が個人やその家族にもたらす悲惨な状況に対処しつつ、私の取材のために時間をやりくりしてくれたのは、寛大な気持ちのなせるわざだ。彼らの体験がより多くの人々をインスパイアし、「ギャンブル依存は疾患であり、ギャンブルによって引き起こされる害は、この社会に生きる私たちひとりひとりの責任である」という主張が広く受け入れられることを願ってやまない。

これまでもギャンブル以外の分野では、患者と一般社会の関与が重要視されてきたが、ギャンブルに関しては、豊富な治療経験を有する専門家の見解が、イギリスのギャンブル政策やリサーチ組織に伝えられることはなかった。ギャンブリング・ウィズ・ライヴズをはじめとする慈善団体の努力でこの状況が変わることを心から願っている。

取材に時間を割いてくれたギャンブル業界の方々にも感謝したい。とくに少数の幹部は、社内で私が働くことを受け入れ、スタッフに取材もさせてくれた。イギリスのデジタル・文化・メディア・スポーツ省に対しては（本書執筆時点でギャンブルを奨励している）、政策立案者が決断に必要な事実を手にしていることを示す唯一の道は、業界の現状がわかるデータ、すなわち営業認可状況の開示だと説得し続けていくつもりだ。データを閲覧できなければ、ギャンブル調査は推論の域を出ず、業界はこれまで通り何をしても責めを負わないままだろう。

感謝の気持ちを表すために同僚ひとりひとりの名前を挙げるのはやめておく。そんなことをしても、儲けの大きい秘密の世界と駆け引きをする彼らの助けにはならないだろうから――。

この調査の（そしてギャンブルの）大きな責務、透明性、独立性を理解し賛同してくれた全員に感謝することで、本書の執筆を手助けしてくれた大勢の方々へのお礼としたい。最後に、仲間の人類学者にも深謝したい。ゴールドスミス・カレッジをはじめ多くの場所で、みなさまざまなアイデアや情熱、協力で私を支えてくれた。長期の実地調査から人類学研究に戻ると、いつも家に帰った気分だった。

♠ 目次

✣シリーズ序文

世界中の人々が不平等や不公正という新たな抑圧や、地球の生態系に人類が与える影響に立ち向かういま、こうした21世紀の危機や課題に対し人類学ができることを問うのが当シリーズである。目標は、しばしば政治学や経済学が支配する議論に人類学ならではの貢献をすることだ。そこに致命的に欠けているもの、人類学的手法で提供できるもの、それは人間という存在の理解だ。

私たちが出版する作品は、民族誌的研究と人類学的分析にインスパイアされ、権力や社会の変化に向き合いつつ、生身の人間の奮闘や物語を表舞台に置き続けている。つまり、私たちが歓迎するのは人類学に注目する作品だ。人類学の古典的な関心事である人々の交流や相違点、信念、血族関係、そして物質社会の問題を、同時代の環境変化や資本主義経済、さまざまな不平等との戦いへ押し出すような作品である。私たちはあらゆる時代の人類学作品を出版し、理論的討論と経験的証拠を結びつけ、現代世界の理解のために人類学ができる独自の貢献を示すつもりだ。

ジェイミー・クロス（エディンバラ大学）、クリスティナ・ガーステン（ストックホルム大学）、ジョシュア・O・レノ（ビンガムトン大学）

はじめに

すべてはゲームだ。金、ギャンブル、シティ、政治。すべて同じだ。われわれのゲームにとりわけ悪意があるのは、ただの偶然だ。（ロンドン、古参ブックメーカー）

本書は、1980年代初頭に始まった商業ギャンブルの世界的拡大の背景についてまとめたものである。ギャンブルの儲けのおこぼれに与ろうと必死な企業、政策立案者、そして学者が、いかにして成長を支援してきかを、長期にわたるフィールド調査によって明らかにするのが目的だ。具体的には、犯罪の潜在的原因とされてきたギャンブルが合法的な娯楽活動へと見直される一連の流れのなかで、イギリスのギャンブル産業と政策立案者が果たした中心的役割を明らかにするとともに、その影響が広範囲に及んでいることを、ギャンブル産業界のプロやその顧客の日々の暮らしを通して明らかにしていく。

私が初めてギャンブルに興味を持ったのは、1999年、有名なイギリス競馬の拠点であるニューマーケットで実地調査を始めたときだ（Cassidy 2002）（訳注：文中の人名と年号の表記は、巻末の『参考文献リスト』の文献著者と出版年を表す）。早朝は慌ただしい調教馬場の女性厩務員として馬を荒れ地で走らせ、午後は寝ぼけ眼で賭けの胴元である「ブックメーカー」の店で過ごした。そこでは友人に会えたし、「私たちの」馬が走るレースを見ることもできた。ときには簡単な賭けをすることもあったが、それでもパブに行くより安上がりだった（パブより多少汚くて煙たかったが——）。

当時のギャンブルは比較的つつましく、カジノは宣伝広告が禁じられ、賭博店の窓は明かりが落とされて暗かった。もちろんオンライン・ギャンブルなど現実離れした夢物語でしかなかった。それが2007年、すべてがひっくり返る。イギリスで新賭博法が発効し、それに付随して多くのさまざまな事柄が動き出したからだ。そのなかには意図的なものもあれば（オンライン産業の成長）、思いがけないものもあった（大通りに軒を連ねる賭博店の増加）が、人類学者が「イギリス社会に重要な問題を生じさせた」と警告を発するには充分な変化だった。また、ギャンブルの成長によってリスクと報酬に関する観念が変化し始めたことも、新たな問題の一つと言える。

あれから十数年がたった今、ようやくこうした変化が賭博をする人々に与える影響がわかり始めたが、「ブラックボックス」化したギャンブル産業にはまだまだ知られていないことが多い。そこで、本書ではおもにギャンブルを生み出すさまざまな業界の人々や規制当局、政治家に注目することで、ブラックボックスに光を当てることにした。この業界は（彼らの言を借りるなら）「秘密主義で、訴訟まみれで、非常に潤沢な資金がある」（北米のカジノ幹部の2012年の言葉）。そのため、私の録音記録には、頻繁にばたんと閉まるドアの音や電話の着信音、そして何より『沈黙』が記録されている。実際、業界の経営幹部たちは、研究機関に属さない学者に調査をさせまいとして、故意に取材の約束を避けていることを隠そうともしなかった。2013年に取材したある幹部はこう説明した。「あなたはただじっと座っているしかなく、最終的に『どこかよそを調査しよう』と思うだろう。私はあなたのメールは無視するつもりだが、もしまたあなたを見かけたら心から謝罪して正直になろう。礼儀正しくもなろう。それでも決して、絶対に、あなたの要望に応えるつもりはない」

だいたいこうした対応をされるので、ギャンブルを取り巻く人々との接触交渉には長い時間が必要だった。そして、たいていは失敗に終わった。しかし、これは驚くべきことではない。なんといっても、ギャンブル関連企業は、学者にビジネスのからくりを解明してほしいとは絶対に思っていないからだ。

排他的な人々

では、どうやって話を聞く相手を見つけたのか？　それは純然たる粘り強さと、長丁場のゲームを続けることで、いくつか例外的な機会を得ることができたからだ。たとえば、ある賭博店チェーンに出入りできるようになったのは、騒々しいギャンブル産業の協議会で隣席の人にかけた何気ない言葉がきっかけだった。たまたま隣同士になっただけだが、彼は小規模ながら将来有望な賭博店のＣＥＯで、商売敵が私の取材リクエストを断ったと知るやいなや、私を仲間に迎えてくれたのである。おそらく私の取材によって、ライバルたちが混乱するかもしれないと考えたのだろう。彼はけんか腰で「敵の敵は友人だ」と言い放った。

そんな彼らを理解するうえで押さえておくべき重要なポイントがある。それは、ギャンブル産業は一見搾取的で強欲に見えるかもしれないが、内部の関係者は批判に対して絶えず正当性を主張する必要性を感じてはいないということだ。彼らは友人に囲まれ、独特な世界観を編み出し、そこに居場所を作っている。本書では、その特殊性も明らかにする。実際、いったんこの世界に足を踏み入れたら、私の存在が疑問視されることはめったになくなり、逆に親切にしてもらうことも多かった。

とはいえ、ギャンブルの世界に潜入するのはひと苦労だったし、彼らと同化するのを避けるのも大変だった。たとえば、賭博店の実地調査が長期に及んだとき、私は同僚に『自分は人類学の専門家であって、小売業界で出世したいと目論むレジ係ではない』と思い出してもらう必要があった。また、東京のカクテル・パーティーでは、カジノ経営者の代理人を務める弁護士に、「もしその経営者の社会的責任に関する方針について何か書いたら、二度と働けなくなるだろう」と忠告された。私が「ギャンブル産業の商業的革新と、責任あるギャンブリングも含めて、ギャンブルの拡大を下支えする主張に興味があるだけです」と言い返すと、彼は自分の指を耳に突っ込んで「いやいや！　聞きたくないね！」と言い切った。

それでも私は、ほぼ20年間にわたって、イギリスやアメリカの競馬場をはじめロンドンの賭博店やソーシャルゲーム・スタジオ、ラスベガスのカジノ、日本のパチンコ店やカードゲーム賭博店、ジブラルタルのオンライン・カジノ企業、マカオのカジノやＶＩＰルームなど、さまざまな場所で現地調査を続けることができた。こうした取材は特定の社会集団に対する型通りの実地調査だったが、それを補足するような異質な出来事にも世界各地の集会で出くわした。その様子を見ていると、『ギャンブル産業全体が機能不全を起こしていること』は明らかだった。あるメンバーは、それをこう表現した。「80年代の最悪なタイプの銀行員を、著しく極右的で性差別主義的にしたようなものだ」。まさに的を射た表現だ。

ギャンブル産業は多種多様なグループから成る。その違いを徹底的に分類し、ギャンブルの種類や地域を図上に簡単に当てはめるといった発想は、私には毛頭なかった。私が話を聞いた非常に手ごわい人々のなかに、イギリスの賭博店やオーストラリアのカジノの代表者がいたのは事実だ。私は怒鳴りつけられ、引き立てられ、パンくずをかけられ、話の種にされた。また、多くの（たいていは）男性に偉そうに説明されたり、無視されたりもした。もちろんその中には組織で責任ある地位に就いている人もいた。

しかし、そんな集団の中にも教養のある興味深い人物が少なからず存在した。しかも、そのうちの幾人かはギャンブル業界で働くことを心底いやがっていた。「こんなビジネスは嫌いだ。このビジネスのせいで魂は真っ黒になり、髪はすっかり抜け落ちてしまった」。これは、私が集会に出そこなったときに、ある人がくれたメールの文面だ。そして、「きみはいつ来るんだい？　きみは、このくそったれなことすべてを耐え得るものにしてくれる、唯一の人間だ」とメールは続く。ほかにも信じられないほど頭の切れる人々や、良心がある人がいたことを付け加えておく。

多くのギャンブル業界関係者が抱える矛盾

こうした人々については後半の章で詳述するが、最初から理解しておくと役に立つことがある。それは、表向き商業ギャンブルは、快活で熱狂的な（しばしば女性の）広告タレントが『責任ある、かつ安全なギャンブル』を保証するが、いったんビジネスが始まれば、関係者は潔癖にはほど遠い行動をとる、ということだ。だからと言って、すべてのブックメーカーやカジノ幹部が悪魔のような人物というわけではない。彼らのなかには人々を傷つけ、後ろ指をさされ、（ところによっては）組織犯罪と関連づけられるビジネスに関わっていることに対して、いくつもの弁解を重ねる人も少なからずいた。彼らは、必ずと言っていいほど自らを『会計士』『銀行員』（少なくとも2008年の金融危機までは）と自称したのですぐにわかった。ちなみに近頃の新米は『会計士』や『銀行員』ではなく、「テクノロジー業界で仕事をしている」と言うことが多いようだ。

そんな状況だから、彼らのなかには、ギャンブル業界で仕事をしているのを家族や親戚に話していない者もいた。あるカジノ・マネジャーにいたっては、妻の両親に30年以上も自分の仕事を隠し通していた。つまり、ギャンブル企業の経営陣のなかには、どこにでもいる普通の人々と同じように生活しているふりをしている者も少なからずいるということである。家庭では愛情深い父親や夫を演じ、外では有害な商品を売る矛盾。その矛盾を自らに納得させるため、多くの関係者が「ギャンブルはほとんどの人にとってほぼ害のない娯楽であり、社会に雇用と収入を提供している」と都合よく考えているのだろう。本書では「どうしたらこういう考え方にいたるのか」についても綿密に考察する。

詳細については後述するが、より視点を広げて見ると、ギャンブル業界の人々はある信条を受け入れることで矛盾を克服していることがわかる。それは、文化的にも歴史的にも独特でありながら、自然界の事実と表現される、『個人と個人の関係は最重要事項ではなく、副次的事項でしかない』という考えだ。ギャンブル産業に従事する多くの人に言わせれば、支援政策の面で彼らが頼りにしている政治家も含めて、人間が責任を負うべき対象は自分自身だけだということである。私はこの考えに興味をそそられるし、新しい独自の歴史観と考えている（Sahlins 2008）。

ギャンブル産業に従事する200人以上に取材

私が会って話を聞いたのは、ギャンブルを創造しそれを売り物にする人々だけではない。私はギャンブルに関する政策や規制を作る人たちとも長い時間を過ごした。たとえば、イギリスやヨーロッパの政治家のギャンブルに対する意見は、おおよそ毒入りの聖杯（訳注：手にした瞬間はすばらしく思えても、徐々にその危険性がわかってくるという意）ということで一致していた。元聖職者の言葉を借りると『靴についた糞』というわけだ。そのため彼らの多くが「仕方なくギャンブル産業でビジネスをしている」と語った。その一方で、「問題の多いギャンブラーやその家族が新聞の見出しにならないようにうまく処理している」とも話した。つまり、「ギャンブル産業政策は証拠に基づいて立案されており、その決断は政治とは無関係だ」と長いあいだ主張し続けてきたのである。第1章では、この骨組みの重要性やその起源について取り上げる。

ギャンブル産業の関係者や政策立案者に取材する傍ら、私はイギリスのギャンブル最前線で働く人がギャンブルについてどう考え、自分の仕事をどう受け止めているかも知りたいと思っていた。そこでレジ係やアシスタント・マネジャーの研修を受け、賭博店2カ所で無給の出納係として働いた。マルチベットの『ヤンキー』『トリクシー』『ラウンドロビン』の違いを学び、停電のときでも賭けを受け付けられるように特訓を重ね、スローカウント（訳注：レース出走直後に賭けようとする行為）やわざと読みにくい文字を書くいかさま師をどうやって見分けるかを学んだ。この経験については第3章で明らかにしたい。

さらに2012～2017年にかけて、賭博店の客に関する知識を深めるためギャンブルをしない普通の人々について調査した。そのためにロンドンやイングランド南東部のポーカーをたしなむ中流階級ゴルファーや、ソーシャルゲームを楽しむ『セレブな主婦たち』など、さまざまな地元グループの集まりに顔を出した。そこで年長者とともに大量の紅茶とケーキをいただいたこともあれば、アーチェリーや道化の歴史、耳が不自由な人を助ける補助犬について学んだりした。ビジネスマンや昼食会の女性たち、釣り師、クリケットのチームを相手に講演をしたり、調査書、質問書、メモ冊子を配ったりもした。ディスカッション・グループを作って、ギャンブラーと非ギャンブラーのための「面談時間」を設けたこともある。

もちろんラッフルやトンボラという富くじも買った。夜の競馬レース、ビンゴ集会、クロスカントリー競馬へも足を運んだ。ドッグショーやリンゴの品評会、さらには第1次世界大戦終結記念会等々、ありとあらゆる祭りやバザーを訪ね歩いた。ケント・ビレッジの通りや、「株式仲買人地帯」と呼ばれる地区の通勤列車で人を呼び止め、ギャンブルについてたずねたこともある。取材対象者は200人以上にのぼった。

ブライトンの世論調査文書館でも徹底的に情報を集めた。そんななか、自分の村で開催されたビートル・ドライブというゲーム大会ではうれしいこともあった。ローズという女性が声をかけてきて、「ギャンブルに興味がある女性が開いた講演会に、近所の友人のいとこが行った」というのだ。ローズは「その講演者に連絡をとってみましょうか?」と言ってくれた。そこで「私がその講演者よ!」と打ち明けると、ローズは自分が役に立てないとわかって少々がっかりしたようだった。

イギリス国外では、ケンタッキー州、キルギスタン、ジョージア、モンゴル、インド、香港へ飛んで、地元のギャンブラー、競走馬のトレーナーやブリーダー、ジョッキーたちと交流した。香港やシンガポールのプロ・ギャンブラー、東京のパチンコ名人、オハイオ州のビンゴのベテラン、ラスベガスのスロット常習者に取材をするなかで、マカオの自称カード名人といっしょに遠出もした。ジブラルタルでは、3カ所の企業に籍を置いて従業員と行動をともにし、100人以上の政策立案者や関係者に話を聞いた。さらに、取引フロアにも入りこみ、ブックメーカーが扱うサッカー賭博の市場を目の当たりにした。一方、ロンドンでは賭博店の客を集め、グループ形式で意見を発言してもらった。

このような長年にわたる慌ただしい活動の目的は、まず自分自身があらゆる種類のギャンブルに身を投ずること。つまり、多種多様な調査手法やアプローチを使って、ギャンブルについてどのように考えているか、ギャンブルにどの程度かかわっているか、最近状況がどう変化したと思うか等、多種多様な意見を集めることだった。要するに、私の調査の趣旨は、賭け事をする人の数やその頻度を調べる調査ではないし、ギャンブルの上っ面をとらえたスナップ写真を撮ることでもない。ギャンブルの特定の活動や伝統に穴を開け、深く掘り下げることであり、その内容は非常に濃く、一般的な調査結果ではわからない貴重な資料と言える。

近年のギャンブル調査は、質的な転換点を迎えている。本書もそれに則り、根拠に基づく全体像の把握と、ギャンブラーやその家族の体験を中心に分析する批評的アプローチを目指すことにした。さらに、ギャンブルが原因で広がる社会階級や人種、ジェンダーにまつわる格差にも注目した（Cassidy et al. 2013 ; Nicolle 2013 , 2019 ; Schüll 2012）。

人類学では主流のアプローチ手法を使う

本書は対照的な事象を偏りなく紹介するために、さまざまな状況や管轄区のデータを用いている。人類学では主流となっているアプローチ手法を使うためだ。この手法を使えば、「いかなる場所、いかなる時代でも、ギャンブルというものは避けがたい存在だ」という考えは崩壊する。つまり、どこか別の場所に目をやり、自分の置かれた環境とは異なる世界があることを知るだけで、「社会通念」は覆される。

それまでは考えもしなかった疑問が浮かび、新たな視野が開けるはずだ。

私はギャンブルが行われる環境の混沌や混乱を大事にしたいと考えている。それらは研究室で整然と実施される心理学実験にはないものだからだ。誰かがギャンブルをするときに、デットフォードの違法な闘犬に賭けるのか、それともマカオのカジノでバカラに賭けるのか。その違いが、私にとっては重要かつ興味深いデータなのである。たいていはデータの「ノイズ」とみなされ報告書からは「消される」が、私は心理学者ではないし、そもそも賭博行為やギャンブラー本人についての一般調査報告書を作るつもりはない。逆に、すっかり世間に定着して幅を利かせている主張や意見を問題にすることで、そのような主張や意見が商業ギャンブル合法化の過程で重要な役割を果たしてきたことを明らかにしたいと考えている。

実地調査は、イギリス社会人類学会の倫理規定に従い、すべて公に行った。取材協力者には、私から研究内容について説明したあと必ず書面か口頭で承諾を求めた。また、調査協力者のプライバシーを守るために、そして彼らの希望に添うために、本書で使われる氏名はすべて仮名とした。協力者のエピソードから個人が特定されそうな場合は、匿名性を守るために物語の細部に手を加えることも行った。人類学者である以上、調査協力者の安全とプライバシー保護は最重要事項であり、何よりも優先される事柄だからだ。

そうした姿勢を貫いたことで、実地調査の過程で、ギャンブル害を経験した多くの人々や治療の専門家と話をする貴重な機会にも恵まれた。本書は、そうした彼らの意見や彼ら独自の優先事項によって意義あるものになったと言っても過言ではない。歴史的に見ても、ギャンブル調査や政策立案に、「経験のある専門家」からの情報や意見が欠けているのは明らかである。この欠陥は、今後検討する必要があろう。

本書の調査にあたり、数カ所から資金援助を受けた。初めて受け取ったギャンブル調査の援助金は、経済社会研究会議（イギリス政府が資金を出す政府外公共機関）と、問題ギャンブルの調査、教育、治療用費用を負担するためにギャンブル産業から任意の寄付を受ける慈善団体「責任ある賭博信託基金」（R・iGT、現ギャンブル・アウェア）のジョイント・ベンチャーからだった（Cassidy 2012a）。しかし、調査結果をR・iGTに報告すると、「まず書面で許可を取って下さい。それからでなければ、調査内容の公表はできません」とくぎを刺された。このような警告は少しもめずらしいことではない。世界中の慈善基金、独立公共機関、政府各省すべてが、ギャンブル調査に資金提供はするものの、自主独立性があるはずの大学の研究にいつも決まってあれこれ条件を設けてくる。

しかし、私も当時は若く愚直な研究者だったので、この経験が私自身にとっても、研究方針にとっても非常に大きな意味を持つことになった。その後はギャンブルから生じる利益と直接関係する組織の資金援助は受けないと決意し、一般的なギャンブルにまつわるさまざまな証拠にもっと注目しようと決断するにいたったからだ（Cassidy et al. 2013）(注1)。ありがたいことに2010年に、ギャンブル産業の拡大を人類学的見地で調査するために、欧州研究会議（ＥＲＣ）から4年間の奨学金を受け取ることができた（ＥＲＣ　２０１５）(注2)。どこからも妨害される心配もなくギャンブルに幅広いアプローチができたのは、この支援のおかげである。

ギャンブル産業の規模はどれくらいか？

今やギャンブルに関する広告は、テレビや電話、街角、有名スポーツ選手のユニフォーム等、ありとあらゆる場所で目にするが、実際どれほどの規模になっているのか。それを正確に見積もるのは非常に難しい。手に入るデータが不充分だし、そもそも金勘定をする人々の既得権益を侵す恐れがあるからだ。２０１５年、モルガン・スタンレーは、世界的なギャンブル市場には４２３０億ドルの価値があり、さらに２０２２年までに６３５０億ドルに成長するだろうと概算した。その報告によると、最大部門はカジノ施設で行われるランドカジノで、総収益の35％を占めるとしている。続いて宝くじが29％、スポーツ賭博やパリミュチュエル方式の競馬といった「その他のギャンブル」が28％、そしてオンライン・ギャンブルが９％の３７０億ドルと推計した（Morgan Stanley 2015）。

実際どの程度の規模なのかを感覚的につかむために、ブルームバーグの調査を見てみよう。２０１７年時点で、カジノ産業は世界全体で12番目に大きな産業であり、これは化学・採炭産業の一つ上の規模である（Bloomberg 2016）。このギャンブル産業のお金が、地理的にどのように分布しているのか？

フォーブス誌によると、ランドカジノの１４６０億ドルのうち、アメリカの商業施設および「先住民族の事業」(注3)が46％に相当する６７０億ドル、アジアとオーストラリアのカジノが42％の６１０億ドル、それ以外の国や地域が12％の１８０億ドルを稼ぎ出したとしている（Cohen 2015）。

こうした調査から、過去40年間で合法ギャンブルが世界各地で急成長したことに、ほとんど疑いの余地はない。しかし、成長の度合い、範囲、分布の見積もりはかなり怪しい。というのも、調査の情報源や用いた資料の確度に問題があるからだ。たとえば、ギャンブルが生む利益を計算する方法は数多くあるし（もっとも一般的なのは総粗収益、すなわちＧＧＲで、おおまかにいうと賭け金から顧客の勝ち分を差し引いた額）、公表するデータも管轄地域や企業ごとに異なっている。そればかりか、ときには事業上の秘密としてまったく表に出さない企業すらある。

それだけではない。民間企業の場合、ライバルの公共団体とは違い、データ公開の義務を負っていないため、ギャンブル規制当局が集めたデータは不充分なものが多い。そのため、管轄区内で比較することすらできない。また、最新のテクノロジーや新たな市場にまったく追いついていないケース、逆に新たな形式のギャンブルが報告書に含まれたことで比較が難しくなってしまったケースもある。

もう一つ、問題を複雑にしている要因がある。それは、データ収集に使われた手段が報告書に一切記載されていないことだ。そのため、時代や場所をまたいだ有意義なデータ比較は事実上できない(注4)。そもそも使った手段に問題がある。というのも業界関係者や政治家にとって都合のよい統計データを得るのが主な目的だからだ。

実際、ギャンブル産業といっても特定の市場や部門によっては、成長予想が右肩下がりになることも少なくない。しかし、その事実は常に無視される。その結果、歴史ある調査会社でさえ期待外れの結果に直面してから、さまざまな報告書の数字を根底から改めるといった事態に陥る。たとえば２０１５年、モルガン・スタンレーはアメリカの２０２０年のオンライン産業の規模予測を50億ドルから27億ドルへ大幅に下方修正した（Pempus 2015）。私はこの誇張の多いつぎはぎのデータを可能な限り検証し、さまざまな推定値の情報源や根拠を見失わないように努めてきた。そんなことは初歩の初歩に思えるかもしれないが、こうした基本が守られないことが多いのが、この業界の特徴だ。

たとえば、全米プロバスケットボール協会（ＮＢＡ）のコミッショナー、アダム・シルバーの発言も、不正確な数字に基づいていた。２０１４年、シルバーは、違法ギャンブルの市場規模が４０００億ドルにのぼるとの情報を基に『ニューヨーク・タイムズ』で意見を表明し、アメリカにおけるスポーツ賭博の合法化に賛同した（Silver 2014）。しかし、オンラインマガジン『スレート』のジャーナリストが、この数字の根拠を探ったところ、連邦議会メンバーの「当て推量」であることが判明したのだ。この顛末について件の記者は、「その場で捏造されたかもしれない統計データが歴史のなかに封入された」（Weissmann 2014）と述べている。いったん捏造された数字は、その根拠に疑義が生じたあとも、法律に重要な変更を加える際の根拠にされてしまう。問題なのは、こうした話がギャンブルにまつわる政策や調査データではよくあることだ。

ギャンブル規制への異なるアプローチ

前述したとおりギャンブル産業の成長は世界的な現象だが、成長の程度にはむらがあるし、その土台となるビジネスも大きく異なる。たとえばマカオでは、「ギャンブルの帝王」ことスタンレー・ホーが70年以上にわたってカジノ経営権を独占していたが、ついに２００４年、アメリカのサンズ・コーポレーション（世界最大のカジノ企業）が経営ライセンスを獲得した。中華圏で唯一カジノ・ギャンブルが合法化されているマカオは、徐々に世界最大のギャンブル市場に成長し、ピーク時の２０１３年には総粗収益が４５０億ドルにのぼった。その後、中国が「汚職事件」（政治腐敗）を断固として取り締まり始めたのをきっかけに右肩下がりに転じるが（Ge 2016）、いまだにマカオはラスベガスをはるかに引き離している。２０１７年のマカオの総粗収益は３３０億ドル、一方ラスベガスは70億９０００万ドルに過ぎない（Casino News Daily 2018）。

アメリカやオーストラリアでは、ギャンブル産業の成長の原動力はずっと電子ゲーム機だが、世界中どこも同じというわけではない（Schüll 2013）。たとえばマカオでもっとも人気があるのはテーブルで生身のディーラーとプレーするバカラで（２０１７年の収益は２９２億ドルを占めている）、２位に大差をつけている。ラスベガスは対照的に、おもな収益源はスロットマシンだ（２０１７年は36億４０００万ドル）（Casino Mews Daily 2018）。

しかし、人口ひとり当たり世界最大のギャンブル機器はスロットマシンかというと、そうではない。そのマシンを保有しているのは、アメリカではなく日本だ。厳密に言うと日本では「賭博」（競馬、オートレース、競輪、競艇は除く）は違法なので意外だが（Ziolkowski 2016）、そのギャンブル機器とは騒々しいピンボールの一種『パチンコ台』である。日本の郊外の沿道では、『パーラー』と呼ばれるパチンコ店が文字通り異彩を放っている。手軽に遊べて没頭しやすい点はラスベガスのスロットマシンやオーストラリアのポーカー・マシン『ポーキー』と同じだが、スロットやポーキーとは違い、パチンコは『ギャンブル』ではなく『娯楽』と定義されている。「パチンコ店で出玉と交換してもらった商品を屋外の小屋で換金してもらうから」という理屈だ。日本は今、北米企業の数年にわたるロビー活動が功を奏したのか、大阪に国内初のカジノを中心とする総合型リゾート施設を建築するための認可作業に入っている（Wilson and Saito 2018）。しかし、今のところオンライン・ギャンブルは、日本政府や自治体が運営する競馬、競輪、オートレース、競艇を除いて違法のままだ。

もう一つ忘れてはならないのは、ギャンブルが急成長している場所がある一方で、ギャンブルが全面的に、あるいは部分的に禁じられている場所もあることだ。たとえばスポーツ賭博は、アメリカの大半の州をはじめ、世界最大のギャンブル市場にも数えられるインドやパキスタン、中国でも違法だ。言うまでもなく、これらの国にも人々が熱狂する独自の賭け事が存在する（Puri 2014）。

本書が注目するのは、合法的なギャンブル産業と、その合法性の根拠となる政治理論である。ほとんどのイスラム教国ではギャンブルは禁じられ、なかでもブルネイやアラブ首長国連邦等ではかなり厳格に規制している。一方、カナダや北欧の数カ国はまったく異なるアプローチ手法をとっている。規制ギャンブルの運営を国が独占したり、民間企業に委託したりしているのだ。たとえばオーストラリアは国民ひとり当たりのギャンブル消費額がもっとも高く、賭博店や地域のゲーム会場、慈善組織が利用されている（Economist Daily Chart 2017）。一口にギャンブルと言っても、このように定義づけや好みのゲーム、実践の仕方には社会や地域で違いがある。この違いはそれぞれの社会特有の歴史や習慣から生まれたものであり、当然後述する法規制の変更も、その影響を受けることになる。

先頭を行くのはロンドン

世界的なギャンブル業界の規模や多様性を理解するのに最適な場所がある。それは「国際カジノ展示会」（ＩＣＥ）だ。世界最大の商業ギャンブル協議会で、ロンドンのエクセル・センターで毎年2月に開催される。ＩＣＥは国際的かつ革新的で、絶えず変化し、攻撃的なほどリベラルで、性差別主義的だ。ギャンブルが世界的膨張過程にあるなかで、ロンドンが果たしてきた役割を回顧するには申し分ない場所だろう。ちなみに会場内の様子は、東京のパチンコ店によく似ている。どちらも人間味が感じられず、耳を聾する音に足がすくみそうになるからだ。

ＩＣＥには何百もの出展者が参加する。ルーレット用の回転盤、カジノ用椅子、自動カードシャッフル機といった自社製品を売り込もうとどこも必死だ。たとえば、最新型スロットマシンの業者は、巨額のマーケティング予算を使って華々しい結果を残そうとしていた。２０１７年に参加したマン島を拠点にするソフトウェア・プロバイダーもその一つで、特別しつらえの恐竜バーで新作ゲーム「ジュラシック・パーク・ワールド」を発表した。恐竜バーには「恐竜の卵や、琥珀に閉じ込められた蚊」、「後期白亜紀の遺伝子変異爬虫類で、サメを捕食する全長５メートルの巨大なモササウルスのレプリカ」を並べた（Press Release 2017）。同社はその前年に「冷凍ラボ」を作り、バーチャル・リアリティ（ＶＲ）ルーレットで時代の先端技術をお披露目したばかりだった。

しかし、それらも「セクシーな女性ダンサー」グループ『ディ・バッデスト』が販促するエンドルフィナ社の標準型「トゥワーク・スロット」（訳注：きわどいショートパンツをはいた女性のヒップの絵柄が使われている）の人気にはかなわなかった。当然、こうしたＩＣＥのやりかた、つまり女性の扱いや描写の仕方が２０１８年に批判を呼ぶことになる。しかし、２０１９年になっても何一つ変わっていない。ギャンブル産業の複数分野に内在する性差別思想を見せつけるだけで、悪びれる様子は全く見られない（Davies and Marsh 2018）。

私も２０１８年のＩＣＥでこんな体験をした。騒音のただなかで「フェミニズムについてどう思うか」と、幹部の一人にたずねると、彼はこう答えた。「安全衛生策みたいなものだ。私たちの生き方に対する侮辱だ。男女平等だって？　誰が乳首むきだしで歩き回る男なんか見たいんだ？」

ＩＣＥが重要な理由が、もう一つある。毎年ラスベガスで開催される北米版ＩＣＥ「世界ゲーム博覧会（Ｇ２Ｅ）」とは違い、ＩＣＥにはビンゴ、カジノ、宝くじ、モバイル・ギャンブル、オンライン・ギャンブル、ソーシャルゲーム、スポーツ賭博といったギャンブル産業のあらゆる部門の関係者が世界中の管轄地域から集まる点だ。Ｇ２Ｅは大規模で演出も華やかだが、比較的アメリカ中心で、アメリカの「従来型の」ギャンブル分野を補う要素、つまり宝くじ、スロット、そして「心からのサービス」に重点が置かれている（ここで言うサービスとは「食事と飲み物」のことで、このカテゴリーはアメリカではとてつもなく重要だが、イギリスのギャンブルには存在しない）。

アメリカでは２０１８年、連邦最高裁判所が「スポーツ賭博を禁じる連邦法は違憲」との判決を下している。それでもアメリカの大部分で、オンライン・ギャンブルは従来通り非合法のままだ。なかには激しい中傷を受けている地域もある（Katz 2019）。

一方で、合法化反対運動も世間の注目を集めた。この運動に大きな影響を与えたグループはいくつかある。そのうちの一つが「インターネット・ギャンブル阻止連合」（ＣＳＩＧ）で、このＣＳＩＧに資金援助をしている人物が興味深い。なんとカジノ・オーナーにしてラスベガス・サンズ・コーポレーションのＣＥＯ、シェルドン・アデルソンなのだ（Ho 2016）。

マカオの状況もこれに似ている。２０１６年にマカオで開催された協議会で、私はメイン・セッションの聴衆があまりに少ないことに困惑した。その理由をフィリピンを拠点にするオンライン・スポーツ賭博企業の事情通に聞いたところ、実質的な会議はホテルの部屋やレストランで非公式に行われるということだった。アジアの非合法な、いわゆる「グレー」市場で活動する企業の経営陣は、このような業界の会議の場で警察に写真を撮られるリスクを冒したくないというわけだ。どうやら前年の苦い体験が教訓になっているらしい(注5)。

それでもアメリカ企業のシニア・エグゼクティブの一人は、「私たちのビジネスは革新性、法規制、知識、どれをとってもイギリスに15年ほど後れを取っている」と言っていた。たしかにアメリカとは対照的に、イギリスのオンライン・ギャンブルは世界最大の規制市場と言える(Gambling Compliance 2018)。実際、多くの企業がギャンブリングやゲーミング、インプレイ・ベット、ソーシャルゲーム、ビットコイン、金融取引、スプレッド・ベット、ギャンブル取引所、Eスポーツ、そしてもっとも利益の出るモバイル・ギャンブルなどが交差する分野を楽々と渡り歩いている。一方、アメリカは、2018年の連邦最高裁判所の判決の意味が不明瞭なため、いまだに企業は新たな顧客と魅力ある新製品の開拓に集中せざるを得ない状況だ。ギャンブル産業を赤字から守ってきた、いまや絶滅寸前のカジノの高齢常連客、いわゆる「グラインダー」に替わる収入源を手に入れるためだ。2017年に出会ったラスベガスの幹部は「われわれが安い食べ物や酒に注目しているすきに、イギリスに電話やオンラインの市場を独占された」と語った。

このようにイギリスとアメリカのギャンブル展示会では対照的な体験をしたが、そこからわかったことがある。商業ギャンブルの拡大は、その土地特有の政治学の影響を受けるということだ。また、この多様性とそこから生まれる矛盾や不合理から、商業ギャンブルは後期資本主義と相性が良い一方で、その拡大は必然ではないし、拡大の仕方もばらばらだということもわかった。

ギャンブルの発達史——ギャンブル不可避論（その一）

多くの政策立案者が「ギャンブルの拡大は人の意識や願望、テクノロジーの変化が複雑に絡み合った末の避けがたい結果だ」と言う。この認識は広い意味で、新自由主義的社会（訳注：個人や市場の自由を重視し政府の介入をよしとしない）への移行と関連づけられる。市場が経済的、社会的難題の解決策を提供するとされる社会だが、ことギャンブルに関してはさまざまな意見があり、完全に一致してはいない。一つは、「ギャンブルを含めリスクを冒すことは人間の本質であり、それゆえに普遍的」という意見だ。こういう主張には長い歴史がある。たとえば１８７０年、歴史家アンドリュー・スタインメッツは、賭け事は「普遍的なこと」と述べている（Steinmetz 1870:4）。また、社会学者ウィリアム・トマスも１９０１年に「賭け事の衝動」は「すべての一般人に生まれる」ものであり、「人間がまだ動物的存在だった時代に植え付けられた強力な反射行動の一つ」と語っている（Thomas 1901:760）。

より最近の例に目を向けても、同じ主張は少なくない。たとえば、Ｖ・ゼンとＰ・ワンは「ギャンブルは世界中の人間社会で見られる普遍的現象である」と述べている（Zheng, V. and P. Wan 2013:2）し、歴史家デヴィッド・シュワルツも、アメリカの画家クーリッジの一連の作品「ポーカーをする犬」を思い浮かべたのか、「ギャンブルの衝動は人類誕生以前から存在する」と指摘し、「さまざまな動物が報酬のためにリスクを冒す」と唱えている（Schwartz 2006:5）。ただ、民族誌的記録を紐解くと、必ずしもそうとは言い切れない。娯楽や危険な行為はギャンブルの定義に含めないとするならば、メラネシアをはじめ多くの場所、多くの時代に賭け事の空白地帯があるとされる（Binde 2005; Pickles 2014）。それにもかかわらず、ギャンブルには普遍性があると研究者は主張する。「ギャンブルは普遍的なものであり、時代を超えて大半の社会でなんらかの形で発生している」という考えも、その一例だ（Breen 2008:137）。

また、「ギャンブルは自然培養の現象（普遍的で、地域に根差した異なる形態を持つ）である」という考えもある。実際、この考えに則ってギャンブルの出現を歴史的にではなく、生物学的に解釈する作家もいる。たとえば「ギャンブルは普遍的現象であり、（中略）事実上すべての文化がその構成メンバーに、結果が不確実な出来事に何かしら価値のあるものを賭けられるような方法を発展させた」という具合だ（Abt et al. 1985:7）。

これらの主張に反論することを期待されながら、同じ主張を繰り返してしまった人の責任は重い。たとえば、「ギャンブルはユーカリ・オイルと同じ―自然の産物なのだ」という一風変わった比喩を用いて表現した人物もその一人だ。なんと、これがギャンブル撲滅を目指す「オーストラリアン・チャーチ・

ギャンブリング・タスクフォース」の議長の言葉なのだから、驚きもひとしおだ（Australian Associated Press 2014 内の引用）。当然、ギャンブル業界はこうした言葉を利用して、「ギャンブルの存在は自然のなりゆきなのだから、自分たちの活動は社会の要望に応えるものだ」と説明した。われわれは人気商品の需要を満たしているだけであり、業界が需要を創っているのではないという理屈だ。

かつて大企業のコンプライアンス部門から私に送られてきた書面にも、「ギャンブルが『自然なもの』だという証拠を提供してほしい」と書かれていた。「われわれはすでにその証拠を握っているが、あなたからも最新の資料をいただきたい」というわけだ。それをどのように使うつもりか問い合わせると、担当者はこう言った。「その資料があれば、ギャンブルが人生の一部だということが証明される。それを（政府への）意見書のなかに反映させたいのです」

ギャンブルの発達史――ギャンブル不可避論（その二）

二つめのギャンブル不可避論は、「ギャンブルはわれわれの文化の一部であり、ここにいるわれわれにとっては自然なものだ」という主張だ。「リスクを冒すことはアメリカ独自の価値観だ」と言い換えることもできる（Hurt 2005:372）。歴史家ジョン・フィンドレーが著書『People of Chance（運任せの人々）』で述べている通り、「ラスベガスは、アメリカの過去の辺境開拓と現代のサンベルト文化の価値観を結ぶ糸の象徴」（Findlay 1986:1）ということだ。

イギリスでも、庶民院のデジタル・文化・メディア・スポーツ委員会が「ギャンブルは数百年にわたりイギリス文化の一部だった」と表明している（House of Commons Culture Media and Sport Committee 2012a:3）。これは「ギャンブルはイギリス文化に長い時間をかけて織り込まれてきた」（Pitt 2012:2）という見解の受け売りで、賭け事をたしなむ傾向を国や地域のアイデンティティとして掲げているようなものだ。歴史家マーク・クラプソン（Clapson 1989 i）も、「1853〜1960年にかけて商業ギャンブルが急速に広まったとき、ギャンブルを軽んじるのはイギリスらしくないと言われた」と述べている。私も参加した2013年のイースト・ロンドンの公開討論会でも、賭博店の閉鎖について同じ意見が出された。付近の通りに賭博店が軒を連ねていることについて議論している最中に、一人の賭博店経営者が地元議員にこう言ったのだ。

「もう賭けはできませんなんて、客に言えるもんか！　賭け事はイギリス人全員の権利だ！　で、次はどうなる？　アスコット競馬場のロイヤル・アスコットが女王様主催でなくなるのか？　グランド・ナショナルで障害コースを59周走らせることになるのか？　とんでもないことだ！　客に賭けができないなんて言うくらいなら、何十年も前にドイツに降伏したほうがましだった」

オーストラリアのギャンブル業界も同じ意見だ。「商業ギャンブル拡大に反対するなんてオーストラリア人らしくない」（Australian Associated press 2011）。

ギャンブルの発達史——ギャンブル不可避論（その三）

第三の意見は、ギャンブルの分布には生物学的特徴が表れるというものだ。「証明はできないが、どうやら（アジアの移民は）ギャンブル全般に夢中になる性質らしい」との指摘は、その一例である（Frog、Louie による引用、２０１４）。中国人に限定していないのに（注6）、こうした見解はたいてい中国人ギャンブラーを引き合いに出し、彼らの驚くべき財力と身体能力に言及している。「ギャンブル産業の情報筋が言うには、中国人プレーヤーにはめずらしい特徴があるそうだ。一つは賭け金の大きさ、もう一つは不眠不休で遊ぶ体力だ」（Pomfret 2002）。

ギャンブルの遺伝学的解説は昨今の流行だ。たとえば、「（香港中文大学の）研究者は、中国人のギャンブル好きは遺伝的要因もあるのではないかと考え、賭博癖のある住人の血液検査を強く望んでいる」そうだ（Rennie 2001）。この種の意見は、悲惨な結果を招きかねない。ロンドンの中国人コミュニティが開催した、ギャンブルによって引き起こされる害に関する緊急討論会でも、中国人イコールギャンブル好きという考えに反論する糸口さえつかむことができなかったからだ。２０１４年、コミュニティの代表も、こう語らざるを得なかった。「いわゆるアジア人ギャンブラーというのは、商業ギャンブルの世界に創り出された架空の人物だ。そのアジア人の男は誰かの兄弟であり、夫であり、息子でもある。ところがひとたびアジア人ギャンブラーと呼ばれたとたん、そのすべてが失われる。結局、人間の本質的特性に逆らえる者などいないということだ」

本書では、こうした「ギャンブル拡大は不可避だ」という型にはまった意見はいったん脇に置き、ギャンブル成長がたどったぎこちなくむらのある現実に焦点を当てたい。私が実施したギャンブル産業の経営陣やギャンブラー、政治家に対する実地調査をもとに、ギャンブル拡大はある種の社会現象であることが解明できたと考えるからだ。ギャンブルの拡大は人為的に作られたものであり（そのため批判的分析や干渉の対象になり得る）、人の意識や願望、テクノロジーの変化による自然な結果（それゆえに不可避）ではないということだ。そのために、もっとも注目したのはイギリスだ。ヨーロッパ、アジア、北米の実地調査で得た情報を示すことで、国際的なギャンブル産業の中心地というイギリスの役割を描きだしたいと考えている。

すでに多くの社会科学者が、特定の管轄区域に見られるギャンブル産業の拡大について説明している。オランダ（Kingma 2008）、カナダ（Cosgrave and Classen 2009）、アメリカ（Schüll 2012）、オーストラリア（Nicolle 2019）、南アフリカ（Sallaz 2009）等々だ。こうした重要な論文に目を通すと、ギャンブルが破竹の勢いで発展したわけではないことや、どこでも同じように拡大したわけではないことがよくわかる。私はその点に注目し、ギャンブル産業が国境を越えて世界規模で拡大することになった経緯を明らかにしたい。ギャンブルの拡大は、一種の努力の成果であり、社会の「現代化」や経済成長が招いた予期せぬ結果ではない。もちろん、進化の途上で人類が身につけた強み、つまり迷わずリスクを取る狩猟採集民族の気質などではない。自然に反するギャンブルの歴史は、非常に多様で興味深い。

ギャンブル拡大による損害

ギャンブル産業は、1980年代以降ますます強い影響力を持つようになった。とくにイギリス、アメリカ、オーストラリアにおいて顕著で、それはグローバル企業がロビー活動や宣伝広告に莫大な予算をつぎ込んだ結果だ。じつはギャンブルは逆累進課税制度のようなもので、社会のもっとも貧しい階層から富を搾り取る（Kohler 2016）。しかも最近の調査によって、ギャンブルはそれをする、しないにかかわらず、あらゆる人に大きな被害を与えていることが判明している。たとえばニュージーランドでは、ギャンブラーが負わされる害のトータルは、「一般的な健康問題（糖尿病や関節炎）よりも大きい」と見積もられ、「不安抑うつ障害のレベルに近づいている」とされる（Browne et al. 2017:199）。ギャンブルがらみの問題は、自殺念慮の急増や自殺未遂・既遂の増加とも無関係ではない。スウェーデンの最近の研究によると、ギャンブリング障害を持つ人々は、一般集団の15倍も自殺を図っているとされる（Karlsson and Hakansson 2018）。

ギャンブルに起因する害は、ギャンブル依存症に苦しむ人々に限った問題ではない。ギャンブル問題を抱える人が一人いると、そこから平均6人が直接影響を受けるとされる（Goodwin et al. 2017）。夫のギャンブルが原因で、こどもの靴を買えない妻も、ギャンブルの習慣があるスタッフのこそ泥被害にあう雇用主も、ギャンブリング害の被害者だ。

オーストラリアのビクトリア州は、ギャンブルが引き起こす害をより広く調べている。それによると、大半（85％）が低リスクや中リスクのギャンブルが原因だ（Browne et al. 2016:3）。こうした調査の結果、業界と政策立案者が念入りに仕込んだ「ギャンブルから生じる害は、少数の依存症患者の治療に集中すれば抑制できる」という一般論は根底から覆される。この説は、ただの勘違いということだ。

これまでイギリスのギャンブリング害の規模が測定されたことはない。しかし、ギャンブル委員会が集めた最近のデータによると、イギリスでは２００万人以上がギャンブル依存状態にあるか、今後問題を抱える危険性があるとされている（Conolly et al. 2017）。さらに、12万５０００人のこどもが問題ギャンブラー状態にあるか、ギャンブル問題を抱える恐れがあるようだ（Gambling Commission 2018b）。

問題ギャンブリングがイギリスに与える損害額はどの程度か。これについては、公共政策研究所（ＩＰＰＲ）が見積もっており、最近の見積もりでは年間2億７０００万～11億７０００万ポンドとしている（Thorley et al. 2016）。ただ見積額に大きな幅があるため、政策に影響を与えるまでにはいたっていない。実際、イギリス政府は、法改正の前にギャンブルの社会的、経済的コストを査定しようとはしなかった。そればかりか、他のギャンブル管轄区域では有意義な研究が行われているのに、今に至っても現在のコスト規模を見積もる予定はない。

ギャンブル研究が抱えてきた矛盾

たしかに自由主義的ギャンブル制度が若者の未来の行動にどのような影響を与えるかを予想するのは

非常に難しいが、煙草、アルコール、ジャンクフードに関するデータから、広告を目にする機会が増えるほど成人の害のリスクが高まるのは間違いない（Anderson et al. 2009:Hastings et al. 2003）。ただギャンブルに関する研究の場合、注意しなければいけない点がある。それは、研究の大多数が問題の多い遊び方に焦点を当てていることだ。なぜそうなっているかと言うと、閉鎖的でときに威圧的でもあるギャンブル業界へのアプローチが困難だからだ。しかし、それがギャンブルを提供する側の問題を見過ごすことになり、結果的に『ギャンブルは人為的に作られて販売促進されるものではなく、人々が自ら選択するものだ』と定義されるようになってしまったのである。つまり、この落とし穴の影響で『ギャンブルの拡大はあたかも避けがたいこと、自然な現象なのだから非難の対象にはならない』とされたのだ。

かつて、「ギャンブル産業がこれほど急成長したのはどうしてだと思うか」というインタビュー取材をしたことがある。そのとき耳にしたのが「ブックメーカーが強欲だからだ！」「インターネットとスマートフォンのせいだ」といった答えだった。こうした答えは、ともすると人類学に則った考察から生まれる興味深い構造的説明を覆い隠してしまう。ギャンブル産業の関係者と過ごせば、彼らが儲けの大きいビジネスを生み出し維持するために政治家や法律家、学者等と協力関係にあることは明らかだからだ。

実際、煙草、アルコール、ギャンブル産業は、互いから重要な教訓を得て、日常的に情報交換や人事交流をしている。2019年、イギリスのビール・パブ協会のCEOブリジッド・シモンズが辞任し、新たに組織された賭博・ゲーム協議会を率いることが発表されたのも、その一例だ（Wood 2019）。同じ流れが、研究者の世界でも見られる。それは多くの専門分野が協働する国際的ネットワークへの投資だが、将来的に公衆衛生の分野にもっと強力で大胆に介入するためだ。

こうした動きに対して、研究者も調査対象を拡大していった。利用者を調べるだけでなく、新たな手法を使ってギャンブルの提供者についても調べ始めた。その手法の一例が、人類学的調査の参与観察だ（訳注：研究対象の社会に長期間滞在しながらメンバーの生活を観察する調査方法）。この方法だと対外的な代表者だけではなく、その業界に関わる人々とまんべんなく会話をすることができる。言い換えると、高い地位にある人々の権威や影響力に惑わされることなく、もっと目立たない人々のもっと面白い話を聞きだせるということだ。これまでギャンブル産業は、温和で穏やかなふうを装いつつ、「責任ある」「安全な」ギャンブルを暗に示すことで多くの人に利用を促してきた。しかし、調査活動の現場で起こる日々の議論は、それよりはるかに示唆的であり、そうした声を聞くことによって、はじめてギャンブルビジネスを支持する意見やメカニズムを正確にとらえられるのである。

残念ながらこれまでのギャンブル研究は、この規制産業の傍らで発展してきた。つまり、研究の未来を保証してもらうことを条件にしたため、成長を可能にするギャンブル業界の仕組みに批判的視線を向けてこなかったのである（Schüll 2012）。アルコールや煙草業界では充分知られていることだが、業界からの支援が危険視されているにもかかわらず、ギャンブル研究は、政府の徴税にしろ業界の利益にしろ、ギャンブルによって集められた資金に研究費を頼り続けてきた。もちろん、そこにはギャンブリング障害の客から集められたお金も含まれる。

　このようにギャンブル研究は、ギャンブルから利益を得る側との金銭的つながりという致命的な矛盾を抱えている。さらに、研究対象をギャンブル利用者個人にあまりにも絞りすぎている点も問題だ。そういう人々は、ただのなんらかの害を受けた人、あるいは鍛錬不足の人物として描かれることが多いからだ（Reith 2004）。一方、ギャンブルの歴史的、政治的研究はどうなっているかというと、こちらはあまりにも現場から遠ざかりすぎている。たとえば、ロンドンの賭博店のねばつく床や東京のパチンコ店の耳をつんざく騒々しさから距離を取る傾向が強い。このような方法論的、政治的袋小路からの脱出方法を提供するのが人類学だ。人類学は、ギャンブルを創り、売り、宣伝することに関与した人々の経験を舞台中央に置くことで、解決策をみいだす学問だからだ。

本書の流れ

　本書では、商業ギャンブルと晩期資本主義のイデオロギーから生まれる並外れた相乗効果を詳述する。政治家とギャンブル業界幹部の類似点にも触れるつもりだ。政治家は政治的責任を個人の責任にすりかえることに一生懸命だし、業界幹部は人々にギャンブルという危険な商品を与えるほうが、公衆衛生の保護よりも重要だと主張しているからだ。

　さらに、「どうして選択の自由が絶対視されるようになったのか」「人々が危険な商品に触れる機会を制限しようとすると、傲慢で恩着せがましいとさげすまれるのはどうしてか」といったことについても、掘り下げていく。こうした状況では、『軽いタッチの規制』をする政府が良い政府とみなされる。国はでしゃばらず、あらゆることを市場に決めさせる方がベターだというわけだ。そして商業ギャンブル業界は、この原則に厳密に従ってきた。それが人生への利己的な（本質的にであれ、意図的にであれ）アプローチであり、社会や集団の利益や個人の自由を尊重するという理屈だ。そして、この政治家と企業が同意した社会的プロジェクトの成功の度合いは、税収と企業収益に確実に現れている。

仮に、彼らが唱える「外的影響、つまりギャンブルが起こす害は、個人のレベルで管理されるべきだ」という理論に従うと、われわれはどのような対応をすることになるのだろうか。常に自制心を持ち、自分でギャンブリング害の治療法を探し、同時に強い意志も育む必要がある。こう考えると、ギャンブル業界やその擁護者の見解は過酷で無慈悲と感じる読者もいるだろう。しかし、そうした考えはもっと一般的に受け入れられている意見の前では、小さな批判にすぎない。そこで、本書では、『集団の義務は存在せず、個人の権利があるのみ』という信念がギャンブル業界の今日の地位を築く手助けをしたことについても明らかにする。

第1章では、関係者のインタビューに基づき、1980年代にイギリスで実施されたギャンブル規制の変更にまつわる新たな見解を紹介したい。比較的狭いギャンブル業界でかなり長期間仕事をしたため、私はブックメーカー、コンサルタント、ロビイスト、政治家、カジノ企業幹部等々、この規制変更のプロセスにかかわった多くの人々と接触できた。そうした生の声をもとに、ギャンブルが現在示している成長局面の実態を暴くことにしたい。具体的には、ギャンブル産業の成長は、新たなテクノロジーによる新製品が消費者需要の変化を促した結果の自然な反応ではなく、歴代政府が決定した明確な方針に基づいて念入りに演出され、維持されていることを明らかにする。

もう一つ、固定オッズ発売端末（ＦＯＢＴ）と呼ばれるゲーム機が、業界の刷新を求めるブックメーカーの熱意によって創り出されたという意見も覆したい。実際のところ、関係者の話だと、賭け事の世界の改革は「強火でさっと作る炒め料理ではなく、長時間かかるオーブン料理」なのだそうだ。たしかに長期にわたって進んだギャンブル産業の改革を主導したのは、政治家やその他のマーケットメーカーだが、独占的ではないにせよギャンブル業界自体も関与し続けてきたのである。

第2章では、ラッフルと呼ばれる宝くじに注目する。ラッフルは、どこにでもあるギャンブルの一種だが、研究者はほとんど取りあげてこなかった。ビンゴ・ゲームに似たトンボラ、富くじ、何かを投げたり引いたりするタイプのくじ等々の日常的なゲームを見れば、ギャンブルの定義や形態が一つに絞れるものではないことがわかるだろう。それどころか、私が行った実地調査では、何をギャンブルとみなすかは人それぞれ違った。また、どのギャンブルが役に立ち、どれが害になるかという点でも意見はばらばらだった。人類学的アプローチを用いて比較調査も行ったが、最終的にギャンブルの本質を探ろうとしても意味がないことが明らかになった。結局、ギャンブルの魅力は、それが個々の社会にどのように縫い込まれ、そこでどのように変化したかで決まるということだ。

この章では、ギャンブルが生み出す富は再分配することが可能であり、そもそも反社会的ではないことも描きだすつもりだ。一方で、ギャンブルが社会でどのような役割を果たすのか、たとえば格差を拡大するのか縮小するのかは、ギャンブル自体がその一部であるより大きなシステムとの関係にかかわっている。そのためギャンブルが関連する個々の活動や運動、その目的、結果、その過程を人類学的視点で調査することが重要となる。

第3章では、イギリスで人気が高いギャンブル、すなわち一般大衆向けの専門店で行われる競馬やスポーツ賭博について掘り下げる。イギリスの賭博店の起源やその独特な雰囲気にも触れ、そこが労働者階級の男性のたまり場になった理由も解説する。賭博店が合法化された1960年代、ギャンブル産業は法律によって現下の需要に応えることは許可されたが、新たな市場開拓は許されなかった。その後1990年代の規制緩和で、賭博店はみるみるうちに変化をとげる。さらに「2005年賭博法」によって、これまでの「実需の原則」がすっかり取り払われ、私設馬券業は娯楽産業に分類されることになったのである。この章では、こうした変化をじかに体験した賭博店経営者や顧客の証言をふんだんに取り上げる。

それまで数十年のあいだ賭博店が提供してきたサービスは、1世紀前に工場やフィッシュ・アンド・チップス店、個人宅で違法に活動していたノミ行為と同じだった。競馬やドッグレースの賭けの仲介だ。

年間カレンダーでは、クラシックレースと呼ばれる五大競馬や、出走馬の能力に合わせて重量負荷を決めるハンディキャップ・レース、障害競馬のグランド・ナショナルが大きなイベントだった。こうした伝統的なギャンブル産業関係者にとって、偶然のチャンスに賭けるカジノ・ゲームのマシンが、念入りな研究に基づいて馬券を売る「私設馬券屋」に取って代わるなど、ばかげた考えでしかなかった。しかし、現実は違った。2006年にはFOBTのほうが対面で買われる馬券や犬券よりも利益をあげるようになった。こうして遅々として進まない大通りの賭博店の消滅に異を唱えるとともに、ギャンブル拡大に反対する一般市民に恰好の攻撃対象を提供することになってしまったのである。そこで、**第4章**では、イギリスを代表するブックメーカーの本部やロンドンの賭博店を実地調査し、次のような疑問をぶつけていく。「新製品が入りこむ市場のすきまをどうやって発見し、利用しているのか?」「こういうギャンブル・マシンはどこから来たのか?」「マシンがロンドンのギャンブル市場の大部分をこれほど早く支配したのはなぜか?」「マシンを厄介払いするのに、これほど長くかかっているのはどうしてなのか?」

現在、業界団体や経営者は「責任あるギャンブリング・プログラム」を作成し、普及に努めている。これは業界が自主規制の状態を保ち、ギャンブリング害削減の具体的対策を第三者機関から押し付けられるのを遅らせるための「コンプライアンス」プロセスだ。**第5章**では、抽象的で難解な法令が生み出される背景を詳述し、ロンドンの賭博店の日々のやりとりを司る倫理観と比較する。私自身や同僚が賭博店で体験した暴力にも触れ、経営者への取材からその原因を探っていく。賭博店では、労働者と雇用主のあいだの構造的不平等が条例によって拡大していることがわかった。また、ギャンブル業界の「社会的責任」とは、ギャンブルによる儲けを正当化するための広報活動でしかないことも明らかにする。

ＦＯＢＴがイギリスの賭博店を激変させたのと同時期に、もう一つ大きな変化が起こっている。いわゆる「リモート」ギャンブルの中心が、電話からインターネットへ移行したことだ。そこで、**第6章**ではイギリスの有力ブックメーカーの取引フロアの様子を描写し、インターネットが伝統的なオッズ決定方法に取って代わったことを解説する。トレーダーやオッズ・コンパイラー（訳注：オッズを設定する専門家）の取材から、取引所を介した賭けやインプレイ等の新たなタイプの賭け方が、ギャンブルのリズムやブックメーカーと客の信頼関係をどれほど変容させたかも明らかにしたい。

第6章の目的は、さまざまな製品やプロセスが道徳的経済を創造した経緯と、それが具体化され、維持され、守られてきた顛末を示すことだ。実地調査で明らかになったブックメーカーの苦悩にも迫る。これまでずっと自身の知識や経験を活かして取引してきたブックメーカーが、存在意義を問われるほどの難局に直面した。彼らの前に立ちはだかったのは、「ギーク」たちだ。彼らは競走馬のこともジョッキーのこともまったく知らないが、卓越した知識とアルゴリズムで武装したコンピュータ・オタクだ。

オンライン・ギャンブルの変身に手を貸した重要な場所の一つがジブラルタルだ。かつてオンライン・ギャンブルはポルノ業界に付随する犯罪の温床だったが、ジブラルタルのおかげで、ライセンスを持つ上場企業の合法的な海外ビジネスへと激変する。**第7章**ではカジノやスポーツ賭博店で実地調査を行い、オンライン・ギャンブルが部分的に、そしておそらくは一時的に、ジブラルタルに根付いた理由を探る。ギャンブルを生み出し、それを消費してもらうための活動がどう広まり、ときにどう阻止されたかを検証すると、ギャンブルの社会的役割と「プロバイダー」の責任に関する独創的な考えが多種多様な顧客サービスから透けて見える。たとえば、生身の顧客を匿名の「アカウント・ホルダー」に変え、さらには「ＶＩＰ」という不気味な肩書を与えること、それこそがギャンブル業界の「社会的責任」だという考えもその一例だ。

第8章では、協議会で集めたデータや、規制当局、政治家、ギャンブル事業者への取材資料を駆使し、『ギャンブルにまつわる事実』とされる筋書きがどのように生み出され、守られているかをあぶりだす。ギャンブル業界の関係者はネットワークや戦略作りのために各地の協議会に出席し、政治的変化やそれが将来的にビジネスに及ぼす影響について意識を共有している。そこで、この章では金融危機の余波にギャンブル産業がどう対応したかに注目する。政府が新たな財源を探ったとき、ギャンブル業界は上空を旋回してチャンスをうかがい、国家資産を利用する流れに乗ろうとした。最終章のテーマは「責任あるギャンブリング」だ。その起源や、ギャンブル規制緩和をはじめとする新自由主義的政策のお題目になった経緯を詳述したい。

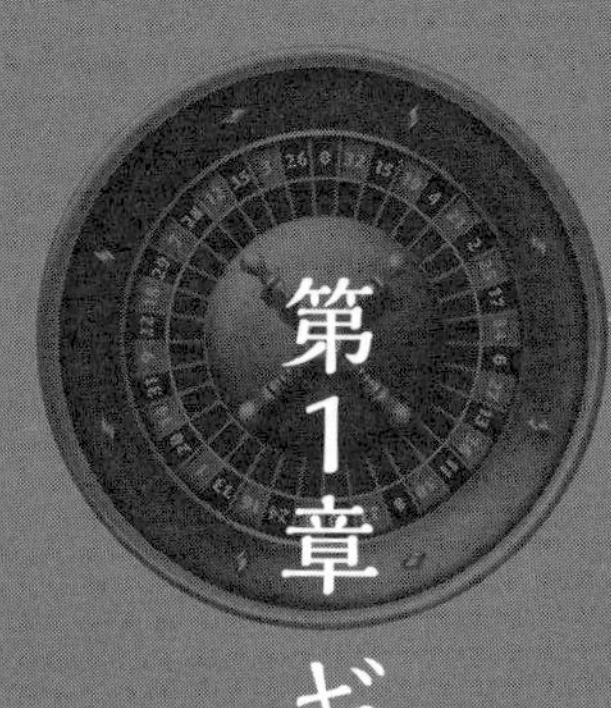

第1章 ギャンブルの仕切り直し

「われわれは（中略）イギリスのギャンブル産業の仕切り直し政策を立案した。ギャンブル産業が他の合法的な娯楽産業と同じ条件で運営やマーケティングを行う妨げになってきた、時代遅れで不要な規制を取り払う政策だ」（テッサ・ジョウェル文化・メディア・スポーツ相、２００２年）

イギリスは20世紀最後の数十年間で、世間から仕方なく黙認されてきたギャンブルを、立派なビジネスに変換しようとした。ギャンブルに対するこのような新しい考え方は、政治家や業界関係者のなかでは当たり前になったが、広く社会に浸透したわけではない。２００２年、まさにテッサ・ジョウェル大臣が「ギャンブルは次第に余暇活動の主流になってきた」と述べた年のイギリス国家統計局の調査でも、「過去10年間でギャンブルに対する意識は変わらない」と答えた人が80％にのぼった。「以前より否定的になった」と回答したのは15％、「肯定的になった」と答えたのは６％にすぎなかった（Gambling Review Body 2001:239）（注1）。

本章では、ギャンブル業界の変化と、それが比較的成功した背景を探る。なかでも重要な出来事については、ブックメーカー、カジノ経営者、そして政治家の言葉を交えて紹介したい。大きな目的は、ギャンブルが部分的に、そしておそらく一時的に、国内に根付いた経緯に光を当てることだ。ギャンブルを規制する法律は、１９８０年代以降オーストラリア、南アフリカ、オランダ、カナダ、ニュージーランドで改正されている。近年はシンガポールでも改正されたが、理由は千差万別。優先事項は異なるし、結果もさまざまだ。

そんななかにあって、アメリカはギャンブルに関してかたくななまでに優柔不断だ。カジノとポーカーは比較的受け入れられているが、スポーツ賭博やオンライン・ギャンブルに対しては相変わらず物議をかもしている（Katz 2019）。故意に矛盾を放置している国もある。日本だ。日本は数十億ドルのパチンコ産業を容認しながら（Chan 2018）、表向きはギャンブル禁止を主張している（競馬や競輪など、数種類の公営ギャンブルは例外扱いしている）。そんな日本が２０１８年、アメリカ企業の数年にわたるロビー活動の結果、ついにＩＲ整備法を成立させ、カジノを合法化した。とは言え、新たに作られるカジノには厳しい条件が課され、大規模な複合観光施設の一部になるだろう。ラスベガスが最初に開発し、シンガポールが新たな視点を加えたいわゆる「リゾート型」施設という形態だ（Kyodo 2016）。

一方、イギリスの動きは興味深い。というのも、他の多くのギャンブル管轄区がより慎重な姿勢を見せていたときに、なんとも物分かりの良いことに、ギャンブルの自由市場を作ろうとしたからだ。１９９０年代まで、イギリスのギャンブル事業は、違法ビジネスの成長を阻止するため、既存の需要を満たす範囲に限定されていた。広告は禁止、カジノには会員制のルールが敷かれていた。そのため一般人がふと思いつきでカジノに入ることはできなかった。賭博店の窓は黒く塗りつぶされ、独特の「いかがわしい」雰囲気を醸し出していたのである。

それが１９９０年代になって、まったく新しいアプローチが採用されることとなった。その顕著な例が、「ニュー・レイバー」こと『新しい労働党』（訳注：過去の労組依存から市場経済重視に方針転換した）が打ち出した「市場による社会問題の解決」という公約だ。歴史学者トニー・ジャットは（Judt 1998）このアプローチを「人間の顔をした日和見主義」と指摘している。デヴィッド・ブランケットやハリエット・ハーマンら、政策担当の議員は、のちにこれは誤った思い込みだったことを認めている（Woodstock 2012;Press Association 2012）。

本章の目的は、ギャンブルに関する議論がどのように進められ、どう見直されたかを明らかにすることが一つ。もう一つは、そこからさらに踏み込んでギャンブルの変化がイギリスや他の国々に与え続ける影響を考察することだ。

ギャンブルは、プロモーターが最大限の努力をしたにもかかわらず、その他の金融サービスに比べるとリスクと報酬にまつわる道徳上の問題をうまく回避できていない。また、過去から現在にいたるまで違法な闇経済とも関係してきた（注2）。そのためギャンブル関係者は執拗で暴力的と言われがちだ。そんな社会のつまはじき者のような存在だったギャンブル産業がどうして『イギリス公開有限責任会社』の共同経営者へと一部変容したのだろうか。その経緯も、政策立案者や政治家、ギャンブル施設経営者への取材を通して明らかにしたい。そこから業界と歴代政府がギャンブルを見直し、労働者階級の後ろめたい習慣だったギャンブルを「個人の選択による経済活動」という合理的表現へ変えていった経緯が明らかになるはずだ。

ここで言う「見直し」とは、ギャンブルについて意義深い議論をするための条件を設定し、その枠組みを法律にぴったり当てはめることを意味する（Preda 2009;Rose 1999）。まずは、2001年にギャンブルが作り直された過程を見ていこう。イギリス内務省が監督する潜在的犯罪の温床だったギャンブルが、文化・メディア・スポーツ省が担当する余暇活動へ変貌したプロセスだ。ちなみに初代大臣デヴィッド・メラーは、同省を「娯楽省」と呼んだ（Brown 2001）。

状況説明

「1月の大手メディア協議会のスピーチで、テッサ・ジョウェル（文化・メディア・スポーツ大臣）は自身のガバナンス理論を披露した。『私はよくこうたずねられます。政府の目的は何ですか、と』。それから彼女自身の答えとして、こう述べた。『競争を促して、必要とあらば一般大衆を、つまりは消費者を守るために取り締まることです』」（Born 2003）

「いまじゃテレビでも店舗でもスクラッチカードやなんかを目にするし、店でやるギャンブルは言うに及ばず、ポケットのスマートフォンでもギャンブルができるんだ。父が仕事を始めた当初はギャンブルが違法だったなんて信じられないよ。テレビや株式市場に出てくる名だたる企業が現在行っているのとまるっきり同じことが、父や私の時代には違法だったんだ。いまの子供たちは、ギャンブルがほんの少し前まで違法だったことをまったく知らずに育つんだろうな」（サウスイースト・ロンドンのブックメーカー、

2006)。

イギリスにおいてギャンブルが変貌する鍵となった出来事は、比較的短期間のうちに起こっている。最初は1980年代から1990年代にかけての保守党政権下で起こり、その後労働党政権でも起こった。ブックメーカーにこの変貌プロセスがどのように進んだのかたずねると、数人が1986年のギルモア法について話し始めた。当時、ギャンブルにはさまざまな法律が適用されており、その一つが1968年に成立した賭博法だった。この賭博法を、ゲーミング委員会（ゲームセンター、賭け事、ビンゴ、カジノ、スロットマシン、宝くじの規制を担っていたが、2007年にギャンブル委員会に置き替えられた）も、ギャンブル産業も、そして政治家も改正すべきだと考えていたのである。事実、2010年に私はある下院議員から「この法律は糞みたいな代物だった」と聞かされた。さらに彼はこう言った。「オンラインや店頭に登場し始めた新種のギャンブルは、どんなに先見の明のあるブックメーカーでも1960年代には思いつかなかっただろう。だから（賭博法は）役立たずだ」

ブックメーカーやカジノ経営者も、自分たちが遠慮がちにビジネスをしなければならないいまの状況は、いわゆる「現代的な社会」にはそぐわないと感じていた。2001年、あるカジノ経営者は当時進行していた変化についてこう語っている。

「自分の金をどう使おうと、国にあれこれ言われる筋合いはない。国がさも人を見下したように指を振りながら『おまえはひどく悪い子だ』としかるなんて、とんでもないことだ。時代は変わったんだ。みんな自分で自分の運命を支配したがっている。誰も国や教会や権力者に指図されたくない。金が王様なんだ。80年代は誰も金に不自由しなかったし、みんな好きなように使おうと決めていた」

イギリス以外の国でギャンブルが急発展した時代も、イギリスの賭博店は相変わらずあえて陰気な雰囲気をまとっていた。『需要を刺激する』ことが法律で禁じられていたからだ。たとえば、外から店内の楽しげな様子が見えないようにドアには目隠しをつけること、窓は不透明にすることが義務付けられていた。信じられないことに、テレビでは競馬が数十年間も放映されてきたのに、テレビを賭博店に置くことさえ禁じられていたのである。そのせいで、競馬を見るためにレンタルテレビ店のショールームの窓に客が群がってのぞきこむという奇妙な光景すら見られた。こうした父権的で過干渉なやり方にブックメーカーが反発し、このままでは重税や規制をかいくぐって違法な経営をするブックメーカーが出てきてしまうと主張したのだ。

こうして誕生したのが1986年のギルモア法だ。同法により賭博店において最大30インチ画面のテレビの設置、ホットドリンクやビスケット、ポテトチップスの提供（ただしケーキは除外）が認められた。とは言え、あくまでも慎重に言葉を選んで行われた規制緩和だったため、『賭博を販促してはならない』との原則は維持された。それでも、「客が賭博店を出るときに、まるで売春宿を出るかのような気持ちにさせられる必要があるのか」という疑問を投げかけるきっかけになったのは確かだ。換言すれば、1960年代の規制はまさにそれを意図していたのである(注3)。

1986年、ギルモア法と同時期に制定された法律がある。金融サービス法だ。同法は「金融ビッグバン」と呼ばれる唐突な規制緩和の申し子だが、ギルモア法もこれと同じような原理を土台にしている。一つは元イギリス首相マーガレット・サッチャーが支持した大衆資本主義(Elliott 2001)、もう一つは元アメリカ大統領ロナルド・レーガンが好み、1982年のガーン＝セント・ジャーメイン預金機関法に集約された「軽いタッチ」の規制だ(Krugman 2009)。

一見、テレビもビスケットもささいなことに思えるかもしれない。しかし、ブックメーカー側から見れば、ギャンブルという彼らの生業に対する議会の認識が大きく変化した証だった。イギリスのギャンブル産業で働くベテラン経営者のなかには、現金賭博が違法とされていた1950年代に仕事を始めた者も少なくない。彼らはギルモア法のおかげで「世間から仕方なく黙認」されてきたギャンブルが尊敬に値する立派なビジネスになった、少なくとも今後そうなる可能性が認められたと考えたのである。

「あれはわれわれにとって重要な瞬間だった。それは間違いない。ギャンブル業界の変化というと、他の人は(1994年の)国営宝くじに注目するが、ほんとうの始まりはギルモア法だ。何よりもまずギャンブルの本質が認められたのだから―。この法律によって、賭博店は快適で、楽しく過ごせる場所なんだとわかってもらえた。おかげでわれわれは、ポルノショップやストリップクラブの階級から、映画やダンスホールと同じ階級に加わることができた。つまり、鞍替えできたということさ」

こうした変化があったにもかかわらず、賭博店とカジノは1999年まで広告宣伝も、職業別電話帳「イエローページ」に番号を掲載することも禁じられていた（BBC News 1999）。そんななか1994年に国営宝くじが始まると、奇妙な矛盾が生じる。同じギャンブルでありながら、宝くじだけは政府と潤沢な予算を後ろ盾に、積極的に堂々と宣伝することが許されたからだ。当時の広告ポスターを見ると、画面の真ん中にまるで神の手のような巨大な手が浮かび、空からこちらを指さしている。そして、手の上にはこれから宝くじを買うかもしれない人々、つまりは見込み客に向けられて「当選者はあなたかもしれない！」の文字が並ぶ。他のギャンブルには、そこまで見込み客に露骨な売り込みができなかった時代の話だ（注4）。

国営宝くじの誕生

イギリス元首相マーガレット・サッチャーは、ギャンブルを冷遇した。彼女は生まれながらの気質と家庭のしつけが理由で、浮かれ騒ぎを良く思っていなかったからだ。その証拠に、あるインタビューで彼女は「私たちにとって、娯楽はむしろ罪でした。人生は楽しむものではなかったのです。人生とは、働いて何かを為すことだったのです」（Filby 2013）と語っている。

国営宝くじが誕生したのは、ジョン・メージャー政権下だ。彼はその過程で自らが果たした役割をある記事で述懐している。タイトルが振るっている。「私はいかに貧しい人々に希望を与えたか」（Major

1999）だ。これは皮肉でもなんでもないらしい。記事では、1992年のマニフェストに国営宝くじのプランを入れると内閣に伝えた場面を回想し、「その場の全員の眉が上がり、不審げな顔つき」になったと語っている。

宝くじ計画の反対派は二つの陣営だった。一つは、サッカー賭博の成功を願うリバプールの下院議員、もう一つは主教と、国が認可するギャンブルの道徳性を不安視する保守党員だ。メージャーにとって、彼らの反対は想定内だったが、そんな彼に国営宝くじ導入の「決意を以前よりも固く」させたのは、「労働党と自由民主党およびトーリー党」が唱えた『父権的ナンセンス』だったと言う。「簡潔に言うと、議員たちは国が貧しい人々を守る必要があると考えていたのだ。（中略）宝くじは、買わなければいけないものではない。だから、なぜ買うチャンスすら与えてはいけないのか、私には納得のいく理由がみつからない」（Major 1999）（注5）。

国営宝くじに対する業界の反応

では、ギャンブル業界の反応はどうだったのだろうか。当初、国営宝くじに対するギャンブル業界の反応は鈍かったが、最終的にそれが脅威になる一方で、チャンスにもなることに気づく。その資料の一つが、ブックメーカーの業界団体「ＡＢＢ」こと「イギリス・ブックメーカー協会」（イギリスのブックメーカー経営者を代表する主要業界団体）から委託されたヘンリー・センターの1995年の報告だ。

同報告では、『ギャンブル業界の未来は暗い』という結果が示唆された。具体的には、宝くじが売り出されれば賭博店2000店が閉鎖に追い込まれ、その結果少なくとも6500人の勤め口が失われるという指摘だった。業界は、この議論を呼びそうな数字を根拠に、1966年以来適用され1995年に7・75％に設定された賭博税の引き下げを強く訴えたのである（Smurthwaite 2000）。国営宝くじに顧客を奪われることを恐れたブックメーカーが、この課税のせいで業界の競争力が削がれ、違法賭博も横行していると主張し始めたのだ。

そして1997年、遂にブックメーカーの一つビクター・チャンドラー社が事業拠点をジブラルタルへ移転する。当時、ジブラルタルでは顧客からの賭けの受付を電話で行うことができたし、税金も安上がりだったからだ（Doward 1999, 2000）。この動きに他のブックメーカーも続いたため、賭博税の減収に危機感を覚えたイギリス政府は、遂に2000年、競馬好きな議員らのロビー活動もあって、賭博税の見直しを決定した（Paton et al. 2002）。

それにもかかわらず、2001年10月、ギャンブル（広い意味では、賞金を賭客の掛け金に課される税金でまかなっている競馬も含まれる）は、幾多の困難に直面する。一つ目は、国外を拠点にする競争相手の市場流入に加え、既存の大手企業が徴税や差し押さえから逃れるために海外へ移転したこと。二つ目は、ブックメーカーを通さず互いに直接賭けることが可能なベットフェア社の賭け取引所の人気が高まり、勝ち金の低い従来型のブックメーカーから客を奪い始めたこと（注6）。三つ目は、家畜の伝染病の一つ口蹄疫の流行が原因で、馬がレース会場へ移動できなくなったことだ。口蹄疫の広まりにより、レースはのきなみキャンセルされた。しかも、賭客は出走馬の多いレースを好む傾向があり、それぞれお気に入りの競馬場も決まっている。「賭博商品」の総量を著しく減少させた口蹄疫は、多くの常連客が馬券予想のために確立した独自の賭け方を大混乱に陥れてしまったのである。

こうして同年、当時のブレア首相は、ギャンブル業界と競馬産業およびそれぞれを支持する有力者からの圧力もあり、それまでの賭博税を廃止し、ブックメーカーの純収入に基づく粗利益に対して賦課する税制に変える(Paton et al. 2004)。それと引き換えに、ブックメーカーは賭け取引に対するあらゆる手数料を廃止し、海外に移転した事業を本国に戻すことに同意したのである。実際には、海外からイギリスへ(すぐには)戻らなかったブックメーカーもあったが、それでも1年後、関税消費税庁(２００２年当時)はギャンブル産業の取引高が35～40%増加したと報告している。１９９０年代を通して70億ポンドで安定推移していた賭博店での賭け額も、４５０億ポンドに跳ね上がった(HM Customs and Excise 2002)。たとえば、ブックメーカーのウィリアムヒル社の利益も、２００２年の３２４０万ポンドから、２００３年には1億７０８０万ポンドに急増している(Bolger 2004)。そんななかビクター・チャンドラー社は本国へ戻らない選択をした。その理由を、同社の代理人は次のように述べた。

「粗利益の15%の税金という提案は、形を変えた『ステルス税』だ。目につかない間接税と同じだ。残念なことに、顧客にとってもうわべだけの勝利だろう。なぜなら彼らはこれからも税金を払い続けるのだから――。ただし、今度は払っていることに気づかないまま払うことになる」（BBC Sport 2001 による引用）。

1年後、早速ギャンブル業界にこの新たな税制と監督制度の影響が現れ始める。ビジネスが活況を呈し始めたのだ。たとえば、ラドブロークス社は22％の増益を公表、32％の伸びを記録したウィリアムヒル社は株式市場に上場した。これは10倍以上の上場申請があったなかでの受理だった（Cummings 2002）。当時世界最大のインターネット・ギャンブル・サービス企業だったスポーティングベット社の会長マーク・ブランドフォードは、「イギリスは世界に冠たるギャンブルの中心地としての実力を発揮し始めている」とBBCで語っている（Cummings 2002）。

こうした変化の影響を検証した論文を見ると、税制改革支持者は『賭博課税政策の土台を経済規準に置く』イギリス政府の決断を賞賛している。その一方で、「これはアメリカやオーストラリアといった他国のアプローチとはかなり対照的である。そういった国々でギャンブル関連政策を検討する際は、ギャンブルによって生じる社会的コストの査定が重要な役割を果たしている」との指摘もある（Paton et al. 2002: F312）。

振り返ってみると、国営宝くじはイギリスのギャンブル産業が経験した最良の出来事の一つだったのではないだろうか。２００６年、私はあるコンサルタントからこんな話を聞いた。

「宝くじはわれわれにとってトロイの木馬、つまり危険な贈り物だった。政府は見えないギャンブル需要を掘り起こすことから始め、それを活性化する方向へ舵を切ることで、それまでの立場を変えた。1992年、政府はギャンブル関連の法律の件でEU（ヨーロッパ連合）からの抗議を受けたが、それで宝くじによる資金調達とは違い、直接税は物議をかもすことに気がついたわけだ。良い時代だったよ。いざ宝くじが始まると、さまざまな秘密が漏れだしたがね」

また、ブックメーカーのウィリアムヒル社の広報部長、グラハム・シャープはこう語った。「ジョン・メージャー内閣が公式に国営宝くじという名のギャンブルを許可してしまった以上、政府はもはや賭け事に反対するふりはできなくなった」（Hey 2001 内の引用）。

現代化の推進：バド・レポート

ブックメーカーとカジノ企業は、1994年の規制緩和および適用除外法のもとで、保守党政権から依然として譲歩を取りつけていた。しかし、現在の需要を満たすことは許可されたものの、さらなる需要の喚起を禁じる「実需の原則」はトニー・ブレア率いる労働党、いわゆる「ニュー・レイバー」が選挙で勝つまで保持された。そしてブレア政権下の1999年、ギャンブルの再検証がジャック・ストロー内務大臣から指示され、経済学者にしてサッチャー政権の元特別顧問、アラン・バドがその責任者に選定される。バドの法規制へのアプローチは、以下の通り保守党員とニュー・レイバーのアプローチにそっくりだった。「ギャンブル規制を擁護する声はもっともだ。しかし、たいていの場合われわれの提案は、個人がギャンブルを自由に行える方向へ動く」(Travis 2001 内の引用)。

一般に「バド・レポート」と呼ばれるギャンブリング・レビュー・レポート (Gambling Review Body 2001) は、ギャンブルにおける規制解除の最高水準に達していると言える。実需の原則の廃止を唱えることによって、ギャンブル規制の基本原則を変えたからだ。たとえば「80テーブルを超える大規模カジノにマシンの台数制限を課すだって? なぜそんなことが必要なんだ?」という具合に――。同じように再検証委員会は、特定エリア内でカジノや賭博店の店舗数を制限するのを不当とみなした。「そういうことは市場が決めればよい」という主張だ。

さらにバド・レポートは、『調査対象の80%が過去10年間でギャンブルに対する意識は変わっていないと回答した』とするイギリス国家統計局の調査を引き合いに出して、次のように主張した。「『さまざまなギャンブルを受け入れるべきか』『ギャンブルは危険なものだと思うか』といった問いに対する意見を見ると、制限なくギャンブルができる自由を国民が望んでいるとはとうてい思えない。(中略) この調査データは、ギャンブルの規制緩和には慎重であるべきとのわれわれの見解を後押しするものと解釈できる」(Gambling Review Body 2001:72)

慎重な態度がとくに目立つのは、ギャンブル専門の場所以外で行われるギャンブル（「環境」ギャンブルと呼ばれる）や小規模カジノ、「マシン小屋」（ゲームセンター）の急増、そして子供のギャンブル問題についてだ。バド・レポートはタクシー事業所やカフェのマシン設置禁止を求めるとともに、小規模カジノの最小フロアを2000平方フィート（および1テーブルにつきマシン8台の割合）とすることを推奨している。また、歴史的経緯から子供たちが合法的に遊んでいる海辺のゲームセンターのマシンには、賭け金の上限を設け、賞金は現金のみとするよう求めた。

もう一つ、レポートが地方主義を打ち出した点も注目に値する。『特定のエリアでギャンブルを全面的に、または種類を限定して禁止する権限』を地方自治体に与えるよう主張したのだ（Gambling Review Body 2001:5）。しかし、この提案は規制法には盛り込まれず日の目を見ずに終わった。

後退を余儀なくされた賭博法案

バド・レポートを受けて、政府は『安全な賭けを実現するために』との報告書を作成する。そこではバド・レポートの176の提言のうち167を採用し、新制度のもとギャンブル消費は年間5億ポンド増加すると予測した。さらに、「法律はギャンブルに対し道徳的に中立であるべきだ」と宣言したのである（DCMS 2002:29）（注7）。この報告書で注目すべきなのは、バドがゲーミング委員会から継承した以下の3つの規制目的を支持している点だ。ギャンブルから犯罪を排除すること、客に対し公正であること、そして社会的弱者を守ることだが、もう一つ注目すべきことが書かれている。以下の文言だ。「われわれは（中略）ギャンブル産業の成功を望んでいる。同産業は、技術の進歩と顧客主導によって生じる国内および海外市場の成長に素早く効果的に対応できる。その質の高さと誠実さには定評があり、イギリス経済に大きく貢献している産業である」（DCMS 2001:1）

実は、DCMS（デジタル・文化・メディア・スポーツ省）が2003年に公表した報告書「リモート・ギャンブルの将来的規制」でも、この目標が強調されている。つまり「リモート・ギャンブルの将来的規制」は、「イギリスがオンライン・ギャンブルの分野で世界のリーダーになる」という政府の願望の表れということだ（DCMS 2003:para. 133）。

2004年、賭博法案が発表されると、ギャンブリング害に関する政府の言葉を鵜呑みにしていた国民は驚愕し、タブロイド紙は一斉に反発、国内は騒然となった（Douglas 2004）。メディアが注目したのは、まるでついでのように語られたつぎの言葉だ。「われわれが手にしたほぼすべての資料から一つの事実がわかる。つまり、この法律によって、ギャンブリング問題を抱えるイギリス国民は確実に増えるということだ」（Tempest 2004）。まさに同年初頭、テッサ・ジョウェルは「この法案が問題ギャンブリングの増加につながるとは思わない」と、まるで正反対の発言をしたばかりだったのだから（Joint Committee on the Draft Gambling Bill2003-4）、『デイリー・メール』の読者はコーンフレークをのどに詰まらせんばかりに驚いた。当初、賭博法は党をまたいだ支持を得ていた。それが、これを契機に後退を余儀なくされてしまう。

当時、多くの政治家に全面的に後押しされたのが同紙の「賭博法をつぶそう」運動だ。それに参加した労働党議員ロイ・ハタズリーは、寄稿文のなかで「ニュー・レイバーはわが労働党の象徴たる価値観を裏切った」と非難している（Hattersley 2004）。一方、正反対の発言をしたテッサ・ジョウェルはというと、自分の政治生命しか考えていないと陰口をたたかれた。こうして賭博法は、大きな産声をあげたにもかかわらず徐々に骨抜きにされていく。たとえば、当初カジノの数は24カ所（小規模、大規模、「リゾート型」それぞれ8カ所ずつ）とされていたが、２００５年、総選挙を前にリゾート型カジノの上限数は8から1に減らされた。

それでも残った規制緩和の『現代化』

２０１２年1月、元スポーツ・観光大臣リチャード・カボーンが文化・メディア・スポーツ委員会での証言に臨み、土壇場でこの法案に変更が加えられた理由を明らかにしている。「これは誇張ではなく、実際二つの理由があった。第1に、全国紙の『デイリー・メール』が反対運動を主導したこと。第2に、２００５年の選挙が近づいていたこと。これが現実なのだ」（House of Commons Culture, Media and Sport Committee 2012:Ev107）。

こうした紆余曲折を経て、ようやく２００５年4月、賭博法は国王の裁可を受ける。これでイギリス各地にラスベガス型のカジノが広がるかと思われたが、現実はちがった。まず保養地ブラックプールに、次いで（驚くべきことに）マンチェスターに造られたが（BBC News 2007）、それ以上続かなかった。なぜ続かなかったのか？　それはメソジスト派の背景を持つ労働党のゴードン・ブラウンが2007年に首相の座に就き、軽率にもカジノ計画の見直しを決定したのが要因だった（Quinn and Wilson 2007）（注8）。当時の経緯をよく知るギャンブル企業幹部は、2013年に当時を振り返ってこう言った。「あのころはすっかりあきらめていたよ。ブラウンにはブラウンのやり方があるからね。彼が決めた最終予算は、ギャンブル業界にとっては最悪だった。首相は最後になって手の内を明かしたんだ」

たしかにギャンブル業界は、過去何度も政治家に気に入られては嫌われてきた。しかし、このときの規制緩和は特別だ。というのも、規制緩和のなかに『現代化』の特徴が垣間見えるからだ。具体的には、『市場主導の問題解決』に向けた進歩、あるいは政治的影響のない明白な『道徳的中立性』とも表現するべきものだ。

典型的なスピーチを紹介しよう。それは2006年、ブックメーカーの一大イベントであるベッティング・ショーに登壇した保守党下院議員にして賭博法草案合同委員会代表、ジョン・グリーンウェイの次の発言だ。「バド・プロセスが本格的に始まったとき、われわれはこの問題から政治性を排除しようとした。（中略）実際、かなりの政治性を取り除けたと思う」。この進歩の概念とギャンブル拡大論者によるその支持は、「世俗的なプロセス」の一例だ。政治学者ティモシー・ミッチェルの言を借りるなら「国と社会が、あるいは国と経済が根本的に分離した世界を出現させる」プロセスということだ（Mitchell 1991:95）。

国が経済への口出しをやめると、経済は活性化し、儲けを最大限にしようとする内部エネルギーが満ち溢れる。そうすると、経済は実社会から独り歩きを始め、批判の対象にもならなくなるのだ。ギャンブル業界の場合、こうした経済と社会の分離が明確な信念のもと人為的に創り出されたのは間違いない。というのも、きっちり分離しておかないと、経済と社会が地滑りを起こして接触し、厄介ごとになるからだ。そんなときは、『デイリー・メール』が「ギャンブルのために雇用主から盗みをはたらくごく普通の人々」といった記事を大見出しで書きたてることになる（Witherow 2018 等）。ギャンブルの例のように、政治と市場が近すぎて分離が難しい場合、規制が厳しくなって儲けを得る機会に脅威が及び、資本主義を資本主義たらしめる絶対的な土台が揺らぎかねないのである。

規制緩和を後押ししたバド・レポート

バド・レポートは、たしかに規制緩和に向かう時代精神をとらえていた。この変化にギャンブル産業はどのように貢献し、どのように対応したのだろうか？　また、ギャンブルは種々雑多な部門が集まる世界だが、どの部門が新たなギャンブルの概念を受け入れ順応したのか、あるいは抵抗したのだろうか？

確かなのは、バド・レポート発表後、その遠大な結論に驚いたブックメーカーがいたことだ。彼らは議員や公務員から冷遇されることに慣れていた。あるベテランが言うには、１９９０年代以前のブックメーカーは「宇宙服にこもった屁と同じくらい人気者だった」らしい。別のベテランは「ギャンブル関係者だと明かしたとたん、目の前でドアをぴしゃりと閉められた」と告白した。

それがバド・レポート公表後は、彼らが「マーケット・トーク」と呼ぶ業界話のほうが、「しおらしく近づいてきて、なんだかんだと聞いてくる年寄りの屑物屋」よりもはるかに歓迎されるようになったという。あるベテランは、私にこう言った。

「90年代後半のある日、外へ出向いて証言したんだ。冗談ではなく、それで人生が一変した。私はとてもつつましい変化について話しただけなんだが、気づくと質問してくる男たちに、どんな仕事でどうやって儲けているか話してくれと頼まれたんだ。とても現実とは思えなかった。世間の風向きが変わったのがわかったよ。それでほんものの弁護士に相談することにした。型破りな考え方をするギャンブル業界の外部の弁護士だ。彼らは努力を惜しまず、新しい時代の考え方をわれわれに教えてくれたんだ」

また別のブックメーカーは、バド・レポートがギャンブル産業のアイデンティティをがらりと変えたこと、そして業界が政府に自身を売り込んだことを語った。

「バド・レポート以前は（中略）われわれは自分の立場をわきまえていたし、そこからはみ出さないように気をつけていた。どんな引き立てにも感謝して、議員さんたちを競馬場へ送り、カジノへも連れていった。彼らの信用状態がいいことを確認しては、彼らのためにあらゆることをしたが、しょせんただの召使いに過ぎなかった。政治家にへつらい、服従しているだけだった。（中略）われわれはそんな役割をどう演じたらいいか知っていた。『イエス、サー』とか『ノー、サー』とか『ありがとうございます、サー』と言うだけさ。それが『マーケットメーカー』の登場で変化した。彼らは、われわれがギャンブルを運営できるのは、行儀よくふるまって犯罪グループを締め出したからではなく、権利だからだ、起業家やビジネスマンと同じなんだ、と教えてくれたんだ。これはうれしい驚きだったよ」

ブックメーカーの話によると、ギャンブルの自由市場創設で重要な支援をしたのは、規制改善特別委員会（ＢＲＴＦ）だ。１９９７年に設立された有力な独立公共機関で、「ときの政権に対し、規制が正しく実施されているか、首尾一貫しているか、透明性があるか、軌道に乗っているか、確実に報告義務を果たしているか」を監督し、徹底させるのが責務の機関だ（House of Lords 2004 内の引用）。ブックメーカーが「マーケットメーカー」と呼ぶこうした政府任命の無報酬のアドバイザーは（Weir 1999）、報告書に従って、ギャンブル業界が言わなかったことをあえて口にする。その例を紹介しよう。

「われわれは、問題ギャンブリングがギャンブル規制の本質に影響を与えてはいけないと考えている。とはいえ、業界には問題ギャンブラー救済に貢献する社会的責任がある」（BRTF 、Gambling Review Body 2001:9 内の引用）

こういう発言もある。

「規制措置が必要なのは、社会的弱者がギャンブル産業の恰好のターゲットにされないためという側面もあるだろう。しかし、政府の規制によって成熟した顧客が、自らが適切だと思う方法で自己資金を使う権利を奪われてはならない。そのため、われわれは自己規制について考慮するよう求める。業界によって裏付けされた行動規範もその一つだ」(BRTF、Gambling Review Body 2001:9内の引用)

ギャンブル業界の規制緩和を推進したバドでさえ、BRTFの勧告に青ざめた。「われわれの提案によって、成人がいつ、どこで、どのようにギャンブルをするか、その自由度は確実に増すだろう。それでも、規制改善特別委員会が示唆するほど自由になるわけではない」(Gambling Review Body 2001:9)。しかし、以下に示すように、その後も政策立案者は自由度を増す路線を踏襲する。

保守党員ではないのに保守的？

前述したとおり、サッチャーとメージャーの時代の保守党が「より良い規制」を主張する一方で、ニュー・レイバーの労働党政権は徐々に「リスクを許容する」規制緩和に魅せられていく。ギャンブル規制も、その例外ではなかった(Dodds 2006)。これには多くの業界経営者が仰天した。思いもよらず、自由市場への道が開かれたからだ。彼らにとってはまさかの出来事だったのだ。

「正直びっくりした。われわれの希望をはるかに超えていたからね。たいていのブックメーカーは保守党支持者なんだが、あまりにも話ができ過ぎで、皆が心配したほどだ！　なんともおかしな感覚だったね。それで、われわれ年寄り3人は、報告書を受け取るとパブへ直行し、ビールを何杯か飲みながら議論したんだ。何しろわれわれ世代にとって、この業界で起こった変化のなかで最高の、もっとも儲かる、もっとも希望のある変化を目撃しているわけだから──。3人のうち二人が同じ意見だったよ！　ドアを押し開けようとしただけなのに、家全体が崩壊した感じ。あのときはまさにそんな気分だった」（ブックメーカー）

カジノ産業の関係者も、業界に変化を起こした奇妙な政治的連携について、こうコメントしている。

「われわれの大半は、空威張りのリベラルだった。少なくともビジネス面ではそうだった。経営に関しては少々時代遅れで、社会的には多少保守的だったかもしれない。ニュー・レイバーを標榜する労働党に比べれば保守的だったし、実際、同業者には保守党支持者もいた。まあおかしなグループだったね。はっきり言っておくが、当時ブックメーカーの連中と付き合いはなかった。そもそもブックメーカーとカジノは、元から仲間ではないからね。それが、われわれギャンブル業界人の大半である生粋のサッチャリズム支持者と、熱狂的なブレア派が結びつくことで、非常に奇妙なグループができあがったというわけだ。誤解されたり嫌われたりする可能性も大きかったが、われわれにはそんなふうに手を組む理由があったということさ」（カジノ経営者）

一方、『デイリー・メール』をはじめとする賭博法反対派の動きは、どのようなものだったのだろうか。彼らはおもにカジノ・ライセンス許諾の増加、なかでも「リゾート型」カジノ計画に注目した。リゾート型カジノが、イギリスのギャンブル史上最大の規模になろうとしていたからだ。しかし、それはギャンブル業界からすると重要なポイントではなく、実需の原則の廃止やＦＯＢＴの法的容認の方が重要だったのである。問題は、それがわかっていながら徹底的な検証をすることなく、リゾート型カジノだけがメディアで大きく扱われたことだ。

結局、賭博法は業界に何をもたらしたのか。ある内部関係者は、勝者と敗者を生み、業界内に存在した軋轢を悪化させ、新たな溝を生んだと指摘した。

「カジノとブックメーカーのあいだに横たわる敵意の根っこは、賭博法にある。それ以前は、あっち、こっちはこっちでやっていた。彼らには彼らの顧客があり、われわれにはわれわれの顧客がいたからだ。それが賭博法のせいで大きく変わった。手に入るものが増えて、みんなが強欲になった。原因はギャンブル・マシンだ。われわれは店にマシンを置けるようになった。宝くじに客を奪われたことに対するせめてもの慰めというわけだ。まったく、すばらしい慰めだよ！　マシンさえあれば、他の賭けはやめてもいいくらいだ。一方、カジノはぶち壊された。彼らはあまりに多くを要求し、それに限りなく近づいたが、結局交渉で求めたもののすべてが手に入らなかった。それに比べてわれわれは非常にうまくやった。レーダーにひっかからないぎりぎりあたりに留まれたことが何より重要だったんだ」（ブッ

クメーカー）

ブックメーカーとカジノ産業の反目がことさら目立ったのは、ＡＢＢと、ブリティッシュ・アミューズメント・ケータリング・トレード・アソシエーション（ＢＡＣＴＡ）およびイギリス・カジノ評議会（ＮＣＦ）の交流の場だった。同じギャンブル業界内で、競合する部門に対抗してブリーフィングやロビー活動を行うのはよくある話だ。ある政治家は２００６年にこう語っている。「自分は複数のグループに人質にとられた。あれは戦争だ。文字通り戦争だった。ギャンブルの種類が違うというだけで、彼らは互いに毛嫌いしていた」

私にも思い当たることがある。あるカジノ経営者が私に資金提供を申し出て、こう依頼してきたのだ。「賭博店のあのとんでもない機械の調査をしてくれ」と。どうやら「望みを言ってくれれば、何でもかなえてやる。どんなことでもいい」ということらしかった。しかし、政府は動こうとしなかった。２０１２年、下院議員ジョン・ペンローズ観光と歴史遺産大臣（当時はギャンブルも管轄下だった）は、議会で「マシン規制を『いじくりまわす』ことはできない」理由について、次のように発言した。

「ギャンブル業界の全員が同じ主張をしない限り、マシン規制はできない。つまり、現状われわれができるのは、ただ黙って『ＢＡＣＴＡが大通りのブックメーカーのＢ２マシンを懸念している』『大通りのブックメーカーはBACTAのメンバーのことで気をもんでいる』といった話に耳を傾けることだけだ。何かを変えようとすると、関係者がこぞって家のドアをたたきに来る。向こうのために何かしてやったのに、こちらのために何もしてくれないのはなぜなんだ、と言いながら――」(House of Commons culture, Media and Sport Committee 2012b)

誰のための改革？

前述したとおり、政府は規制緩和が進めば、難解な法律によって抑え込まれていたギャンブル業界が自由になり、改革が進むと説明した。しかし、このプロセスに関わった人間によると、改革の中身は申し訳程度のものだったらしい。

「規制緩和によってギャンブルは政府の一大事業になったが、そうなって初めて労働党は、ギャンブル業界さえ最初は求めていなかった政策や制度を自分たちが擁護していることに気づいたんだ。しかし、いったん俎上に載せてしまった以上、差し戻すことはできない。一方、業界は提示された改革を必死になって手に入れようとする。ちなみに一般市民は、そんなものは求めていなかった。それなのになぜ政府は守ろうとしたのか？　それは主義信条の問題だったからだ――結局、そんなものは政府の周囲で崩壊したがね」(保守党下院議員)

業界関係者によると、以下の重大な構造上の理由から、とくに伝統的なギャンブル産業において改革意識が希薄だったという。それは、1960年代に現れた合法的なギャンブル産業は、もともと多数の独立経営者の共存から始まったが、徐々に少数寡占となり、最終的に3つの主要企業に独占されたからだ。つまり、高いブランド認知力で市場を独占した3社が、高い市場参入コストを利用して優位性を維持し続けたのだ。

「ブックメーカーの改革が進まない理由は、少なくとも3つある。一つ、彼らには金がたっぷりある。二つ、彼らは計画経済だ。店のペンを変えるだけでも3～4年はかかる。三つ、ブックメーカーは頭の古い恐竜に運営されている。せっかくチャンスに恵まれたのに、結局チャンスにけつまずいたんだ」（オンライン・ギャンブル経営者、2013）

アナログなブックメーカーは、ひたすら化石時代のアプローチを守ってきた。それが結果的に驚くほど長い間、オンライン・ギャンブルをチャンスではなくむしろ脅威と考えることになってしまったわけだ。一つ象徴的なスピーチを紹介しよう。2000年1月にイギリスの主要ブックメーカーの最高責任者が業界イベントで行ったもので、オンライン・ギャンブル業界を映画『スター・ウォーズ』の主人公ルーク・スカイウォーカーにたとえた印象的な内容だ。

「きっちり規制された立派なギャンブル産業があるわが国に、いまチャンスが訪れている。中核的な国内市場である賭博店を守り育てながら、同時にスポーツ賭博を輸出して外貨を稼ぎ、その世界的リーダーに浮上するまたとないチャンスだ。ギャンブルにまつわる禁止法案は、こういった可能性をつぶし、国内市場を弱体化させるだろう。今、イギリスは電子商取引の中心地になるか、あるいは活力に満ちた新たな時代における機械破壊運動（訳注：機械の普及で職を奪われると危惧した労働者による集団的機械破壊行為）の犠牲者になるか、その岐路に立たされているのだ。宇宙空間の悪童は、われわれが悪童として扱うことによってはじめて脅威になる。その一方で、物事を誰にとっても望ましい方向に改善する最大のチャンスを秘めてもいるのだ」（Field notes 2000）

こうした政治家の発言に、エコノミストたちはどう感じていたのだろうか。規制緩和の各段階で関わってきたある証券アナリストは、「政治家が演じた役割は、いくら強調してもしすぎることはない」と私に語った。そのうえで、ギャンブル産業自体は「リスクを嫌い」「受け身で」かつ「率先して変化を起こすのではなく変化が起こるのを待つ産業」だったと指摘した。

「電話ギャンブルとインターネット・ギャンブルが、業界改革の象徴だとは言い切れない。どちらもある日突然現れたに過ぎないからだ。そもそも大手ブックメーカーは改革が苦手で、完全にリスク回避の姿勢だった。実際、大手ブックメーカーは、何年ものあいだ先端技術の情報媒体であるニューメディアを追加チャネルとしかみなさず、単にコンピュータ内や電話上の店のように扱っているだけだった。

ニューメディアの将来性を完全に見誤っていたわけだ。改革を始めたのは新生労働党だ。ここで言う改革とは、ギャンブル市場を開拓し、減税し、ギャンブルを娯楽に分類しなおすという意味だ。結局、そうした流れの中にあって、ブックメーカーは風が吹くのをただながめ、それに身を委ねるだけだった」

（上級アナリスト、ロンドン 2006）

この高名なアナリストによると、チャンスでつまずいたブックメーカーは、娯楽という新たな分類にさっさと飛びついて順応することで、賭博法によって強化された監視のダメージを最小限に抑えることに成功した。これとは対照的にカジノ業界は、内幕を包み隠さずさらけだしたが、それでも不充分だった。マスコミに派手な見出しで暴露されたロビイストと政治家の行動を紹介しよう。ロンドン・ミレニアム・ドームのオーナーにしてスーパー・カジノの入札者のひとり、フィリップ・アンシュッツのエピソードだ。彼はコロラドに所有する大農場に政治家ジョン・プレスコットを招き、「カウボーイブーツ、ベルト、バックル、拍車、ステットソンのブルージーンズ、そして革表紙のノート。総額１３５４ドル（７３７ポンド）」を贈ったそうだ（Sherwell and Hennessy 2006）。それほどカジノ業界は劣勢だった。一方ブックメーカーは、ＦＯＢＴを店に置き、オンライン・ギャンブルの無限の可能性を手に入れて苦境から抜け出すことに成功した。

メンテナンス作業

たとえば金融関係者なら、自らのビジネスを下支えする倫理的枠組みをはっきり示すことができるだろう。「信用の民主化」（Appel 2014）、つまり企業活動に対する資金の流動的供給もその一つだ。しかしギャンブル経営者は、これほど高い公益性を明確に引き合いに出すことはできない。あるイギリス人経営者は、「われわれは利己主義のジャングルで暮らしている。あなたがた学者さんのように空中庭園にいるわけではない」と言った。では、イギリスの政治家やギャンブル経営者は、どうやって公論の場においてギャンブルに関する受けのいい枠組みを維持するつもりなのだろうか？

ギャンブル批判に対するもっとも一般的な反応は、もうその話にはうんざりだと言いたげな苛立ちだ。私がこれに気づいたのは、賭博法を支持してきた下院議員たちをしつこく取材したときだった。一人の議員が「いいかね」と言ったあと、長いあいだ押し黙り、鋭い一瞥を寄こしてからこう言った。「これだけは言えるが、私は賭け事を自由化するために政界に入ったのではない。われわれがやらなくても、ほかの連中がやっていただろう。あれは仕事であり、なるべくしてなったことだ。われわれはきちんと対処した。正しいか誤りかの問題ではなく、やるべきことをやったまでだ。ほかに選択肢はなかったということだ」

この論理の下に横たわるのは、おなじみの現代社会のイメージ（経済あるいはビジネスと社会は分離している）と、原始的社会のイメージ（ビジネスと社会の機能が不適切に、あるいはぼんやりと結びついている）の対立だ。そしてもう一つ、新たなすばらしい状態へ向かう過程では避けられない、歓迎すべき特殊な変化への賛同も見られる。それゆえギャンブル拡大に反対すると、それは明確な間違いだと言われ、理解も教養も足りないと非難される。このような意見は、政治的プロセスはイデオロギー的にからっぽだという慣れ親しんだイメージを描きだす。そのため市場にギャンブルの価値を決めさせることとは「道徳的に中立」であり、業界の自己規制を支持すれば「ギャンブル規制から政治を締め出すことができる」と認識される。その結果、合理的な反論はほぼ不可能になるのだ。

ギャンブルへの嫌悪は見当違い？

ギャンブルに関するこうした考え方は、政府の公式発表ばかりか人々の日常会話にも浸透し、確実に定着する。それを後押しするように、ギャンブル関連の協議会や会議で、経営者たちは「他の業界となんら変わらないただのビジネスなのに、世間は見当違いで感情的な反応を示す」と再三再四苦情を述べた。

「女性はことギャンブルとなると感情的になりがちだ。彼女らは現実を見ていない。ギャンブルがほとんどの人にとって害のない娯楽だと理解していないのだ。問題を抱えた人にばかり注目するのは、偏った見方だ。問題ギャンブリングばかり大げさに扱われるから、みんなヒステリックになる。それに基づ

いて政策を決めるのは誤りだ」(経営幹部、2006)

私が参加したギャンブル産業や準教育機関のイベントの大半は、大きな男性グループと少人数の女性グループで構成されていた。医療関係者や政府関係者、公務員、学者が参加していることも多かった。なかでもあるときの「ビジネスランチ」は記憶に焼き付いている。女性の学者と私が着いたテーブルには、ブックメーカーのボスらが「場をなごませる花」として連れてきた女性秘書も座っていた。女性のテーブルはこの1卓のみで、残りの11卓は女性蔑視の冗談を言い交す男性ばかりのテーブルだった。

女性と問題ギャンブリングに関する別の協議会では、一人のブックメーカーが席に着く前に私に声をかけてきた。ランチ後だったこともあり、すっかり酔っているようだった。「きみはわれわれを懲らしめに来た連中の仲間ではないよな?」とたずねた後、彼はこう言ったのだ。「私はここに座っていたいだけなので、そっとしておいてくれ。家に帰る時間になったら起こしてもらえないだろうか? 助かるよ」

こうした状況について、元ブックメーカーで現在コンサルタントの一人は、次のように内情を説明した。

「われわれは精一杯行儀よくしている。それなのにおせっかい焼きの慈善家の女たちは、ギャンブル・マシンに夢中になっているやつらを店から追い出そうとする。話ぐらいはおとなしく聞いてやってもいいが、好きなようにやらせてもらう。ずっとそんなふうにやってきたんだ。もちろん、それが少々古めかしい方法になってきたことは理解しているが、習慣ってやつだから仕方ないんだ。あなたにはうってつけの話だろう。だが、理想主義者のたわごとにはほとほとうんざりだ」

現在はギャンブル産業で働く元下院議員とロンドンのレストランでランチを食べたとき、私はこうたずねた。「なぜ、イギリスのギャンブルはこんなに成長したのでしょう?」。彼は私の質問を繰り返し、いぶかしげにこちらを見て言った。「そうだな、テクノロジーのおかげだろう。古い時代遅れの頑固な意見はもう通用しない。いまや誰もがせっせとギャンブルをやっているんだから。何も心配する必要はないよ! 気にするなって、お嬢さん!」

自由にギャンブルをする権利に対する最大の脅威は「子守国家」、つまり過保護な政府だ。この悪役のことは私もたびたび耳にした。ギャンブル産業と娯楽産業にアドバイスをする事務弁護士のスピーチでは、10分間に9回も登場し、「カジノ産業は、お仕置きを受けている」という生々しい表現も飛び出した。

また、ギャンブルへの嫌悪は、社会階級的偏見もあぶりだす。2011年にギャンブル委員会の職員から聞いた話によると、「ギャンブルに対する反対意見の大半は、中流階級で使われる隠語でファイルする」らしい。ギャンブル業界の相談役にして、超党派の賭博ゲーム部会の幹事、および元文化・メディア・スポーツ省2005年賭博法特別調査委員会のスペシャルアドバイザーを務めたスティーブ・ドナヒューは、2013年に「せっかくパーティーが続いているのに、興醒めな連中にはそれが理解できないらしい」と述べている（Bennett 2013）。ギャンブルの権利を他人から奪うことは、中流階級のガミガミ屋のやることというわけだ。「ギャンブルについてとやかく言う人の大半は、自分が何を言っているのかさっぱりわかっていない。刑務所やごみ処理場の必要性は認めつつ、うちの近所に建てるのはお断りと主張する連中と同じ、ナンセンスだ」（ブックメーカー、2009）。

もう一つ、2004年のテッサ・ジョウェルの発言も引用しよう。「新しいカジノへの反対意見には、上流気取りのにおいがする。『金持ちの領域を守らねば』と考える人々がいるということだ。その一方で、カジノは悪趣味で俗っぽいと思っている人もいる。ほかにも、この先アメリカからの大きな投資を望んでいない人もいる。もちろんそういう考えを持ってもかまわない。しかし、それを他人に押し付ける権利は誰にもない」（Kite 2004 による引用）

この主張に従えば、かつてアルコールや煙草政策がたどった歴史と同様に、ギャンブル拡大に反論することは、個人の行動の自由を脅かすに等しいとみなされることになる。

仕切り直し

イギリスのギャンブルの「現代化」は、公営企業の民営化及び、1980年代から1990年代における金融サービスの規制緩和と同時並行的に始まった。このプロセスの特長は、国がまとめて提供するリスク管理の必要性よりも、リスクのある商品を購買する個人的責任が強調された点だ。皮肉なことに、世間からしぶしぶ黙認されていたイギリスのギャンブルが、よりリスクの高い新しい経済活動を具現化したものへと変貌したのは、1994年の国営宝くじ導入がきっかけだった。もちろん、宝くじでギャンブルに対する国民の意見が大きく変わったわけではない（イギリス人の大部分はギャンブルに対してかたくななまでに態度を決めかねていた）。ギャンブル産業がより幅広い規制緩和を求めるチャンスを手に入れたということ、つまり「宝くじというギャンブルを奨励しておきながら他のギャンブルを規制するとは、国はなんたる偽善者か」という論調だ。1997年以降のギャンブル規制緩和は、人々が消費者として自由な選択をすることで自らのアイデンティティを確立するという、新生労働党の公約を理想化したもので、まさに社会学者ニコラス・ローズ（Rose 1999）が言う「自由の力」による統治だったのである。

しかし、2008年に金融危機が起こると、資本主義の道徳性に関する長年の問題が再燃する。とくに注目されたのが、資本主義が作り出す不平等の問題で、とりわけ経済学者トマ・ピケティ（ピケティ2014）と文化人類学者デヴィッド・グレーバー（グレーバー 2011）の研究が広く一般市民に浸透した。彼らの洞察は民衆運動に取り込まれ、重要な政治討論でも取り上げられることになる。とくに問題にされたのが、先の危機でも揺るがなかったギャンブルと投機の区別、市場と社会の区別だった(Appel 2014)。また、銀行業の社会的役割や、偶然性から利益を得る新たな手段も再検討されることとなった。こうした問題は、より大きな政治的枠組みを明らかにし、とくに個人の自由と集団的責任の矛盾を呼び覚ました。

ギャンブルにおける規制緩和のおもな特徴は、本来は一つの産業であるギャンブルにさまざまな異なる見解を押し付けたことだ。たとえば、道徳に基づいた反論は、功利主義の計算にかき消された。ギャンブルが「社会にもたらす害」が、「商業的な利益」で相殺されてしまったのだ。この評価基準を『良し』としない人々――とくに、ギャンブル拡大に道徳的見地から反対する人々は時代遅れと言われ、作り話を言いふらす人のような扱いを受け、その主張は現代社会をのし歩く業界団体や下院議員に握りつぶされてしまったのである。

とはいえ、こうした業界や議員らの最善の努力にもかかわらず、ギャンブル関連の問題や事件は幾度となく世間を騒がせた。ギャンブリング害から人々を守るはずの壁に穴を開けたり、ギャンブルは時に階級もジェンダーも飛び越えて人々を窮状に陥れることが明らかになったからだ。いずれ、こうした不都合な真実が、ギャンブル業界やそれに好意的な政治家、御用学者が語ってきた陳腐な物語、つまり、「ギャンブルは大半の人にとって健全な娯楽であり、それに反論する人は無知で、時代遅れで、自由を嫌う子守国家の支持者だ」という主張を覆すだろう。

このように、ブックメーカーは新たな自由を手にして大きく変化した。現実的にも比喩的にも、賭博店は暗がりから表舞台へ出てきたのである。

第2章　ラッフル：永遠に続くギャンブル

駐車車両の列が学校の裏の建物に続いている。風雨が強い11月の夜のことだ。その建物は、私が実地調査で訪れた多くの教会のホールやクラブルーム、ボーイスカウトの小屋にそっくりだった。赤いレンガ、ビクトリア朝の建築様式、はげかけた塗装、夜のイベントの静かなざわめき──。カーテンのかかっていない窓から光がもれ、トレイを持った数人の女性が見える。ケーキやビスケットをキッチンつきの談話室から、椅子とテーブルが並んだ大勢の女性たちでいっぱいの広い部屋へ運んでいるようだ。部屋の壁沿いにはコンピュータが並んでいる。

ここは地元の小学校の６年生用校舎だ。観音開きのドアのあいだに置かれたプラスティックの椅子により、ドアは一応開け放たれている。私はそのドアのすきまを抜けて化粧室へ進んだ。婦人会（ＷＩ）の集まりに突撃するためのベースキャンプだ。風で乱れた髪を整えてから、ふたりで集会にやってきた地元の女性たちのあとにぴったりついていった。「これが婦人会というものなのね」と声をかけると、ふたりは笑ってこう言った。「初めてなら大きな跳躍かもしれないけど、ちゃんと何かに着地できるはずだから大丈夫！」

じめじめして暑すぎる教室に3人いっしょに入ると、中の人たちが顔をこちらに向けてあいさつしてきた。「こんにちは、あなたがレベッカね」と言ったのは、入り口に面したテーブルに座るアンだ。アンの目の前にはどこの婦人会の事務係も持っている必需品が並んでいる。名簿、ペン、わずかなお金が入ったお菓子の空き缶。私が答える前に、アンが続けた。「マージョリーから聞いてるわ。彼女にメールを送ると、ここの全員に転送されるから。マージョリーは体調が悪くて今夜は来られないけど、次回はきっと会えると思う」「そうなのね！」と私が答えると、「ラッフルのチケットはいかが？」と数字が書かれたピンク色のチケット綴りを持った右手の女性に声をかけられた。綴りの半分はもう売れたようだ。彼女の言い方は一見問いかけのようだが、実際は違う。誘いではなく、命令に近い感じだ。「1枚1ポンドか、ひと綴り（5枚）3ポンド」と言われ、私たち3人は不平も言わず素直に財布に手を伸ばした。

ケント州の無名のギャンブル小屋をあちこち訪れるうちに、ラッフル・チケット売りにはこのような待ち伏せ攻撃のテクニックがあることがわかった。ある村祭りでは、ベテランのチケット売りが「コートを脱ぐ前に、早めに一撃を加えることが大事なの」と教えてくれた。「油断しているときにつかまえるのは、それが一番のチャンスだから。他の人がいる前でチケットを何枚買うかたずねたら、ひと綴りで買う人がすごく多い。あなたも驚くでしょうね」

彼女のテクニックは、募金活動や玄関先の行商人が長年磨きをかけてきたものだ。この女性に言わせれば「ラッフル・チケットも売れないようでは、何も売ることができない」そうだ。「誰かの前に立ち、あなたは善人ですか、それとも自分勝手なやつですかとたずねるのと同じこと」らしい。ローカル・ドッグショーではツイードの三つ揃いを着込んだ男性に出会い、「イギリスの郊外の暮らしに必ずついてまわることをふたつ挙げてごらん」と問いかけられた。私が肩をすくめて「わかりません」と言うと、「税金と、いまいましいラッフルだよ」と彼は答えた。

結局、いっしょに婦人会の会場に入った女性ふたりは、それぞれチケットを1枚買った。私もそうした。3人で互いに同情するような視線を交わし、チケット売りの女性から離れた（だんだんわかってくるのだが、彼女はふてぶてしくてあけっぴろげだからこそ、チケット売りの役割を任されていたのだ）。「みんな買っているから」と一人目の女性が言う。「そうするものでしょう?」と二人目が言う。「その通りね」と私は答え、席に着く。それから会合が始まるまで少しおしゃべりをした。

会合が始まると自己紹介を促されたので、なぜここに出席しているかを明らかにした。「ギャンブルに関する研究のために取材を受けてくれるボランティアを探している」と説明すると、アンが私の短いスピーチに応えて「ここにいる人は誰もギャンブルはしないけど、みんなの夫のなかには競馬やラスベガスへ行ったことのある人がいるかもしれない」と言った。私は自分のラッフル・チケットを握りしめたまま、笑いをかみ殺すしかなかった。

今日、何がギャンブルとみなされるのか?

イギリスでは、ギャンブルに関する全国有病率調査が3回実施されている。1999～2000年、2006～2007年、2009～2010年の3回だ。そのうち直近2回の調査では、ギャンブルそのものに対する質問が追加されている(注1)。こうした調査から見えてきたのは、ギャンブルに対する意見はだいたい否定的だということだ。回答者の大部分が、ギャンブルは家族やコミュニティのためには有害で、すでにギャンブルに触れる機会は多すぎるほど存在し、推奨されるべきではないと感じているようだ。ただその一方で、大半の人がギャンブルは容認されるべきで、ギャンブルをするかしないかは個人の判断に委ねられるべきだと考えていることも明らかになった(注2)。

ほかにも、二つの調査を比較してわかったことがある。それは、ギャンブルにまつわる意見が「わずかに」、しかし「意義深いことに」(Orford 2012)肯定的に変化していることだ。おそらくテレビやオンラインでギャンブルの広告に触れる機会が増えたことが影響しているのだろう。この点について、イギリスで数年間ギャンブル研究を続けている心理学者にして、有病率調査チームの一員でもあるジム・オーフォードは、「ギャンブルに警戒心を抱く態度は長いあいだ抑止のメカニズムとして機能してきたが、その力はむしばまれつつある」と指摘している(Orford 2012)。

さらに2012年、イングランド健康調査(HSE)とスコットランド健康調査に、ギャンブルに関する質問が加わった。この調査データに基づき、2014~2017年の期間を網羅した3種の報告書が作成されている(Wardle et al. 2014)。その報告書によると、2017年のギャンブルに対する意見は2016年より否定的だった。回答者の80%がギャンブルをする機会が多すぎると(2016年から2%上昇)、71%がギャンブルは家庭生活に害を及ぼすと考えていることが明らかになった(2016年から2％上昇）。また、回答者の64％が誰でも「好きなときに」ギャンブルをする権利を持つべきだと考えていることも明らかになった。ただし、2016年比では3％減少している（Gambling Commission 2018a: 49）。

ギャンブルに対する否定的な意見が増加したのは、派手な広告キャンペーンの時期と重なる。賭博店の固定オッズ発売端末（FOBT）をはじめとする押し付けがましい宣伝が、とくにテレビのスポーツ中継中しつこく繰り返された。オーフォードが指摘したように薄れていたギャンブルへの不信感が、ギャンブルを目にする機会の増加によって再び盛り返したということだろう。

本章では、ケント州とロンドンの地域グループで集めたデータを用いて、毛色が違うギャンブルの実態を描き出したいと考えている。調査方法には、あえて決まり事を設けず、統計調査よりも気の張らない手法を選んだ。取材対象者にじっくり考える充分な時間と場所を与えようと考えたからだ。それで分かったことがある。対象者の多くが、私に対する質問から始めようとしたことだ。「あなたが言うギャンブルとは、どういう意味ですか？」と聞いてくる。そこで私は「一般的に受け入れられているギャンブルの定義には必ずしも合致しない行為かもしれないが、わざわざ危険を冒す行為についてどう思うか」と質問で返すのが常だった。たとえば、割増金付き債券の購入、株式市場への投資、クレジットカードでの支払い、ペイデイローン（訳注：給料を担保に提供されるローンサービス）等々だ。一般的に、商業ギャンブルの本質や意味について熟考してもらうと、多くの回答者がギャンブルは大きな潮流の一局面だと述べる。富を構築するためなら、不確実性にも我慢する気持ちが増すということだ。

たとえば、イギリスでギャンブルについて議論されるとき、ラッフルはたいてい議題にならない。実際、ギャンブル委員会でも情報を集めていない(注3)。しかし、ロンドンや南東部での私の体験から考えると、ラッフルを通して毎年イギリス各地に再分配される貨幣量は相当なものになるはずだ。こうした少額のやり取りはいたるところに無数に存在し、イギリスのギャンブル文化のかなりの部分を占めている。商業的なギャンブルとは対照的な意味を持つ一方で、同じ産業としての側面も明らかに有しているのである。リスクはあるが、儲かる取引の意味や長年の変化について考えるには、ラッフルは面白いスタート地点になると思う。なぜなら、私たちの生活にすっかり入りこんでいるからだ。

ギャンブルに対する認識は多様かつ流動的

私の調査に協力してくれた地域グループは、50以上になる。なかには、研究にとくだんの興味も示さないまま歓迎してくれたグループもあった。その一方で、権力を象徴するような役職の多い公的組織、たとえば幹事や指導者といった肩書のメンバーがいるグループの場合、私が会合参加を打診すると、ときおり難色を示した。「ここではいかなるギャンブルもしていない」とほのめかしたり、「ギャンブルと関連づけられるのは心外だ」と言われることも多かった。

これは、イギリスではギャンブルと認識されるものが多様で、かつ流動的であることが一つ、またギャンブルについて一般市民が口を閉ざしがちなことも反映している。この傾向は数々の調査にも見て取れるし、私が取材交渉したときにもさまざまな形で現れた。たとえば、地元の歴史研究会のメンバーに取材したとき、「町のギャンブルがどのように変わったと思うか」という質問には協力的だったが、自身のギャンブル活動についてたずねると急にそわそわし始めた。教育委員会のメンバーは「協力はできない、なぜなら私たちはギャンブルのことは何も知らないから」と説明した。婦人会のアンが「私は、ギャンブルはしないし、グループのメンバーにもギャンブルをする人はいない」と言ったのと同じだ。

しかし、私が参加したどの集会でも、不確実性を利用してお金や物品を再分配していた。商品の抽選、資金提供、ラッフル、トンボラ、ステークス競馬、サッカー賭博、ゴルフ・ラウンド、コイントス、カードゲーム、ビンゴ、ドミノやブリッジ——。楽しみのためであろうと、基金集めであろうと、これらはどれも不確実性を利用した富の再分配だ。どのグループにも、ラッフル・チケットや国営宝くじ、賞金付き国債を買う人がいたし、グランド・ナショナルに賭ける人もいた。それにもかかわらず「あなたはギャンブルをしますか?」という質問には「ノー」と答えるのだ。

さらに挑発的なのが、「あなたはギャンブラーですか?」という質問だ。とても興味深い質問だが、ギャンブルに関与しているかを知るためにはふさわしくない。その理由を、引退した薬剤師のローズが懇切丁寧に説明してくれた。

「『あなたはギャンブラーですか?』とたずねるのは、『あなたは小児性愛者ですか?』とたずねるのと同じではないにしても、あまり違わないことなの！　ギャンブルには否定的な含みがあるけれど、理由はそれだけではない。その質問は、相手にギャンブラーというレッテルを受け入れろと言っているようなもので、『ギャンブルがあなたという人の特徴ですか？』とたずねるのと同じことよ。あとから『宝くじやビンゴならやっている』と修正するのも、そういうわけなの」

元校長のアルバートも、この質問で思い浮かんだイメージについて語ってくれた。

「あなたの取材に協力するまでは一度も聞いたことはなかったが、『あの人はギャンブラーだ』と誰かが言っているのを聞いて、西部劇の酒場の早撃ち名人を思い出したよ！　次に頭に浮かんだのは、賭博店で勝つはずのない馬に最後の硬貨を賭けてしまう哀れなやつだ！　あなたも自分で自分をギャンブラーとは呼ばないだろう？　私はこんなふうに考えてみた。たとえば『あなたは父親ですか？』とたずねられたとしよう。私は父親だし、喜んで自分のことを父親と呼ぶ。だから「イエス」と答える。あなたは質問リストのチェック欄に印をつけ、次の質問をする。『あなたはギャンブラーですか？』。そう、私はギャンブラーだが、自分自身をギャンブラーとは呼びたくない。たしかにギャンブルはするが、私はギャンブラーではないというわけだ。だからこの質問は、人が自分自身をどんな人間だと考えているかという問題なのさ」

アルバート以外の人は、ラッフルや国営宝くじ、さらにはグランド・ナショナルの馬券を買っても、ギャンブルをしたことにはならないという認識だった。そもそも、いまもくすぶり続ける「ギャンブル」イコール「いかがわしい」という連想のきっかけは、１９４７年に行われた世論調査のギャンブル報告が始まりだ。（どこの誰ともわからない）報告書の書き手は、「言葉は、時代を経るうちに、その言葉本来の意味では網羅できない微妙なほのめかしを伝えることがある」と指摘している（Anonymous 1947:2）。そして、何をギャンブルとみなすかという見解の相違について、レポートの中でわかりやすく数値化している。

「ギャンブルや賭け事に参加したことがあるかとたずねると、49％がないと答えた。しかし、別の類似したグループに、サッカーや犬、馬、カード、ラッフル、または新聞コンペに金を賭けたことがあるかたずねると、ノーと答えたのはわずか14％だった」（Anonymous 1947:2）

１９４０年代、ラッフル・チケットの購入はギャンブルか否かをめぐって、さまざまな答えがあったようだ。

「ラッフル・チケットの購入をギャンブルとみなすかどうかたずねると、38％がそう思うと答え、44％はそうは思わないと答えた。残りの大半は、ラッフルが正当な理由によって運営されているかどうかによると考えていた。こうして、プレーヤーをギャンブラーと認定するか否かの基準として、『運に左右さ

れるゲーム』をする者の動機という、もう一つの要素が加わった」(Anonymous 1947:2)

私が2016年に調査をしたケント州の数字もこれにそっくりだった。取材をした268人のうち、40%がギャンブルはしないと回答した。そのうち10%が、国営宝くじやラッフルも含め、リスト上のいかなるギャンブルにも参加したことがないと明言した。一方で30%は、ギャンブルはしないと主張したものの、有病率調査に含まれるギャンブル活動の一つ以上に参加したことがあると回答した。たとえば、ラッフルはギャンブルだと考える人は46%、ギャンブルではないと考える人は38%と均衡しているが、それは多くの回答者が、正当な目的かどうかを基準にしたためだ。このように賞金、動機、幸運と偶然のバランス、そしてタイミングが、ギャンブルと他のリスクのあるゲームを区別する基準になっているのである。いくつか例をあげよう。

「ラッフルはギャンブルではない。なぜなら賞金を得るわけではないから——」

「ラッフルはギャンブルではない。なぜなら金儲けや賞金のためにするわけではないから——。そもそもラッフルはただの寄付であり、たとえ勝ってもそれはそれでかまわない」

「宝くじはギャンブルではない。なぜなら勝つための技量は必要ないから——」

「宝くじはギャンブルではない。なぜなら事前にチケットを買っているから——」

こういう考えはごく一般的だ。もちろんギャンブル委員会が定めるギャンブルの定義には反しているが（「ギャンブルとは、賭け事やゲーミングへの参加、宝くじの購入を意味し（中略）ラッフル、トンボラ、そしてステークス競馬への参加も宝くじの一形態である」）、見当違いとは言えない。むしろ、「ギャンブル」の意味が不明瞭で、公的機関の定義でも、うすぼんやりとしか見えてこないことが問題なのだ。事実、何がギャンブルで何がギャンブルではないか、明確に答えられないのはイギリス人だけではない。

近年の研究によると、たとえば北アメリカでラッフルや基金集めのチケットの購入をギャンブルとみなす成人はわずか16・9％に過ぎない（Williams et al. 2017）。同じく、スポーツ賭博をギャンブルとみなしているのも、回答者のわずか52・5％だ。イギリスのおびただしい賭客の本音が聞こえるようだ。ある賭客はこう語った。「私はギャンブルをしないし、原則としてギャンブルには異議がある。だが賭け事は好きだ」

何がギャンブルで、何がギャンブルに当たらないか？　それを決める際のさまざまな判断基準や、宝くじ等の活動に見られる価値の多様性は、富の作り方と再分配の方法にまつわる議論としても重要だ。前出のローズは、次のような論理で、ギャンブルとはリスクを利用して富を創造する活動の一つだと指摘している。

「ペイデイローンはギャンブル？　バンカーというカード遊びは、ギャンブルとみなされる？　私はもちろんどちらもギャンブルだと思う。要はお金の稼ぎ方の問題なの。あなたはお金を儲けるためにお金を使う？　それとも、価値のあるものを作ってそれを売る？　近頃は、お金でお金を稼ぐこと、しかも手元にはないお金で稼ぐ方法がますます奨励されているようね。大学入学後すぐにクレジットカードを勧められる若者がいるけれど、彼らは大学に入ったばかりだから信用格付けはあとになる。貸付にうってつけの人物の印としてクレジットカードを持たせるなんて、狂気の沙汰としか思えない。私ならまさに正反対のことを考えるでしょうね」（ローズ、70代）

私の協力者のひとりで退職した元銀行支店長アイヴァンは、自身の専門知識を活かしてギャンブルと他の金融サービスのつながりについて、次のように考察した。

「（資金のある）強者が（精神的にも資金的にも）弱い者を嘘や偽りの話で食い物にするのは、犯罪行為だと思う。あるとき金融アドバイザーと非常に『興味深い』会話をした。その際、彼は株への投資はギャンブルだという私の見解に耳を貸さなかったし、金融取引すべてに『賭博税』が課されるべきだという私の意見にも同意しなかった」（アイヴァン、60代）。

実際のところ、これから見ていくように、ラッフルにはギャンブル特有の再分配の機能がある。また、公平性を増すために曖昧さも利用している。それでもラッフルは、ギャンブルだと批判されることはない。多くの批判はもっと「害のありそうな」ギャンブルに、ほとんどの場合は銀行やカジノ、オンライン、賭博店で行われるギャンブルに向けられているのだ。

「トロリー」とその他のラッフル

今度、「ラッフル・チケットを買わないか」と誘われたら、少しだけ我慢して、人類学的立場からゲームのルールを分析してみるといいかもしれない。もっとも初歩的な形式のラッフルでも、それを運営するグループの細部が垣間見えるからだ。たとえば「トロリー」は、退職者が暮らす施設の集会で、私が週に1度目撃したラッフルの一種だが、複雑なルールのもと、ラウンドと、さらに長いセットに分かれている。その点では1970年代にイヌイット族が（Riches 1975）、そして1960年代にハザ族が（Woodburn 1982）それぞれプレーしていた再分配のゲームに似ている。どちらも、ゲームを通じて乏しい必需品（食料、弾丸）を再分配し、富や狩猟技術の格差や偏りを圧縮させるからだ。ハザ族は、タンザニア北央部で狩猟採集生活を続けている部族で、周囲の共同体の人々とは違い、定住せず、牧畜生活も取り入れていない。その平等主義は有名で、運に左右されるゲームのおかげで余った必需品は共同体のなかで確実に、即座に再分配される。

こうしたゲームに注目した人類学者のジェームズ・ウッドバーンは、ある事実に衝撃を受け、こう述べている。「計画的な蓄財への対抗策として、勝ちたい、富を蓄えたいという願望に基づくゲームを行うべきだ。それがもたらす社会の平等化効果は非常に力強い」（Woodburn 1982:444）。人類学者ジェーン・グッデールも、１９８０年代のオーストラリア先住民族が同じ仕組みを取り入れていることを発見している（Goodale 1987）。ギャンブルによって、給料や年金をより公正に再分配する仕組みは、世界中に見られたのである。

これらと対照的なのが、バリ島の闘鶏賭博だ。クリフォード・ギアーツ（ギアーツ１９７３）は、「バリ島の闘鶏賭博は、社会的序列に男らしさの自慢という脚色を加えたものだ」と指摘している。つまり、ギャンブルは、社会のどこに権力が集中しているかを照らし出すものなのだ。この点についてギアーツは、次のように指摘する。「アメリカの本質の大部分が野球場やゴルフ場、競馬場、ポーカーテーブルに浮かび上がるように、バリの本質の大半は闘鶏場であらわになる。というのも、そこで闘っているのは鶏に見えるかもしれないが、じつは男たち自身だからだ」（ギアーツ 1973:417）。

話を闘鶏の暴力的な勝負の世界から、ラッフル会場に戻そう。広く風通しのよいコミュニティ・センターの入り口の片側には、トロリーと呼ばれる手押し車が陣取り、そこに集会のときに一人一つずつ持ち寄ったさまざまな「寄せ集め品」が積み上げられていた。イワシの缶詰、ゴムバンドで一つに束ねられた3本のペンギン・ビスケットバー、ラッピングされたままのバッグ、3本ひと組の小さなチューブ型ハンドクリーム、鮮やかな表紙のフォトアルバム、ミルクチョコレートバーとビスケットひと包みなどだ。部屋には53人が集まり、５つのグループに分かれて円卓で雑談している。キッチンのそばのテーブルに座っているのは集会のまとめ役の４人の女性―慈善団体エイジコンサーンの若き専門家ヴィッキー、退職して1週間おきにおいしいケーキを焼いてきてくれるジーン、そして村のボランティアでやはり退職したリサとメアリだ。集会のメンバーは大半が女性（50人）で、高齢の参加者はそれぞれ1ポンドの「サブ」、つまり寄付金を払う（寄付金を意味する「subscription」の一般的な省略形）。ヴィッキーとリサ、メアリは、そのサブを集め、引き換えにラッフル・チケットを手渡す。受け取った人は、同じ数字が書かれた2枚組のチケットを切り離し、1枚を小さく折りたたんでボウルの中に入れる。こうして全員が到着し、席に着くと、イベントの始まりだ。

まず、ヴィッキーがボウルからチケットを選び出し、数字を読み上げる。数字が呼ばれると、それぞれの「勝者」が興奮したように声をあげ、チケットを高く掲げる。参加者の多くが移動困難者なので、メアリが勝者の位置までトロリーを押していく。トロリーの上から品物を選ぶとき、たいていは隣の人に何がよさそうか、何が好きか、ときに冗談も交えながらアドバイスをもらって決める。ヴィッキーはこういう手順でトロリーの上の品物がなくなるまでチケットを抽選し続け、私たちはみなおとなしく、誰が何をもらうかじっと見守る。ゲームがビートル・ドライブであろうとクイズやドミノ、ビスケット・デコレーションであろうと、どの集会も始まりはこんなふうだ。

私が参加した小さなグループにとって、トロリーは開会の儀式だった。全員で驚きと喜びを共有し、互いにその感情を表現した。トロリーから選ぶ品物は、人類学的に言うと贈り物だ。それは匿名扱い――寄付の品は部屋に入るときに置いていくので、誰が何を持参し誰がそれをもらったか、たどるのは難しい――だが、持参した人が特定されるような手がかりを勝者が叫ぶこともよくあった。たとえば、「なんて素敵なアルバム！　これはシェイラ、あなたの？　ほんとうに？　もったいなくてもらえない！　ほんとうにいらないの？」という具合だ。

するとシェイラは、勝者の選択をこう言ってほめる。「娘のなのよ、パット。どうぞもらってちょうだい！　それに貼るような写真がうちにはないから、ほこりをかぶるだけなの。きれいなスナップ写真が撮れたら、それに貼ればいい。だから持っていってちょうだい」

パットはアルバムと、それを寄付した人の賛同の言葉に大喜びする。会話は、それだけでは終わらず、さらに話題をふくらませていく。パットはシェイラにこうたずねたのだ。「じゃあ、お嬢さんが会いにきたんだ？　シェイラ」

トロリーのあとで第2弾の交換会が始まることもある。早めに好みの品物を手に入れた人が、抽選の後半まで残された人と物々交換しようというわけだ。「マーガレット、私がイワシ缶をもらうから、あなたはこのキャドバリーのチョコを持っていきなさいよ。あなた、魚は嫌いでしょう。私はチョコレートをわざわざ食べる気にならないから――」

こうした運に基づいた、なくても困らない小間物の交換が、集団のアイデンティティを形成しているのである。私たちは、チケットを買えばグループの一員になれるし、チケットを持つことでグループとの関係を作り上げることができる。ここまでは避けられない義務といえるが、その後に続く再分配は民主主義的だ。運任せであるがゆえに公正という意味だ。さらに、持参した品を明かした寄付者と、それを選んだ人や取り換えた人とのあいだに、短時間ながら自由意志による1対1の関係が生まれる。これで互いに知らない者同士のあいだにつながりができるし、知り合い同士なら友情を確かめたり維持したりすることができる。この誰が何をもらえるかわからないという不確実性のおかげで、公正さと平等がいっそう引き立つのである。

基金調達の炭水化物

ラッフルは、イギリス南東部のあらゆる町や村で行われている。実地調査のあいだに私が買ったチケットは、じつに342枚にのぼった。パブでの食事、園芸業界の会合の苗木、婦人会のケーキ、ロータリークラブの夕食のアルコール飲料、ゴルフクラブのボールなど、交換したものはさまざまだった。トロリーのように、ラッフルは人間関係を反映し、新たに作り上げ、そして円滑にする。親になったばかりの人が参加する初めてのイベント、ブリッジクラブの交流会、そして教会のお祭り。日常的にラッフルに顔を出していれば、そういう場にも気楽に足を運べる。私がラッフルに参加したイベントは、学校のお祭り、エルヴィス・トリビュート・ナイト、カボチャ彫り大会、がらくた市、現代美術展、チーズボードの夕食、年に1度のクイズ・ナイト、パントマイム劇など、じつにさまざまだ。ラッフルを定期的に主催しているペニーは、次のように説明する。

「ラッフルは、どんな料理にも合うジャガイモみたいなもの。募金界の炭水化物と言えるかもしれない。たとえば、イベントを1枚のお皿と考え、全体のテーマを決めるとするよね。今年の私たちのテーマは西部開拓時代だから、お皿にはタンパク質が必要になる。それが電動ロデオマシンというわけ。ものすごく楽しいし、お金を出して遊ぶ価値は十分ある。だけど実際は赤字運営なの。つまり、ロデオマシンは大勢の人を集める客寄せパンダみたいなものなの。ほかに野菜も必要でしょ。それがフェイスプリントとか骨董市、がらくた市、ボールを投げるココナツ落とし、ネズミの人形を落とさないようにたたくゲーム、曲げやすいワイヤのおもちゃというわけ。実際、これらをたくさん用意するけど、炭水化物はラッフルだけね」（ペニー、30代）

ラッフルは、ギャンブルに関する議論のなかで基金調達の一方策と表現されることが多い。そのため開催や運営の仕方だけでなく、結果も強調される。問題は、そのいずれもが難題だということだ。たとえば、良い商品を確保すること、チケットを買う人を確実に集めることなど、どれもがそう簡単ではない。学校のお祭りの主催者テレサはこう説明する。

「ラッフルはいつも開催している。実際そのおかげで、イベントのために会費を集めたり寄付を募ったりしなくてすんでいるの。誰もがそういうお金を出せるわけではないからね。みんないつもチケットを買ってくれるし、すばらしい賞品を出せたこともあった。旅行とか、電気掃除機とか。すばらしい賞品はいくらでも思いつくわ」（テレサ、30代）

なかには、参加者に勝ってもらうことより、賞品を循環させることが重要だと考えるラッフル主催者もいた。そうした考えに対して、ある男性の新規参加者は皮肉っぽくこう述べた。「ラッフルは、自宅の物置部屋にあるものを、別の人の物置部屋へ移動しているだけだ」（ポール、30代）。

この見解を裏付ける極端な例を、会のベテランのジェフが教えてくれた。

「ラッフルは、がらくたを循環させ続けることで社会貢献し、収益を生む。ラッフルに寄付した自分の品を、別の会場で見かけるなんてことはしょっちゅうある。以前ラッフルのすべての商品（17個）を写真に撮ってみたら、そのうち約4分の1が次のラッフルにまた持ち込まれていた。その話を事務員にすると、みんながチケットを買うのをやめない限り問題はないと言うし、相変わらず約100枚のチケットが売れている。そういう意味では、ラッフルが拠り所としている集団全体の原則のほうが、品物自体より重要なのかもしれない」（ジェフ、50代）

ラッフルの役割について、抽選の機会よりも再分配を強調した人もいた。その一人がポールだ。ラッフルの社会的機能を第一に考え、参加者やプレーヤーの体験は後回しという見解だ。それを裏付けるように、商品よりも社会貢献のためにラッフルに参加しているという人は多かった。私がケント州の大規模なイベントで、206人の住民になぜラッフル・チケットを買うのかたずねたときも、3分の2弱の人が「チケットを買うと世のため人のためになるから」と答えた。

そのときの典型的な答えを紹介しよう。

「そうね、誰かの役に立つからかな。こういうところに来ると、学校支援を期待されるしね。賞品は見ていないけれど、何かいいものがありそう?」(20代女性)

「ラッフル・チケットはいつも買っています。言ってみれば、ラッフルは自分に許している唯一のギャンブルなの。だって立派な目的があるじゃない。勝っても賞品は慈善団体のチャリティー・ショップへ持っていくか、別のラッフルに出すつもり。両親がメソジスト派だったから、私もギャンブルはそんなに好きではないの」(50代女性)

一方、ほしい賞品について語った人も40人いた。

「つきがあったら、あの掃除機がほしいわね」(60代女性)

「あそこにあるお皿が素敵なので、もし勝ったらあれを選ぶと思う。自分に運がないのはわかっているから、きっと何にも当たらないと思うけどね。まあ、どっちでもいいわ!」(70代女性)

ほかに「ラッフル・チケットを買うのは当たり前だ」と答えた人が26人いた。その多くは目的や商品についてまったく考えていなかった。なかには参加したくないという人もいた。そんな声を紹介しよう。

「ラッフルは子供を持つ親にかけられた間接税だ。間接税は他にもたくさんある。ラッフルが何の助けになっているのか、私はよく知らない。というより、まったくわからない。学校関連のことだっただろうか？　わからないな。とにかくチケットは買うと決められているみたいな感じなので、その理由について考えるのは意味がないと思うよ」（40代男性）

「私は無意識のうちにラッフル・チケットを買っている。動機はともかく、習慣なんだ。よくよく考えたこともないから、いまあなたにたずねられて、びっくりしたよ！　思うに、寄付はおそらく義務感のようなものなんだろうね。みんなそんなふうに理解して、受け入れている。いずれにせよラッフルはいいものなんじゃないかな。少なくともコミュニティの助けになっているから」（60代男性）

ラッフルで体験した高揚感を持ち出したのは、わずか6人だ。

「抽選が始まると鼓動が速くなるの――。自分のチケットの数字をひたすらみつめ、その数字が読み上げられたら、もう胸はばくばくよ。でも半信半疑で、もう一度数字を見直すの。それでも自分の目が信じられないのよね。心臓がばくばくしているから――。結局、3回確認して、ようやく当選したことを実感するわけ！　ちょっと間があいたのであわてて手をあげると、みんながいっしょに喜んでくれるの。それから賞品をもらいに前に出たり、何かが隣に置かれたりする。かわいらしい鉢植えとか箱入りチョコレートとかね。でもそれより素敵なのは、驚きを手にしたということなの」（70代女性）

ある女性は勝者特有の不安に触れた。

「抽選の最中、いつもちょっとしたお祈りを唱えるの。何も当たりませんようにって――。もし当たっても、小さくて簡単にリサイクルできるものでありますようにってー。だから、たしかに心拍数は上がるけれど、それは興奮というよりも不安のせいだと思う」(50代女性)

あまり頻繁に勝たないことがラッフルのルール

社交の場ではたいていそうだが、ラッフルにも暗黙のルールがたくさんある。どんなふうに勝つか、勝者と敗者はどんなふうにふるまうべきかといったことだ。トロリーは平等性を生み出し、それを強化する。初めて参加した会合で、私はトロリーの賞品を辞退した。私よりも恵まれていないように見える人たちから、ごくわずかな所有物を奪ってしまうようで苦痛だったからだ。翌週、主催者の一人メアリが、最初の週よりも強い口調で「遠慮しないでね」と言ってきた。私が「プレゼント」を受け取らなかったために不平等さがくっきり目立ち、それゆえに不快感が生まれたのだ。メアリは、こう明言した。「お願いよ、レベッカ。みんなみたいにあなたもトロリーの品を持ってきているのだから、プレゼントを受け取ってね。みんなみたいに」

ラッフルのエチケットは、『均衡を保つこと』とされる場合が多い。勝者と敗者が生まれることは避けられないが、その運はグループ内で共有されるべきものであり、それはいつでも幸運が舞い込むとは限らないとわかっているからだ。そのことについて、地元の歴史研究グループのディアドラはこう説明した。

「あまり頻繁に勝つのははばかられる。強欲みたいでいやだもの。だからとても運がよかった月のことはよく覚えている。あのときは2週間連続で1等を取ったの。まったくひどい話。だけど、それで終わりじゃないの。3回目も当たってしまったのよ。2週目まではみんなで笑っていられたし、みんなこう言ってくれたわ。『おやおや、ディアドラ、うれしいサプライズね！　運がいいわ！　宝くじも買ってみたら！』って。でも、私が3週連続で勝ってしまったらどうだろう。公平だと思ってくれるかどうか、すごく不安だった。それで、自分の数字が呼ばれてもチケットをぎゅっと握りしめたまま黙っていたの。チケットはあとで財布にこっそり隠しちゃった。結局、誰も名乗り出なかったから、チケットはなくなったんだろうということになり、抽選をやり直したの。そうしたら運がいいことに友人のシルヴィアが勝った。なんだかんだ言っても、最終的にうまくいくようになっているのね」（ディアドラ、70代）

このように結果をうまく操作すること、言ってみれば勝手気ままにふるまう運を1枚の薄衣で覆うことが、しばしば話題にのぼった。ここからわかるのは、理想的な再配分は予想できるということだ。グループ全体に利益を広めたいという気持ちも理想の一つだし、ラッフルを運営する側と参加する側でも理想は違う。盲導犬協会で募金活動をするリズはこう語った。

「チケット数枚綴りのストリップを買って、2回勝ったら、2回目にはささやかなものを選ぶの。2回とも良いものを選んで他のみんなに何も残さない人にはなりたくないから――。立て続けに2回勝ったら、ここの人はみんなそうするはず。地味なものを選んで、意志表示をするわけ。もしからしたらこう言うかもしれない。『ジーン、もう1回抽選して。私は最初の賞品だけでうれしいから』って。もしチケットが当たったら、私は小さなものを選ぶ。だって私は主催者だから。それで均衡がとれるし、みんなが楽しむことができるしね」（リズ、30代）

そもそもラッフルの賞品は、どのように集められどのように寄付されるのだろうか？　私が検証したところ、それぞれ正当な理由で持ち寄られる贈り物にも大きな違いがあることがわかった。正当な理由とは、ときに非常に個人的な、ときに非常に一般的な見積もりによって、この品物は他の品物よりも価値があるという判断から生まれるということだ。私が調査した地方コミュニティの多くでは、ラッフルの常連参加者が贈り物のデータベースを作り上げ、複雑なランキングをつけて、次にどの品物を出すかを決めていた。こうした賞品のコレクションは、通常、物置部屋や車庫に山積みになる。リズの家に招待されたとき、こんな話を聞いた。

「私の洞窟へようこそ。夫には『トンボラ用不要品置き場』って呼ばれてるけどね。何かほしいものない？　花瓶にテーブルマットに、コップ、テーブルクロス、おもちゃ、ゲーム、パズル、布巾、ピクニックバスケット、アイススケート靴、ローラースケート靴、鍋つかみ、エプロン、パスタメーカー、クッキーカッター、ありとあらゆるものがあるわ。食べ物はあっちの隅にまとめて、賞味期限前に使う

ようにしているの。間に合わないときは子供たちや義理の両親にあげちゃうけど」（リズ、30代）

子供や両親にはあげられるもの（賞味期限切れの食品）が、ラッフルの賞品にはできないという点が興味深い。そもそもアイススケート靴やローラースケート靴は「驚きの賞品」なのだろうか？　女性がほしがりそうだと昔から考えられてきたこまごまとした日用品の横に、２足とも居心地悪そうに並んでいた。私が出会った人のうち、こういうたぐいの贈り物をためこむのは大半が女性だったが、男性も少数ながらいた。その一人、郵便配達員のブライアンは、こうした品々を自分の部屋の中でどのように配置するか、贈り物ランキングの中でどのように動かすかを教えてくれた。入院患者への見舞いの品からラッフルの賞品へ、持ち寄りセールへ、そしてほぼすべてのラッフル賞品の永眠の地、ゴミ捨て場へと移動するルートだ。

「この部屋はラッフルに支配されてきたような気がする。賞品や入院患者への見舞いの品が急に必要になるかもしれないから、すぐ用意できるようにいつも手元に何か置いておかなければいけないんだ。そう、たしかにここには山のように品物がある。いつか片付けて、ゴミ捨て場か、持ち寄りセールに持っていったほうがいいだろう。じつはどこから来たのかわからない品物もあるんだ」（ブライアン、60代）

不要品処分から価値が生まれることもある。たとえば、２０１２年12月に参加したイベントでは、村の一軒家のラッフル部屋に子供たちが招かれた。子供たちは２ポンド払い、中に積み上げられた品物から両親への贈り物を選ぶという趣向だ。贈り物はどれもクリスマス用にラッピングされていた。主催者のペニーは、「山のような品物が一挙に片付くとほっとするし、子供たちも両親に贈り物をみつけられてほんとうにうれしそうだった。きっとまた開催すると思う。たまにため込んだものを一新しないとね。これで１１２ポンド集まったから、うれしいことに癌研究のために寄付ができる」と語った。

ラッフルには、もう一つ特徴がある。それは、参加者に偏りがある、具体的には女性の参加者が圧倒的に多いという点だ。しかも、たいていの人が他の会合にも参加している。婦人会はもちろん学校のグループ、素人劇団、高齢者支援グループなど、さまざまな組織に重複して参加しているのである。ちなみに同じ参加者が他のイベントにも顔を出す傾向は、他では見られない。ＰＴＡ、スポーツや趣味の集まり、たとえば写真クラブ、ブリッジクラブ、クリケットやゴルフクラブでもそれほど顕著な事例は見られない。もちろん男性がまとめ役や手伝いを買って出ることもあるが、概して女性中心に運営されている。この点について厳しい批判もある。会計士にしてラッフル・アレルギーを自認するラルフは、次のように批判した。

「ラッフルは田舎暮らしにおいて、うんざりするほど無意味な一面だ。気の毒に、そのせいで女性はずっと忙しくしているし、みんながらくた集めに余念がない。寄付をするほうが簡単なのに、愚かにもそれに気づかないいんだ。別の言い方をすると、女性がラッフルのほんの数ペニーのために何時間もかけてケーキを焼くなんて、正気の沙汰とは思えないということだ。材料費やオーブンの光熱費のほうがずっと高いのに――。だからあなたは『いったい何が起こっているの?』と思うだろうね。これは地域コミュニティのある種の気遣いなんだろうが、私はこんなナンセンスにかかわるつもりは一切ない」(ラルフ、40代)

ラルフは重要な点を見逃している。コミュニティの中でどのように人間関係を構築し、人々を束ねるかという極めて大きな課題に対する答えだ。ラッフルはこのプロセスの一部であり、ラルフが指摘した初歩的な費用計算からはこの部分がこぼれ落ちている。要らない親切も同じだ。たとえば、寒い日に高齢の隣人の様子を確認するとか、公共の場でごみを拾うという行為が、コミュニティの形成に重要な役割を果たすのである。

もう一つ、「ラッフルは、じつは非常に利己的だ」という考えがある。この考えに立つと、別の批判が生まれる。元銀行支店長のアイヴァンはこう指摘する。

「私はラッフル・チケットを買わないし、あまり使われるべきではないと思う。なぜかって? ほしいものがあるなら、買えばいいからさ。何か重要な主義や主張を支持したいなら、寄付をすればいい。何かのためにチケットを買い、それで何かを手に入れるのは正直ではない。寄付はどんな見返りも期待せずに自由にできる。ラッフルは物事を利己主義の型にはめこんでしまう。ただ与えることの何が問題な

んだ？　何かを与えたいなら、ただそうすればいい。しかし、なぜかみんなそうしないんだ」（アイヴァン、60代）

ラルフとアイヴァンにとってラッフルは「不愉快なもの」だが、まったく違う理由でラッフルを「受け入れがたいもの」と感じる人がいる。多くの場合、宗教や道徳的信条が理由だ。ラッフルは毎日のように開催されるので、そこに顔を出さないと反社会的と受け止められることがある。引退した農場労働者ナイジェル（70代）はこう説明した。「私はギャンブルはしない。ラッフルでさえ、強制されない限りやらない。信心深いんでね。ラッフルには絶対反対だ」

引退した教師デヴィッドも同じ立場だ。

「ボウルズ（訳注：ボウルと呼ばれる球を芝生の上で転がして目標球にできるだけ近づけるゲーム）の試合のときに、ラッフルでもなんでもギャンブルは嫌いなんだと言ってクラブやチームメイト、相手チームを困惑させるくらいなら、1ポンド余計に参加費を払うほうがましかもしれない。そういう考えと折り合いをつけなければいけないことはわかっているが、それが難しい」（デヴィッド、60代）

デヴィッドの妻、グレンダも断言した。「ラッフル・チケットは買わないけど、断るととても恥ずかしい気持ちにさせられるの」

かろうじてギャンブル

「ギャンブルとは何か?」という質問にイエス・ノーで答えることはできない。ある回答者は、宝くじもラッフルもトンボラもギャンブルだと強く感じていたが、もっとも一般的なのは、こうした活動は「かろうじて」「名目上は」「おおむね」ギャンブルだという意見だ。この場合、「ギャンブルではない」活動には、地域の公民館やパブで開催されるビンゴ大会、友人と小銭を賭けるカードゲーム、数ポンドを賭けるゴルフなどが含まれる。それほど多くはないが、競馬(「大きなレースだけ」「ナショナルだけ」)や、カジノのカードゲーム(「ただの楽しみ」)を含める人もいた。

一方、賭博店のＦＯＢＴで遊ぶことやオンライン・ギャンブルは誰もがギャンブルとみなした。こういう異論が噴出しがちなのは、動機、使われる金額、活動の頻度が分類の根拠とされるからだ。「ギャンブル」と「ギャンブルではないもの」を区別するのは状況や背景であり(遊ぶ人の意志も含め)、絶対的な論理ではないということだ。「職場の小さな賭けやラッフルは、人間関係を構築するためのツールとしての役割がある。しかし、賭博やスクラッチカードは人間関係をばらばらにする」と言う人もいた。

ギャンブル委員会によると、国営宝くじはイギリスでもっとも人気のギャンブルだそうだ(Gambling Commission 2018a)。しかし、私の調査協力者の半数以上が「めったに」買わないと答え、週に1度かそれ以上購入するのは30%にすぎなかった。つまり、ラッフルやトンボラは「宝くじより人気がある」わけではなく、単に宝くじよりも避けて通るのが難しい、共同体の生活を維持するためのメカニズムということだ。イギリスでよく見る典型的なギャンブルの現場は、学校祭のトンボラ、公民館のラッフル、オフィスの賭け事や高齢者施設のビンゴ大会だが、こうした活動の役割は、コミュニティに娯楽や団結を生み出し、同時に基金を募ることであって、利益や儲けは二の次だ。調査協力者の多くは、賞品を勝ち取るためでも、資金調達のためでもなく、人間関係を築くために参加しているのである。こうした点について、ブライアンはこう語る。

「コミュニティの活動に積極的に参加すれば、変なものからすばらしいものまで、ありとあらゆるものを手に入れることができる。自分が勝って、電動スパイスミルやガチョウの群れを象ったドアストッパーが当たっても『いいえ、結構です。もう家に6つか7つはありますから』とは言いにくいからね。この部屋にはたくさんの善意が詰まっている。良心の聖堂であり、良いものを分かち合えるように願う場所だ。あなたにはバドミントン・セットとへたくそな絵しか見えないだろうが、私には20年間のやり取りが見えるんだ」（ブライアン、60代）

まさにブライアンの言葉は、ラッフルの本質をとらえている。それは品物そのものの価値は重要視されていないということだ。「バドミントン・セットとへたくそな絵」は、「やり取り」によって生み出される金銭的価値と社会的価値のたとえなのだ。

ラッフルは、人々が不確実性（公正さ、再分配、大義名分の支持、大勝利の可能性）をいかに大切にしているか、そしてどのようなときに用心深くなるか（ギャンブルで言うなら、だまされていないか、時間やお金をかけすぎていないか）ということを教えてくれる。もう一つ、ラッフルのギャンブル行為の本質は反社会的なものではないということも示唆している。さまざまな取引や物々交換と同じように、ラッフルのギャンブル行為には生産性があり、社会的なものということだ。なぜなら、その不確実性によって人間関係を育み、作り替え、必要とあらば崩壊させるからだ。また、既存の秩序をひっくり返したり、コミュニティに均衡をもたらしたり、時には因習から解放することもある。

問題が生じるのは、間違いなくギャンブルの一形態であるラッフルがギャンブルとはみなされず、物々交換のカテゴリーに入れられる場合だ。そういうときのラッフルはものの再分配を強化し、さらに促す役割を果たす一方で、まったく不公平なものを再分配する恐れもあるからだ。そのような場合のギャンブル行為は、イヌイット族やハザ族のように限られた資源を在庫がない人々へ再分配することにはならず、ただただ不平等を助長し悪化させる。まさしく物事や人々を自由に解放するギャンブル行為の本質に反することなのである。

第3章 賭博店の誕生

「女性が戸口にやってきたら、私は『おや、お嬢さん、どうしました?』と言うんだ。女性には店にいる男たちの邪魔をしてほしくない。たいていは自分の亭主を探しにくるからだ。亭主が先に気づいたら、おれが店の裏にかくまってやるよ!」（ジョン、65歳の賭博店経営者）

3~5章では、賭博店に焦点を当てるつもりだ。イギリスではどうして表通りに賭博店が並ぶようになったのか?　賭博店はどのような場所なのだろう?　どんな人が出入りして、そこで何をしているのか?　私は1990年代に競馬場で有名なニューマーケットで実地調査を始めて以来、賭博店の常連だ。当時は同僚の男女の厩務員みんなで賭博店へ行っていた。雨宿りもできるし、レースに賭けて「私たちの」馬の走りも見られるし、便利な場所だった。ブックメーカーで過ごしていたときは、中流階級出身の実家の母親にとがめられることを覚悟しつつ、反逆児の集まりのような雰囲気を楽しんだものだが、そんな賭博店通いにも終わりが来る。実地調査のために、ロンドンの2カ所の企業で研修を受けて無給の出納係として働き始めたからだ。カウンターの向こう側の人生をのぞいてみたかったというのが、その理由だ。

私はイギリスの数百軒の賭博店だけでなく、アメリカ（ブックメーカーではなく「オフトラック・ベッティング・パーラー」と呼ばれている）、オランダ、スペイン、ドイツ、スウェーデン、シンガポール、そして香港の系列店にも出入りした。歯科医の待合室のようだったシンガポールは例外だが、賭博店の外観は一般社会のエチケットを守っている（一方で、ある程度イメージを裏切ってもいる）。賭博店は、パブやカフェ、博物館で過ごすお金がない人がぶらぶらしに来る場所で、友人に会ったり、一人でのんびりしたり、賞金を稼ぐことをちょっとのあいだ夢見たりもできる。実際、街の暮らしの延長線のような店も多いが、大部分の小売店とはどこか様子が違う。そこで行われる活動は賭け事全体を網羅するが、超越している部分もあるという意味でだ。それをこれからお見せしよう。

暮らしの一部だった競馬

イギリスの賭博店が合法化されたのは１９６１年だが、競馬はもっと昔から労働者階級の暮らしの一部だった。賭博店でも競馬場でも、お祭り騒ぎは公認されており、どちらも差別や階級を一時的に忘れられる、まさに現実世界との境界に位置する場だった。

そんな競馬が禁止されたことがある。１６５４年、政治家オリヴァー・クロムウェルが競馬を禁止したのだ。理由は、彼が生真面目なピューリタンだったからではなく、速駆けの馬に乗った男たちが革命を起こすのではないかと恐れたからだ。事実、それから60年後の１７１５年、結果的に失敗するが、ジャコバイト派が蜂起し、ディルストンの競馬場に大挙して押し寄せる事件が起こっている（Nash 2013）。競馬場に反乱分子が集まると、それを鎮圧するのが困難な時代だったのだ。

馬の賭けは当初「マッチ」と呼ばれ、馬主同士が行う２頭のレースだった。それが18世紀にもっと頭数の多い競走と商業賭博が同時に発展したのである（Huggins 2000）。19世紀のあいだ、競馬はイギリス全土を魅了し、毎年6月になると大群衆がロンドンからエプソムのダービーへ向かうほどだった（Huggins 2000）。競馬場は「巨大国際都市」と化し、「王子とごろつきが賭けの世界で入り混じっていた」（Sidney 1976:18）。

画家ウィリアム・パウエル・フリスが1850年代に制作した「ダービー・デイ」は、ビクトリア女王のお気に入りだったらしい。それがうなづけるほど、この時代の雰囲気をうまくとらえている。一杯食わせようと狙ういかさま賭博師、身なりのいい紳士から金時計を盗むスリ、豪華なピクニックの食事に色目を使う物乞い、曲芸師の子供たち、売春婦などが克明に描かれている。一方で、肝心の競馬はというと背景のずっと奥だ。

状況を一変させた国営宝くじ

20世紀になると、キリスト教社会主義者が賭け事の人気を懸念し始め、法規制が導入されることになる。労働者階級が好む現金での賭け事の制限が目的だ。しかし、規制は不評で効果もなかったため、1961年、賭博店が合法化されることになったのである（Miers 2004）。とはいえ、「需要を喚起してはいけない」と条文に明記されていたため、賭博店は驚くほど変わらなかった。

そんな状況を一変させたのが、1994年に誕生した国営宝くじだ。さらに2001年の税制改革と

2005年賭博法が、その流れを加速させる。この2つのエポックを契機にさまざまな新製品が生まれる。なかでも悪名高いのが固定オッズ発売端末（FOBT）と呼ばれるゲーム機だ。このゲーム機については、次の章で触れることにする。

現在、イギリスには8423軒の賭博店、650軒のビンゴ店、152軒のカジノ店、1639店のゲームセンターに60カ所の競馬場が存在する（Gambling Commission 2019a）。相変わらず「リモートではない賭け事」の人気は高く、イギリスの総額145億ポンドのギャンブル粗収益（GGY）のほぼ4分の1（22・1％、32億ポンド）を占めている(注1)。これは国営宝くじ（20・6％、30億ポンド）をわずかに上回るが、最大にして唯一の成長部門「リモート・ギャンブル」を下回る数字だ。

リモート・ギャンブルとは、オンライン・ビンゴやオンライン・カジノ、オンライン・ギャンブル等を指す。2017年10月から2018年9月にかけて、オンライン・ギャンブルはGGY56億ポンドをたたき出し、前年比2・9％増の成長を見せている。この数字はイギリス全体のGGYの38・8％を占め、前年比で12％増加している（Gambling Commission 2019a:3）。ちなみにカジノ産業は比較的少なめで11億ポンド、全体の7・4％、ゲームセンターは4億2160万ポンド、2・9％だ（Gambling Commission 2019a:3）。

「ベッティング・ショップ」あるいは「ブッキー」とも呼ばれる公認賭博店（LBO）は、イギリスの大半の町の表通りにあり、その約4分の1がロンドンの周囲を走る環状線M25沿いに居を構えている。

かつて市場は数年間にわたってラドブロークス、コーラル、ウィリアムヒルの3社（ビッグスリー）が激しい主導権争いを繰り広げ、それに中小の企業が追随するという構図だった。その後ベットフレッド社が加わり、ビッグフォーを形成する。さらに2016年、ラドブロークスとガラ・コーラル・グループが合併するが、この新会社もオンライン・ギャンブルの巨大企業GVCによって2018年に買収されてしまう。この買収は近年オンライン・ギャンブル業界で見られる一連の動きの縮図と言え、オンライン・ギャンブルのブランド価値と規模の経済を見せつけると同時に、「従来式の実店舗」よりも優位に立ったことを示すものと言える（BBC News 2017）。

こうした業界再編によって公認賭博店は、現在ウィリアムヒル（2282店舗、全体の27％）、ラドブロークス（1849店舗、全体の22％）、ベットフレッド（1644店舗、全体の20％）、ガラ・コーラル（1540店舗、全体の18％）の4社で市場の87％を占め、残りを小規模グループやいわゆる「独立系」が運営する単独店という構成になっている（Gambling Commission 2019b:18）。なおイギリスの大半の賭博店を所有し、ロンドン証券取引所に上場しているウィリアムヒルの2018年の利益は16億ポンドで、そのうち実店舗由来は1億5030万ポンドに過ぎない（William Hill 2019）。

賭博店はいたるところに存在し、莫大な利益を生んでいる。それにもかかわらず、イギリス人の多くは賭博店へ1度も行ったことがない。賭け事をするのはほとんどが男性で、その大半が労働者階級の「常連客」だからだ。大多数のイギリス人にとって、賭博店は目に見えない存在なので、中で起こっていることにまったく関知していない。本章では、まず60年前に賭博店に取って代わられた違法賭博に触れる。賭博店が社会の尊敬とまではいかないまでも、合法性を手に入れた過程を知る現場の証言をからめて、賭博店がどう変化したかを考察したい。

「礼儀正しく正直な男たち」

時代を問わず行われてきた違法賭博の総数を示すことは、事実上不可能である。文献や資料を見ても種々雑多な推測が散見されるため、どの情報源を採用したかで結果が変わってしまうからだ。しかし、大きな流れをとらえるという点では、王立委員会が2度にわたって（1932〜33年および1949〜51年）整理した広範な資料が参考になる。それによると、ギャンブル、とくに現金による賭け事は、20世紀に急成長したことが見て取れる。1932年、賭博に関する王立委員会は、次のように主張した。「おそらく現在の賭け事の売上高は、少なくとも近年の売上高と同等であるが、20世紀初頭よりはかなり高い。（中略）売上高のうち、過去のどの時代よりも大きな割合を占めるのが、共同体の貧困層による比較的少額の賭け金である」（Rowlatt 1933: 58）

違法賭博の時代、労働者階級の賭客はどうやって掛け金のやり取りをしていたかというと、仲介役の「集金人」が客の家庭や職場に出向いて賭け金を受け取り、翌日勝ち金を払い戻すという仕組みだった

（Chinn 2004: 145）。その際、集めた賭け金を入れたのが「クロックバッグ」だ。タイマー仕掛けで鍵が開く仕組みのため、集金人も賭け金にはそうそう手を出せなかったようだ。「コイン投げ」やカードゲームのようなギャンブルとは違い、当時競馬は、男性はもとより女性にも人気があったらしい。１９２６年の報告書でも、たとえばリバプールの貧困地区に暮らす女性の半数以上に「賭け事の習慣」があったと指摘している（Huggins 2003: 75の引用）。賭け事をする女性の数や頻度には、違法賭博の取り締まりを望む者の誇張が多少入っているかもしれないが、賭け事の人気が高かったことは間違いない。実際、路上や工場内、フィッシュ・アンド・チップス店、新聞販売店でも行われていたことを示す多くの証拠が残されている（Chinn 2004: 124）

なぜ、これほどまでに違法賭博が普及したのだろうか。それは、賭客と胴元のあいだに信頼関係があったからだ。たとえば、歴史家の多くが「胴元の男たちはたいてい人気者で、地元民に喜ばれる活動をしていた」と指摘している。歴史学者カール・チン（Chinn 2004）もその一人で、路上賭博の歴史のなかで、不誠実な賭博店はすぐに破綻したと記している。また、１９２３年の賭博税に関する特別調査委員会の報告も、「賭博ビジネスの性質上、運営には生真面目なほどの誠実さが必要だ」と記している。

この印象を裏付けるように、胴元は「非常に正直」で「だまされたという文句は誰からも聞いたことがない」と証言した警察の証人もいたほどだ（Huggins 2003: 77）。たとえば、１９３２年にマンチェスターの警察署長が町のブックメーカーを「貧しい連中に親切だった」と述べている（Huggins 2003: 77

内の引用)。

賭博店や胴元に対するこのような好意的な見方は、違法な賭け事や違法賭博店を経営していた当事者の取材からも感じられた。2008年12月に話を聞いたエリックもその一人だ。エリックは65歳の賭博店経営者で、16歳から賭博店で働いているという。

「町のブックメーカーは誠実な男たちばかりで、地域社会ではとても尊敬されていたし、親切なことを山ほどしてくれた。店に顔を出さないやつがいれば、家まで行って問題ないか確認していた。誰それが金に困っていると聞けば、こっそり数ポンドやっていた。誰かが亡くなれば、葬式用に半ポンド出したり、葬式代をそっくり出したりした。違法な人間を地域の大黒柱にしてもいいなら、彼らこそ適任だった。もちろん、金が払えなくて逃げ出すやつもたまにはいたが――」

持ちつ持たれつの関係を築く

誰かを尊敬するのはよくわかる。しかし、取材をした高齢の賭客の数人は、そこからさらに一歩踏み込んでいた。地元の賭博店を守るために、自ら胴元の身代わりを買って出て判事のもとへ出向き、罰金を科されたというのだった。

「私たちは順番に法廷へ行きひと仕事した。私と兄弟、友人、みんなで交替してやったんだ。裁判所へ行っても前科はつかないし、評判がガタ落ちになるわけでもない。判事から『あなたは誰だ？　誰でもいいが』と聞かれたら、帽子を取って、真面目くさって『はい、判事様』と答える。すると判事は『あなたはこんな賭けやあんな賭けを、どこそこで、これこれの時間にやったのか？』と聞いてくる。そこでまた『はい、判事様』と答える。すると『有罪』と言われていくらか罰金を科されるので、その罰金を払って家へ帰る。もちろんハリー（胴元）は罰金を全額支払ってくれたよ。その後も同じことを何回か繰り返してから、次の誰かにバトンタッチするのさ」（トレヴァー、引退したタグボート操縦士、サウスイースト・ロンドン）

こうした物語はチンの主張（Chinn 2004年）を裏付ける。つまり、違法賭博の取引は賭客から金を引き出すと同時に、持ちつ持たれつの関係も築いていたのだ。実際、取材協力者のなかには、戦後の地域に根差した親切なブックメーカー（「ひとり残らず礼儀正しく、誠実な男たち」）と、それに取って代わった現代のギャンブル企業（「欲にまみれたくずども」）の違いを大げさに語る人もいた。それでも彼らの意見は理にかなっている。賭け事の価値や機能は、より大きなシステムによって成り立っていたからだ。この点についてエリックとジョンは、１９６１年以前の労働者階級の賭け事を理解するためには、戦後不況を意識する必要があると語った。

「みんながギャンブルをしたのは、自暴自棄になっていたからだ。みんな悩んでいたんだ。『どうすればこの穴から抜け出せるんだ？』とか『どうやって娘の結婚式までに質屋からスーツを出せばいいんだ？』

とかね」

また、二人は賭け事のおかげで、短期間でお金を稼ぐ（または喪失する）機会が得られた、その臨時収入により毎週の低収入にうれしい上乗せができたと語っている。

「初めての仕事は週給6ポンドだった。食費と貯金用に2・5ポンドを母親に渡し、もろもろの支払いに1・5ポンド除くと、手元に2ポンド残る。その金で安煙草を1箱買って数パイントの酒を飲む。デートの相手がみつかる運のいい週もあれば、賭け事で勝つ週もあった。そんなときはステーキとワインの夕飯で王様みたいに過ごしたよ。負けたときはおとなしく座って本を読んでいたものさ！」

1950年代に地元の胴元と賭け事をしていたエリックとジョンは、家計の枠からはみ出すことなく楽しんでいたようだ。賞金にも賭け金にも限度があったし、なじみの娯楽は馬や犬のレースで、勘定の支払いは賭け事より優先されていたからだ。現在とは違い、信用貸しは躊躇するほど費用がかかり、貧しい者にはまったく手の届かないものだったのである。

法令による悪評

ギャンブルに対する規制側の意見の転換点はいつだったのか。それは、サー・シドニー・ローラットが議長を務めた1932~33年の王立委員会までさかのぼる。ギャンブルは本質的に有害である、いや実際「過ちである」というメソジスト派の意見を却下し、規制は「ギャンブルが抑制されなければ深刻な社会的影響が生じる」ことが明らかな場合に限るべきと結論づけたのである（Rowlatt 1933）。さらにこの見解に尾ひれをつけたのが、1951年に開かれた賭博と宝くじに関する王立委員会（議長の名にちなみウィリンク委員会とも呼ばれる）だ。

「われわれは、ギャンブルが賭け事をする本人の評判や、その者の身内やコミュニティ全般に害をもたらすとの考えを支持しない。危険なのは極端な賭け事である。（中略）たとえば、アルコール飲料への耽溺のように、賭け事を理にかなった範囲内に収めるべきと国は熱望するが、だからといって賭け事が本質的に過ちだということは意味しない」（Willink 1951 : 45）

このウィリンク委員会の報告が直接の引き金となって賭博法案は誕生する。そして1959年10月に議会に提出され、1960年7月、国王の裁可を受け施行された。それから2005年まで、「新たな需要を喚起しない」という原則に基づいた同法が、ギャンブル規制を下支えすることになる。そもそもなぜ賭博店を合法化する必要があったのだろうか。それは、馬のレースに現金を賭ける既存の需要の受け皿が必要だったからだ。つまり、あくまでも競馬を違法賭博に発展させないための法制化であり、ギャンブルを全面的に受け入れる意図はなかったということだ。それは議会の審議において、主義信条に基づく反対意見と、ギャンブルは法規制のいかんにかかわらずすでに存在しているという現実的な意見が出されたことからもうかがい知れる。

いずれにしても1961年以降、賭博店は急増する。1週間に100店の割合で増え続け、合法化されてから6カ月で総数1万店に達するほどだった（Hey 2008）。1963年、この数を懸念した『ロンドン・イブニング・スタンダード』は、読者にこう問いかけている。「なぜイギリス人はギャンブル狂になったのか?」（1月8日）。実は、『デイリー・メール』が最近、これとそっくりな記事を掲載している。一つは2005年、賭博法改正案の審議中に掲載された記事、もう一つはFOBTに使われた巨額の賭け金に関連する記事だ。

話を賭博店急増に戻そう。この記事が掲載されてからも賭博店は増加し続け、1966年には1万6000店に達した。その後、労働党の首相ジェームズ・キャラハンが、初の賭博税を導入するが（Rock 2001）、それから30年間、賭博店は奇妙な二面性を持つ場所であり続けた。日陰の身のはずなのに、その存在は丸見えだったという意味だ。その観点からみれば、1960年の内務次官デニス・ヴォスパーズの見識は、ある種の折衷案として的を射ていると言える。

「賭博店はビジネスの場であるべきだ。それゆえに、ビジネスにふさわしい設備を整える必要がある。一方で、私の同僚が提唱するような極端な場所にしてはいけない。つまり、人々が魅了されるような場所、賭け目的では行かないはずの人まで行くような場所だ。このような理由で、われわれは首尾一貫し

て、賭博店へのラジオとテレビの導入には反対してきた」（Hansard 1960）

この発言からもわかるように、１９８６年まで賭博店にテレビを設置することはできなかった。すでに１９５０年代から競馬のテレビ放映が行われていたにもかかわらず、賭博店でレースのライブ放送を流すことは禁じられていたのである。そのためレース結果を店内放送で流したり、「ボードマン」が黒板に書いて客に知らせることで対応していた。他にもさまざまな制約があった。たとえば通りから店内が見えないように、窓とドアをスクリーンで隠さなければならなかったし、椅子やトイレの設置、飲み物の販売も禁じられていた。

ある賭客は目を潤ませてこう言った。「店にペンが置かれた日のことはいまでも覚えているよ。あれは記念すべき日だった」。それまで賭客は、賭けの中身を紙きれや封筒の裏、ときには買い物リストのメモ用紙の隅に書いたりしていた。当然、判読するのに時間がかかるし、その不正確さも経営者には大問題だった。ある経営者は「当時、われわれは会計士でもあり、外交官でもあったんだ」と、誇らしげに語った。

「あのころは銀行員と同じだけの給料をもらって、同じように尊敬されていた。それくらいの金を持っているのに金のことで嘘をつくと、誠実さを疑われることになる。われわれの役割は帳簿づけだった。スリップ（訳注：賭けの記入用紙）は何でもよく、何かの切れ端、封筒、煙草の包み、何でもありだ。

カウンターで賭けを受け付ける出納係が、それらを換算し（掛け金を計算する）、レース後、私が勝ち金を決算して、出納係が客に支払うという仕組みだ」（ロンドンで38年間賭博店を経営するジム、2008年9月取材）

賭博法制定当初は控えめだった

そもそも賭博店の禁止事項の根底に何があったのか。それは、「賭け事をしたい者は望み通りにしていいが、店側から賭け事をそそのかしたり、いつまでも店にいるように促したりしてはいけない」という暗黙の了解だ。ある経営者はこう言う。「あのころの客はみんなつつましくて、とても控えめだった。店はいつもきちんとしており、あまりすることはなかった」

もちろん女性が賭博店に入り浸ることは想定されておらず、経営者の中には女性を店に入れなかった者もいた。

「集金人に家まで行かせて、おふくろの賭け金を預かってこさせるのと、おふくろが店に来るのは別問題だ。そんなことはさせない。おやじを置いておふくろがひとりでパブへ行くようなもんだ。とにかく当時はそんなことはなかった」（エリック）

賭博法制定後しばらくは、労働者階級が暮らす地域の店舗や住居の一室を改装しただけの賭博店も少なくなかった。町の賭け事を扱う場から、都会の一大産業へ移行する過渡期だったということだ。もちろん1961年以前から経営していた違法店も、認可後は法に触れないように家具を運び出して窓を覆ったのは言うまでもない。退職した元警官のボブはこう述懐した。

「警察署へ向かう途中、たまに仲間とフレッド・コールマンの店に寄っていたよ。彼は母親と暮らしていて、家の居間をオフィスに使っていたんだ。煙草もすえたが、ミセス・コールマンが怖くてね。煙草の灰を落としたり巾木を蹴ったりすると、すぐに小言を言われたよ。カウンターしかない部屋は暖かかったが、長居はしなかったね。ただフレッドに会って、翌日勝ち金をもらいにまた来られるように願うだけだったが、おそらくミセス・コールマンは私たちに二度と会いたくないと思っていただろうね」

レースが悪天候でキャンセルになった日のことだ。仕事先の賭博店でのんびりしていると、ボブがひょっこりやってきてこう言った。「フレッド・コールマンと母親が何年も前に商売をしていた家へ案内するよ」。さっそく彼についていき、雨のなか家をながめながらボブの思い出話を聞いていると、高齢の男性が戸口に現れて私たちを中へ招き入れてくれた。なんと、彼こそがフレッドだった。フレッドはいまや90歳に近くひ孫もいるが、ブックメーカーとしての矜持は健在だった。ブックメーカーが備えるべきもっとも重要な美点は何かとたずねると、「それは正直であることだよ」と、紅茶とビスケットを前にフレッドは語ってくれた。「あともう一つ、強烈な右フックだ」

いつから世間の見方が変わったのか?

１９６０年の賭博法で競馬がひとたび合法化されると、家庭や街角、工場、新聞販売店で賭けがやり取りされていた時代よりも取引数は増え、賭博店は男たちのたまり場となった(Cassidy 2014)。また商業ビンゴも合法化されたので、男性は煙草の煙が充満した暗い賭博店へ行き、女性は改装された映画館へカードゲームをしに行くようになった(Downs 2010)。１９６８年、こうした状況について社会学者オットー・ニューマンは、ロンドンの賭博店は「敵国に囲まれた労働者階級の飛び地」となり、競馬は「地元の労働者階級の男性がアイデンティティを表現する手段」となったと述べている(Newman 1968:17)。ニューマンによると、ここで言う敵国はブックメーカーではなく「当局」(1968:24)、つまり匿名の集合体である権力と法令の力という意味だ(1968:20)。

しかし、私が賭博店で非常に長い時間を過ごしたころには、すでに世間の見方は変わっていた。それは賭博店のあり様が完全に変わってしまったからだ。ニューマンが調べた地域密着型の独立賭博店が完全に消滅したわけではないが、その頃にはいくつかの小さなチェーン店が忠実な常連客に対して、それぞれ特化したサービスを提供し続ける程度になってしまったのだ。こうした関係の変化が企業チェーン店への敵視となり、いまや大半の賭客が「賭博店に勝ちたい」と思うようになったのである。

なぜ、関係性が崩れてしまったのか。それは、賭博法が賭博店のあり様を棚上げにしてしまったからだ。相変わらず広告宣伝は禁止され、黒塗りの窓とドアの後ろにひっそり隠れたカウンターなど、表通りの他の商店とは相いれない外観と内装にならざるを得なかったからだ。もちろん、そういう状況に賭博店も手をこまねいていたわけではない。規制をかいくぐろうとあらゆる手段を駆使した。たとえば「カウンターの後ろにはいつもきれいな女性（totty）(注2)を並べるようにした。店の奥で男たちが金勘定をし、見た目のいい女性をカウンターに置いたんだ。こうした工夫で経営不振の店を立ちなおらせたよ」（レン、1950〜1999年に賭博店を経営、2015年に取材）。

それでも1990年代になると、多くの店が経営危機に直面する。私がいた店も例外ではなかった。テレビは長いこと故障中だったし、床のリノリウムは擦り切れ、汚らしいコンクリートがむきだしになっていた。店を所有する大規模チェーンの開発担当者の説明では、店を開け続けているのは、肝臓がんを患う金遣いのいい客一人のためとのことだった。改装が遅れていたのも、その客が亡くなったら店を別の場所へ移転させるつもりだったからだろう。

そもそも陸上ベースのギャンブル市場を「ビッグスリー」が独占するようになったのはいつからなのだろう。少なくとも買収や合併によって、場外の現金賭けが合法化される前に定着していたのは確かだ。そもそも、なぜ買収や合併が盛んに行われたのか。それは、賭け事の供給を半径1マイル（約1・6キロメートル）につき1店舗に制限する法律（治安判事裁判所の賭博合法化についての聴聞会で定められた、独特の距離規定である）と、ドアの上に掲げられた名前への信頼によるところが大きい。というのも、当時は法律によってギャンブル負債を回収することが禁じられていたからだ。ちなみにこの法律による強制力は、2005年に賭博法が改正されるまで続くことになる。

ただビッグスリーの市場への参入方法は、次の通り少しずつ異なっている。ウィリアムヒル社の創業者ウィリアム・ヒルは、1934年にロンドンのジャーミン・ストリートに信用賭けのオフィスを構えた。公認賭博店を「社会に巣くう癌」と呼んだのは有名な話だ（Wood 1998）。そのウィリアム・ヒルが初の公認賭博店を開いたのは、1966年と比較的遅めだ。

ラドブロークス社は、シュウィンドとペンドルトンによって1886年に設立され、オフィスはロンドンのストランド街だったが、1906年にハノーヴァー・ストリートに移転した。ラドブロークスはビッグスリーの最古参で、株式上場ももっとも早く、1967年に名うての経営者シリル・ステインのもと100万ポンドの初値時価総額をつけている。

コーラル社のジョー・コーラルことジョセフ・カガリツキは、1904年にワルシャワで生まれ、1912年に渡英、ブックメーカーを始めたのは1926年だ（Wood 1998）。

また、現在ビッグフォーとして4番目に数えられるベットフレッド社は、フレッドとピーターのドーン兄弟が所有し、1967年にサルフォードの1店舗からスタートした。

競馬と賭博

1980年代まで、賭博店ビジネスの80〜90％の割合を占めていたのは競馬だ。当時、店のカウンターの両側で過ごした経験のある70歳の賭客、イアンはこう語る。

「私の世代が育った60～70年代半ばは、賭け事と言えば競馬しかなかった。競馬に育てられたようなものだ。土曜日の午後のITVで放映される7本のレースに賭けるマルチベット（民法放送局ITV7）が、まさに食事代わりだった。実は常勤仕事に行く前に賭博店でも働いていたんだ。BBCのラジオ2を聞いてレース結果を走り書きして、ベティといっしょに賭け金を精算したよ。ベティというのは、オーナーの奥さんだ。近代的な賭博店よりもパブに近くて、客はみんな地元の常連だった。たとえば『デイリー・メール』の印刷工のビルは、夜のあいだ働いてちょっと眠って、それから10シリング賭けて1日に5、6回勝っていた。地元の建設業者は隣のパブで昼飯を食べて2レースに賭けて、それぞれで2ポンド勝ったりしていた。次の2レースは重勝式に賭けていたな。街角のイタリアン・カフェのオーナーのアンジェロもやってきた。店はいつもそんな感じだったよ」

1990年代になると、かなり大きな変化が起こる。国営宝くじの開始と、海外企業の電話とオンラインによる非課税賭博が成長したからだ。この動きに既存の陸上ベースのギャンブル業界は危機感を抱いた。なかでも事態の打開を求めて早々にロビー活動を開始したのが、出来のいい扶養家族のような競馬業界だった。

そもそも賭博と競馬は、お互い近しいが難しい関係にある（競馬を「Racing」と大文字で表記するのは、影響力の大きい組織がからむことを意味する。たとえば、競馬業務を統括するジョッキークラブや、イギリス競馬公社こと現在のイギリス競馬統括機構など）。その関係をもっとも的確に表現したのが、ジョッキークラブの歴史家リチャード・ブラックモアだ。彼は1891年にこう述べている。「賭博は肥料だ。レースや競争馬繁殖という膨大な作物の大部分がその肥料に頼っている」(Blackmore 1891: 349)。

私が1990年代にニューマーケットでともに仕事をしたトレーナーやブリーダーの多くも、いまだにそういう見解だ。彼らは『王のスポーツ』の本質的な価値と美しさ、サラブレッドの血統を改良する責務について熱っぽく語る一方で、賭博店や賭客を見下した。そもそも気にも留めていなかった。賭博と競馬はまったく異なる世界というわけだ。

しかし、実際には二つの世界は共生関係にある。それは、競馬がおもに二つの収入源、月々のトレーニング費を出す裕福なオーナーと賞金に頼っていることからも明らかだ。賞金には、賭け事に課される特別目的税から助成金が出されているが、元をたどればその大半は賭博店を訪れる労働者階級の賭け金なのだ。

前述したとおり、国営宝くじが突如ギャンブル業界に登場したとき、競馬界は売上の落ち込みを恐れ、政府に業界を保護するよう要求した。それを受けて政府は1993年、売上増を図るためレースが開催される夏の夜間の賭博店開店を初めて許可した。ほかにも以前は「空白日」だった日曜日のレースも容認した。こうして1995年には、12回の日曜日に各2回のレースが開催されることとなったのである。

これは競馬界にとって驚くべき大変動だったようだ。というのも伝統的に日曜日を休日にあててきたことが、場外の売上不振の要因だと考えていたからである。しかし、結果は政府や競馬界の思惑通りにはいかなかった。

なぜ、失敗したのか。政府は、以下のデータをもとに国営宝くじが原因と指摘した。

１９９５年のヘンリー・センターの調査では、賭博店の利益は、国営宝くじが導入されなかった場合の予想より35％減少し、税収も６００万ポンド減少した。またイギリス・ブックメーカー協会（ＡＢＢ）によると、政府の歳入も８２００万ポンド減少し、４００店の賭博店が閉店、３４００人が失業したとしている（ABB 2013a）。それを受け上院は、貴族議員が１９６０年代にすでに表明していた懸念を再び指摘し、厳しく規制された賭博業界はもはや利益を生まず、違法な業界が誕生するだけだと主張した(注3)。

こうした流れで生まれたのが１９９６年のギャンブル規制緩和法だ。この法律によって賭博店に課せられていた多くの規制が解除された。たとえば、賭博店の歴史上初めて、賞金付き遊戯機（ＡＷＰ）と呼ばれるおもにスロットで遊ぶマシンの設置が許された。こうしたマシンは客のテクニックとは無関係で、パブではフルーツマシンと呼ばれて人気となった。実は、競馬業界（イギリス競馬公社が先導）と賭博産業（ＡＢＢが指揮）の当初の目的は、賭博店でアイルランドの宝くじを購入できるのと同じように、国営宝くじも購入できるようにすることだった。しかし、その許可を得ることができなかったため、もっぱら新たに登場したマシンに利益を探求することになったのである。もはや競馬が時代遅れのギャンブルになりつつあるのは明らかだった。

馬から数字遊びへ

1990年代末まで、ギャンブル産業では、賭客が参加できる賭けイベントの最大数は1日40件が定説だった。その代表格が競馬で、日々の売上の大部分を占めていた。2008年、賭博店経営者のクリスは、当時の様子をこう説明した。

「20年前、1日にできる賭け事は28回しかなかった。現在の1日のバーチャル・レースの本数と同じだ。天気が悪くても16本のドッグレースができた。レースとレースの合間には、次のレースのことを考えていたよ。賭け金は高かった。土曜日の朝はハクニー・ドッグレースで8本のレースに賭けたものだ。人気の賭け方は、二重勝に8本、三重勝に8本だ。夏になると、12時57分からハクニーの最終レースが始まり、2時ちょうどから競馬が始まったんだ」

レースの1日のリズムは割合規則的で、レースとレースのあいだには時間的余裕があった。賭客のために反省や熟慮のせめてもの可能性を残したわけだ。クリスが言うには、そういう状況だと賭客は自分の次の一手をじっくり考え、日々の賭け事の数が爆発的に増えている現在よりも比較的多めに1本の賭けに投資するそうだ。この違いは、賭けで重視される要素も変化させた。かつては1日のレースの中から質の良いレースを選ぶことが重要視されたが、今は連続して開催される賭け事の総数へと移行したのだ（Cassidy 2012b）。

賭博の一手段である競馬のどこに問題があるのか。一つは、レースの開催に莫大な費用がかかること。もう一つは、その費用を裕福な個人の資産に頼っていることだ。裕福な人が、個人の財産を使って非常に繊細な馬の世話をするが、その投資に見合う見返りはほとんど期待できない。競走馬オーナーの収支を知ると、みなぞっとするはずだ。サラブレッド育成の第一人者トニー・モリスでさえ、競走馬の購入は非常に高額な宝くじを買うようなものと言っている。ちなみに２０１８年、ニューマーケットのタタソールズ社の競売で売れた2歳馬の中間価格は、15万ギニー（1ギニー＝1・05ポンド）だった（Tattersalls 2018）。２００６年にオークション史上最高値をつけたグリーン・モンキーは１６００万ポンド（当時の為替レート換算で約32億円）だったが、レースでは1勝もできなかった。

競走馬の維持費は際限なく高い。足が遅い馬であろうと病気や故障をした馬であろうと、世話にかかる費用は優勝馬と同じだ。馬主協会によると、イギリスでは勝ち馬でも遅馬でも（後者の方が断然多い）、競走馬のトレーニングに年間約2万ポンドかかるという。それ以外に出走馬登録料、獣医の費用、保険も必要だ。あれこれ加算すると、オーナーが期待できるリターン（こう言うと語弊があるかもしれないが）は、経費１００ポンドごとに平均21ポンドになるらしい（Beugge 2013）。

現在イギリスでは約1万4000頭の馬がトレーニング中で、800人以上のオーナーがその費用を担っている。純原価にすると4億7500万ポンド以上だ。個人が任意で支出するこの一大事業を支援するのが課税制度で、賞金を介して賭博の売上高とレース開催を結びつけている。それでもビジネス・モデルとしては多くの問題を抱え、つねに危機にある状況だ。あるジャーナリストは、その状況をこう表現した。「最後の直線にさしかかった」(Thomas 2014)。

競馬は、レース開催に莫大な費用がかかるし、悪天候や「空白日」の影響を受けやすい。そうしたことから、1990年代になると伝統的な胴元ではなく小売り店舗の経歴を持つ新規参入組が、以前は考えられない疑問を抱くようになった。その一つが「なぜわれわれは競馬税を払わなければならないのか?」ということだった。カジノ経験のある新規参入企業は、乱数発生器(RNG)なら非常に低コストで無限の「勝負」を作り出せることを知っている。馬や犬のレース、カジノ・ゲームといった数限りないタイプの勝負事を、現在は競馬の生中継に使っている多目的のスクリーン上にも、1台1台のマシン上にも簡単に映し出せるのに、なぜ経費を負担しなければいけないのかということだ。

当然ながら、こうした新規参入企業は、競馬や賭博文化の知識を持ち合わせていない。たとえば、私が2007年にベッティング・ショーという展示会で取材した経営幹部は、オッズもランダム性もまったく理解していなかった(彼は、「FOBTの出た目の順番を覚えておくといい。なぜなら直前の3回転が黒だったら、次は赤が出る可能性が高いからだ」としつこく力説していた)。そんな彼も、金の儲け方は間違いなく知っていた。同僚の一人がこう釈明した。

「長いあいだ、1日の午後にできる賭け事の最大数は40ということで同意されてきた。（中略）ただし暗黙の了解だ。そこへ賭博店の経験がまったくない新種の経営者が店舗営業から参入してきて、すべてをひっくり返したのさ。彼らはこう言った。『客が店で過ごす平均時間を考えてみろ。たったの数分じゃないか。だからこそ、こっちは可能な限り多くの勝負事を用意しなければならない。そうすれば客は店にいるあいだつねに何かしらの賭けができるじゃないか』。一方で、われわれはそういう勝負事を自分たちで開発しなければならなかった。徴税はもうたくさんだし、競馬業界の連中に帽子を取って挨拶するのもごめんだ。われわれの店に、われわれの製品を並べるんだ。あれは、この業界ががらりと変わった瞬間だったと思う」（賭博産業ベテラン幹部、40代半ば、2007年3月取材）

1日当たりの賭け事数を増加させるには、「変換」と「決定」の自動化が必要になる（各賭けに対するリスク計算と、個々の勝ち金の計算）。1990年代半ばに、それを可能にした電子POSシステム（EPOS）が登場すると、店舗経営者の役割は機械や数字を管理する仕事に一変した。ある経営者は、人への信頼が機械に置き換わってしまったと嘆く。

「あの歌はどんな歌だった？　何もかも昔とは変わってしまったのは確かだ。かつて言葉は約束だった。それがすっかり窓の外へ消えてしまったんだ。いまでは人間も簡単に捨てられる。誰にでもできる仕事だからね。訓練すればサルだってできる。(中略) ボタンをぽんぽん押すだけだから──。昔は熟練の技と知識が必要だったので、われわれは先輩連中を尊敬していた。赤いペンを構えた男たちは(注4)、しっかり経験を積んでいたからね。しかし、いまはあんな人間は一人もいない。いまやこのビジネスは、目標達成と新たな賭け事を売ること、それとコストを下げることばかりで、個人の仕事はもう存在しない。とにかく、この会社には義理を感じないんだ」(エリック)

こうした流れに伴って賭け事の受付速度は上がり、出納係や経営者に求められるスキルも変わっていった。かつてブックメーカーに存在した人と人との複雑な関わりは、賭け事や競馬、ドッグレース業界で共有されてきた知識に基づいていたが、いまや業務は標準化され、コンピュータ管理が当たり前になったのだ。

そして業界革命のパズルの最後のピースは、2001年の税制改革だ。賭客が支払う賭け金や賞金への課税が撤廃されたのを契機に、賭博業界への新規参入組が、競馬よりも安上がりで開催数にも制限のない賭け事を自由に開発し始めたのである。そして、バーチャル・レース(ランダムに発生させた数字に基づいてアニメーションの馬や犬が展開するレースで、店では漫画を意味する「カートゥーン」と呼ばれることも多い)やナンバーゲーム・マシンが、最後に行き着いたのがルーレット・マシンというわけだ。

イギリスのギャンブル・レースを扱う日刊紙『レーシング・ポスト』の記者をはじめとする競馬関係

者は、こうした変化にぎょっとした。なかでも2002年5月1日に賭博店に導入されたバーチャル競馬マシンは、ひときわ厳しく批判された。他のナンバーゲーム・マシンとは比較にならないほど競馬にそっくりだったからだ。ある関係者は、こう書き記している。「マシンゲームは何もかも見尽くしたと思っていた。ラピッド、49s、フルーツマシン、ゲームマシンなど、ありとあらゆるマシンゲームを経験したと思っていた。そこに突如バーチャル・レースが現れて、賭博店の客をごっそり連れていかれてしまった」

それでもグランドスタンド・レーシング社のデヴィッド・セインズベリーを筆頭に、バーチャル・レースを客に見せたがらない賭博店経営者もいた。2002年の『レーシング・ポスト』に掲載されたあるブックメーカーの投書からも、彼らの懸念が見て取れる。

「強く言いたいのは、バーチャル・レースがいかにばかげているかということだ。悪い冗談どころではない。あんなものは不要だ。あれをスクリーンに映すことで、あたかも私があれを承認しているかのように思われては、面目まるつぶれだ。(中略)バーチャル・レースのマシンは、何があっても店には置きたくない」

『レーシング・ポスト』の通信記者ポール・ヘイグもマシンのボイコットを支持した一人だ。彼は「レースを評価する」人物は厳罰に処すべきだと主張した。さらにバーチャル・レースは『胸がむかむかする、情けない、不名誉で嫌悪すべき、怒りを誘う平手打ちだ』と述べている。

「この忌まわしい代物はいったい何だ？　どうやらコンピュータ化された『レース』で、金を賭けてもいいらしい。そこに『しきたり』は存在しない。『あの馬』ではなく『この馬』に賭ける確たる理由もない。いんちきすらないので、だまされやすい人が現金を差し出す危険もない。それ以外なら何でもござれだ。バーチャル・レースはアニメ化されたルーレットではないし、そもそもルーレットですらない。正真正銘、単なるごみだ。大規模なブックメーカーは、ちょっとした娯楽だと言うが、そんなのは嘘っぱちでとんだお笑い種だ。『バーチャル・レース』が実際はどんなものかと言うと、客に対する計算ずくの侮辱であり、連中が客を愚か者だと考えている動かぬ証拠だ。彼らの言う愚か者とは、『何にも賭けないくらいなら何でもいいから賭ける者』という意味だ」（Haigh 2002）

ヘイグの激しい怒りは、従来型の競馬ファンがこの手の賭け事に示す典型的な怒りだ。彼らはこうした活動（宝くじの購入も含め、ナンバーゲームやさまざまな形式のビンゴ・ゲーム）は「金をどぶに捨てる行為」と考えていた。競馬ジャーナリストも、賭客や賭博店店長に加担し、店長らが「マグ（だまされやすい人）」（Cassidy 2012b）とか「フルーツマシン中毒」と呼ぶ人々と一線を画した。

「私は根本的にバーチャル・レースの概念に反対ではない。ただし、もっとまともなことをするべき人々にとっては究極のゴミだと思う。（中略）みんなこのゲームには個人のスキルはまったく必要ないことを知っているし、まっとうなレースほどすばらしくはないことを認めている。だがフルーツマシン中毒者が時間や金を使って何をしていようと、私には彼らを心配するためのエネルギーを奮い起こすことはできない。とはいえ、彼らを見下したりあざ笑ったりするべきではないし、ましてや保護者然とすべきでないのは言うまでもない」(Thomas 2002)

こうした逆風があったにもかかわらず、バーチャル・レースは賭博店をたちまち攻め落とした。馬から数字遊びへ、賭博からギャンブルへ、リスク負担から責任放棄への大転換が始まったのである。これは新規参入組が、税制改革を巧みに利用した結果だ。彼らは賭博店の経験がなく、それゆえに競馬への忠義心もない。そんな彼らにとって競馬は、費用がかかる不要な贅沢でしかなかった。一方、保守的な賭博店店主は沈黙した。ツイードのキャップを物置にしまいこみ、右肩上がりに跳ね上がる利益に慰めを見出すしかなかったのである。

第4章　ギャンブル・マシンの台頭

「上層部はよく思っていないよ。固定オッズ発売端末（FOBT）は非常に腹立たしい問題だからね。私があなたなら、マシンについては触れないだろう。そうではなく、賭博店はコミュニティの中心だって書いてほしいんだ。なんなら、あなたに金を払ってもいいとさえ思っている。上層部はあなたを信用していない。結局、大事なのは株価なんだ。別の『クラックコカイン』一つでめちゃくちゃになってしまう」（大規模ブックメーカーの経営幹部）

現在のギャンブルの世界的拡大には、二つの特徴がある。矛盾とまでは言わないが、少なくとも対照的な傾向だ。それは持続的に利益を生む電子ゲームマシン（EGM）の台頭と、オンライン・ギャンブルの誕生である。現存するさまざまな制度問題、たとえばヨーロッパとアメリカのギャンブル産業の文化的衝突や、日本で最近撤廃されたカジノ禁止の方針は、政治的かつ社会的道徳観を反映している。これらはギャンブルがたどったテーブルゲームからマシンへ、あるいは陸上ベースからオンライン・ギャンブルへという発展の歴史とは無関係に存在する単なる点と点なのではない。

この章では、ギャンブル市場が繁栄するのは積極的に作り上げられた規制空間があったからであり、リスクや利益に対する「現代的な」認識から自然に発展したわけではないことを明らかにしたい。今やEGMは、本質的に抵抗し難い体験をもたらすと同時に、歴史的、社会的、政治的理由で、ギャンブルという大きな生態系の中の特殊なすきま市場を占拠している。賭博店やイギリスのブックメーカー本社での実地調査をもとに、FOBTに代表されるすきま市場がいかにして作り出され、維持されてきたかを示したい。

EGMとは何か?

EGMこと電子ゲームマシンは、「キャビネット」と呼ばれる木やプラスティック製の箱に入ったコンピュータだ。賭客は、ビデオ画面やスクリーンに映し出されるサーバーベースの（ネットワーク化された）ゲームで遊ぶ。このEGMが伝統的な片腕の盗賊（ワンアームド・バンディット）などの機械式スロットマシンの座を徐々に奪ってきたわけだが、それを可能にしたのが1980年代から進化を続けるデジタル技術だ。ちなみに、もっとも実入りのよいEGMのゲームは、国によって異なる。アメリカでは「スロット」、オーストラリアでは「ポーキー」と呼ばれる「ポーカー」、日本では「パチンコ」や「パチンコスロット」、カナダやヨーロッパでは「ビデオ宝くじ端末」こと「VLT」、そしてイギリスでは「FOBT」だが、一番の人気を誇るEGMは共通する。それは伝統的なカジノ・ゲームで、たとえば回転する絵柄をそろえるスピニングリール、ポーカー、ブラックジャック、ルーレットなどだ。

こうした乱数発生器（RNG）の結果に基づいてアニメーション化されたゲームは、理論上無限に表現することができる。たとえば、アメリカの競馬ゲーム「インスタント・レーシング」は、過去に行われた実際のレース結果を反映している(注1)。また、電子ゲームの場合、スピンスピード、賭け金、賞金の上限にばらつきが大きいし、ゲーム中のボーナスやプレーヤーへの還元率（時間経過とともにプレーヤーに払い戻される賭け金のパーセンテージ）、わずかな差で勝利を逃すニアミスの頻度、勝利に見せかけた負け（賭け金よりも少額を勝利したときに起こる派手な演出）、責任あるギャンブリングに関するメッセージ等々にも開きがある。こうした違いは、潜在的にすべて賭客の遊び方に影響を与え、ときには有害なプレーを誘発する(注2)。

EGMの供給を管理する規制も管轄区ごとに多種多様だ。たとえば、マシンの台数とそれを置く地域の制限も管轄区で異なっている。アメリカでは、スロットマシンはおもにギャンブル専用のカジノで見かけるが、オーストラリアのポーキーは、パブやクラブにも設置されている。いわゆる「環境」ギャンブルという扱いだ。そのせいで1年間にギャンブルに費やされる金額は必然的に押し上げられる。オーストラリアの一人当たりのギャンブル費は世界最高額だ（Keneally 2017）。

EGMの運営や認可の方法もまちまちだ。アメリカとイギリスでは、私企業がEGMを所有し、その収入に税が課される。オーストラリアでは、非営利のスポーツクラブがポーキーの大半を所有しているが、ポーキーの拡大に目を付けた州や準州が徐々に税収を当てにしつつある。実際、2015〜16年の州と準州の歳入におけるギャンブル税収の割合は、平均7・7％を占めている（ACIL Allen Consulting et al. 2017: 58）。カナダのギャンブルも異なる。同国では、10の州政府によって「運営監督」される場合のみ合法とされている。たとえば、オンタリオ州は2017〜18年、ギャンブルによって23億6000万ドルを確保した（Crawley 2017）。

人類学者ナターシャ・シュールは、ラスベガスで働くマシン設計者、経営者、ギャンブラーから15年以上にわたって集めたデータから、ＥＧＭは「中毒性を持つように設計されている」と断定した（シュール２０１２年）。シュールは、カジノが「タイムオンデバイス（賭客がマシンの前に座っている時間）」を最大化するために賭客のデータを集めて、賞金支払いスケジュールの調整に利用していることを明らかにしたのだ。つまり、ゲームマシンやそれが置かれる環境を、「現実から離れてゲームの世界に没頭したい」と賭客に思わせるように工夫しているということだ。シュールの調査協力者はそのような思考状態を「ゾーンに入る」と呼んだ（Schüll 2005）。オーストラリアのポーキーマシンについても同じ現象が指摘され、その魅力は日常からの息抜きを求める賭客を一時的に現実逃避させる点にあることを示唆している（Woolley and Livingstone 2009）。

こうした意見を裏付ける証人に、私はマシンで遊ぶ人々を観察した世界のいたるところで出会った。ロンドン、東京、シンガポール、ラスベガスも、そうした地域の例だ。マシンで遊ぶ客は、「毎日マシン・ギャンブルを続けていると目新しさがなくなる。それでも、いつかやる気がなくなると思いながら続けている」と語った。東京のパチンコ店の客は、ストレスの大きな仕事をしているがパチンコのおかげで一息つけると説明した。仕事帰りに6時間遊ぶこともめずらしくないらしい。

ラスベガスでは、二人の中年女性に同行した。ふたりは毎日8時間、延々とマシンで遊び、それからバーテンダーという「別の仕事」に戻っていく。勝ち方はたいてい中くらいで、勝ち金はいつも再投資するそうだ。一方負けについて、二人は「長いあいだ、少しずつ、私はカジノにえさをあげている。それなのにカジノは私を殺そうとしている。まるで吸血鬼みたい！」と言った。マカオで出会ったギャンブラーは、マシンは「八百長だよ、全部八百長！」と警告してくれた。どうやら彼らは、マシン依存症にならずに踏みとどまれそうに見えた。

マカオのカジノはどこも人でごったがえし、ゲームテーブルは人垣で3重に取り囲まれていたが、マシンコーナーはほぼがら空きだった。マカオの市場にマシンは（いまのところ）なじんでいないようだ（Schüll 2013）。賭客のなかには、スロットマシンがギャンブルだという考えさえ否定する者もいた。ある中年男性は「マシンはゲームをする人のためのものだ。女性やアメリカ人にはいいのかもしれないがギャンブルには向かないよ」と語った。そして、混みあったバカラテーブルに手を向けながら私に微笑みかけ、たちこめる煙草の煙にせき込みながらこう言った。「これこそギャンブルだよ」

FOBTの導入

私が実地調査を始めた1990年代末、賭博店は比較的静かな場所で、公共図書館と大差なかった。しかし、障害競馬のチェルトナム・フェスティバルやグランド・ナショナルなど、1年のなかで重要な大会が開催されるときは、一気に騒々しくなる。それでも店の客は黙ってじっくり予想するのが普通で、とくに朝は静かだった。客の大半を占める高齢男性のお目当ては競馬だったが、たまにドッグレースに賭けることもあった。私たちはぶらぶらしながらスポーツや政治について語り、その合間に賭けをするのが日常だった。

ただ土曜日の午後は目玉のレースがあるため、店はいつもより活気にあふれた。客は、質の良いレースにはコンディションのいい馬が出ると踏んで、賭け金を引き上げるからだ。私たちもいつもと同じことを、少しばかり生き生きとこなしていった。賭けのプランを練り、議論し、実際にお金を賭け、レースを見ては互いに同情したり祝福したりする。その繰り返しだ。ときどき外の通りから店の中まで口論が持ち込まれたり、誰かが侮辱されたと言い出していさかいが起こったりもした。非常にまれだが取っ組み合いのけんかが始まることもあった。そんなときは店長の出番で、トラブルメーカーを店から締め出すのだった。

私たちの店はパブに近かったので、こういう出来事はお酒のせいで起こったのかもしれない。隣の店から誰かがやってきては賭けをしていた。たいていはジェフという建設労働者で、彼は副店長のトレイシーに夢中だった（Cassidy 2012b）。ある日、ＦＯＢＴのマシンが店に置かれたが、私たちはほとんど注意を払わなかった。バーチャル・レース同様、マシンはギャンブルであり、賭け事ではない。だから私たちとは無関係だと思っていたからだ。

「カモ限定厳守のこと」。これは長期療養中の自治体職員マークが、マシンに下した判定だ。

私も同僚たちの例にならって、マシンを無視した。意識的に忘れようとすらしなかった。パブに置かれたフルーツマシンのように、FOBTはギャンブルの一種でしかなく、私の目に入ることはなかったのだ。しかし、店は少しずつ変わっていった。私の実地調査のノートにも、この頃から見知らぬ客や新規客が登場し始める。彼らは競馬に関しては何の知識も興味もなく、ただマシン目的で店にやってきては三々五々マシンで遊んでいた。若い男性が多く、大半は最近来たばかりの移住者だった。こうした変化を評して、ある店長が的を射た表現をした。「店内には『ふたつの国家が共存』するようになった」と。もちろんマシンで遊ぶ客の国と、旧来の賭け事をする客の国という意味だ（Cassidy 2012b）。

FOBTは、いくつもの多彩なゲームを画面に映し出すことができるが、ルーレット・ゲームとして使われることがもっとも多い。私が調査した大半のマシンは、賭け金の上限が100ポンド、ルーレット1回転にかかる時間は20秒だった。これは比較的高い賭け金で高速で遊べる「習慣性の高い」ギャンブル形態と言える。オーストラリアやカナダなど他の管轄区内の電子ゲームマシンと同様に、FOBTで遊ぶのは問題ギャンブラーか、ギャンブルで問題を抱えるリスクがある人がずばぬけて多いことからも明らかだ（直近の健康調査によるとFOBTプレーヤーの43％）（Wardle et al. 2014）。

FOBTがらみの自殺も増えつつあった。2014年にはリー・マーフィー（Aitken 2015）とライアン・マイヤーズ（Belger 2016）が自殺している。しかし政府がうごくのは、もう少し後だ。賭け金の上限を100ポンドから2ポンドまで引き下げることを盛り込んだ改正法案を発表するのは、FOBTが店に導入されて約17年後の2018年5月だった（DDCMS 2018a）。このニュースは、圧力団体をはじめギャンブラーやその家族を安堵させたが、それもつかの間だった。というのも、この規制が効力を発揮するのに2年かかることがわかったからだ（Davies 2018a）。さらに混迷は続く。2018年11月、財務大臣フィリップ・ハモンドがさらなる遅れを発表すると、それに抗議してスポーツ大臣トレイシー・クラウチが辞任するという事態に陥った（Davis 2018b）。

結局、FOBTマシンは寿命が尽きるまでの間、ブックメーカーに大きな利益をもたらした。と同時に、賭博店のあり様を根底から変えてしまったのである。男たちが馬や犬のレースに現金を賭ける場所だった賭博店は、いまや人々がルーレット・マシンを楽しむ場所になってしまった。FOBTが賭博店のスタッフや客に与えた影響に注目するのは次の章とし、本章では巨大企業の舞台裏に回り、マシンの起源を探ることにしたい。

限界を押し広げる

FOBTは、オーストリアのゲームマシン製造メーカー、ノヴォマティックの共同創設者ヴァルター・グラブミュラーと、そのビジネスパートナーでイギリスの賭博店経営者スティーヴ・フレイターが発明した。マシンは、1994年の国営宝くじ新設の救済措置として1996年に賭博店への設置が許可された「賞金付き遊戯機」（ＡＷＰ）を基準に作られている。２０１３年、フレイターはＦＯＢＴ製作の経緯について、次のように語った。「もともとＦＯＢＴとしてスタートしたわけではなく、宝くじに替わる製品をみつけるのが目的だった。無作為数字抽出機を店舗に置くことを基本に、規制を受け入れつつ限界まで押し広げようと考えたんだ。その発想が新たなマシンに発展したんだよ」（Pitt 2013 内の引用）。

当時、賭博店は敷地内で行われる勝負事に対する賭けは禁止されており、敷地外の勝負事にしか賭けることが許されていなかった。ルーレット等の「ゲーム」はカジノに限定されており、カジノには賭博店以上に厳しい規制が課されていたのだ。カジノの場合、客が遊ぶためには会員になる必要がある。しかも入会手続き後24時間はプレーできないという規定があった。客を待たせることで、衝動的な賭けを減らそうという意図だ。

そこでグラブミュラーとフレイターは、１９９６年、新たなマシンのアプローチを試すためにロンドンで賭博店2店を購入する。同じ頃、大手企業も49ｓというロトゲームを導入するが、これは宝くじに対抗するために編み出された、1日2回の数字抽選ゲームだった。ある日ドバイで家族ぐるみで休日を過ごしていたグラブミュラーがフレイターにこう言った。「いいアイデアが浮かんだ。私たちは金持ちになれる」（Pitt 2013 内の引用）。

彼は49ｓについて、なぜ抽選が1日2回しかないのだろうとずっと考え続けていたのだ。1回はランチタイム、もう1回はいまだに残る「ティータイム」に行われるが、半時間ごとに抽選があってもいいのではないか？　これが新たなマシン誕生のスタート地点だった。

まず、彼らは思いついた新製品が厳密に解釈して「賭け事」であり、ゆえに店舗に置いても違法ではないことを確認することにした。旅先からイギリスに戻った二人は、さっそく大手ブックメーカー数社が所有し、賭博店に情報を配信する放送局、サテライト・インフォメーション・サービス（現スポーツ・インフォメーション・サービス）のバリー・ステイプリーに相談した。するとステイプリーから、「敷地外の勝負事」の体裁を整えるために、ロンドンではなくベドフォードに乱数発生器を置くように提案された（Pitt 2013）。

しかし、より安く、スピードのある製品を求めていたのはフレイターとグラブミュラーだけではなかった。他のブックメーカーは疑似乱数に基づいてランプを点滅させるナンバーゲームを試していた。もちろんそれも敷地外の場所にひそかに設置された。

こうしてふたりが開発した「グローバルドロー」という新型マシンは、当初くじスタイルの抽選を30分ごとに行った。しかし、再び二人は、この規制は専横的で根拠がないことに気づき、法的アドバイスを受けることにした。その結果、思いついたのが「抽選を毎秒ごとに行うアイデアだった。原理は同じだが、それが現在固定オッズ発売端末として知られるマシンの前身となる」（Pitt 2013）。

こうした変化は恐ろしいスピードで進んだ。１９９８年に開催された展示会、ベッティング・ショップ・ショーでは、午後の部の「グローバルドロー・セミナー」に大勢の聴衆が集まった。展示会の開始時には、マシンが5分おきに抽選を行い、閉会するころには10秒ごとに抽選していた。マシンの速さはまだまだそんなものではなかったが、収益性に対する唯一の障害が、賭け金に対する課税だった。これぱかりは弁護士の助けを借りても免れることはできなかったのである。

しかし、フレイターとグラブミュラーはあきらめなかった。２００１年の税制改変前に独自のビジネス・モデルを利用して、宝くじに替わる商品を開発したのだ。当時「売上高への課税は（中略）6・75％だった。われわれが開発したくじのゲームは売上の約10％を支配していた」（Pitt 2013）。そこでふたりは、自分たちのウェスト・ハウンズローの賭博店に10数台のマシンを置くことにした。そしてベッティング・ショップ・ショーでは、平均３～４ポンドの「賭け伝票」ごとに約30％の利鞘が確実で、50％も期待できると主張したのだ。

興味深いのは、二人が相変わらずカジノではなく賭博店に軸足を置き続けたことだ。たしかに二人のマシンの人気と店舗の成功は他のブックメーカーに注目されたし、ゲームセンター、カジノ、ビンゴ主催者の関心も集めた。バーチャル・レースと同様に、昔ながらの賭博店主や客には不評だったが、店では新規客がマシンを使い、税金が足かせだったにもかかわらず利益が出ることもわかった。しかし二人には、まだ直接コントロールできない重要なパズルのピースが一つ残っていた。その点について、フレイターが『ＢＯＳマガジン』で次のように語っている。

「ちょうどそのころ、ブックメーカーは売上高の課税から粗利益の課税へ変更するよう政府を説得しようとしており、私とウォルター（グラブミュラー）は、もし粗利益の課税に変更されたらルーレット・ゲームを開発してマシンに搭載しようと決めていたんだ。結局、粗利益税は受け入れられたので、数週間で自分たちの店のすべてのマシンにルーレット・ゲームを搭載し、コーラルの店舗用にも量産した。ルーレットを入れた日から、物事はこんなふうに進んでいったんだ」と彼は言い、指を上へ向けた。それは屋根を突破して彼方の星を指しているかのようだった。「他のブックメーカーも、われわれとコーラルの動きに気づいて、みんなマシンをほしがったよ」(Pitt 2013)

業界の事情通によると、1998年当時、競馬の売り上げが賭博店ビジネスの70%を占めていた。それが2007年頃には半分以下になり、2014年には30%にまで落ち込んだという。

中毒になる!

2007年、FOBTの影響の全貌が明らかになったとき、ブックメーカーの収益はもちろん、ナショナル・ギャンブリング・ヘルプラインへの電話相談の観点からも、私は実地調査が必要だと考えた。そこで、イギリスのブックメーカーの本社から調査協力の許可をとりつけることにした。話を聞いてもらうだけで1年以上かかったが、いったん社内に入ってしまうと、有能で熱心な役員の協力を得ることができた。その一人ルーシーは、私の取材希望を聞き、それに合わせてスケジュールを組んでくれた。最初に会ったのはマーティンという社員で、私たちは軽食堂でコーヒーとマフィンをはさんでおしゃべりをした。彼は退屈そうだったが、人類学に興味を示し、一生懸命自分のことを話してくれた。どうやら自信家のようで、彼が言うところの「マシンビジネス」の開発を管理する自分の仕事が誇らしい様子だった。

「マシンビジネスはこの会社で断然一番重要な部門なんだ。あなたは慈善団体のギャムケア(注3)の人じゃないよね？　あのマシンは1台1万7000ポンドもするから、これまではレンタルしていた。いまは店がマシンを購入しても、50日後には採算が取れる。そうなったら金のなる木だ。人に当たり散らさないし、待遇が悪いと文句も言わないし、病気のこどももみたいにぐずったりもしない。利益率が3％で1日500ポンドの儲けだとしたら、売上がいくらか考えてみてよ！　いまでは専用フロアがある電子ゲームを軽く引き離しているし、OTC（カウンター越し）の賭けをする店をもしのいでいるんだ」

（2007年取材）

最初はただの自慢話かと思った。そこで、もっと信頼できそうな情報源がドーナツを食べているところをつかまえてたずねてみた。「賭け事の変化で一番重要なのは何だと思いますか？」。彼は間髪を入れずにこう答えた。「（賭け事に17年間関わってきたが）FOBTが最大の変化だよ。課税制度と言ってもいいが、やはりFOBTのほうがかなり大きい」

私はさらに取材を進め、もっと長く業界にたずさわってきた男性にたずねた。彼が言うところの「休憩室でたむろするぴかぴかのスーツを着た新人類」とは一線を画す人物だ。「製品開発が最大の変化だ」と彼は言った。「1980年代に市場が衰退したときはレース結果を音声で聞くしかなかった。それからAWP（賞金付き遊戯機）が登場し、賭博店の夕方の経営が許され、FOBTやオンライン・ギャンブルが導入された」。そのうちもっとも重大なのはどれかとたずねると、彼は答えた。「ああ、間違いなくマシンの誕生だね。唯一の問題は、われわれがしていることに政府が気づいて禁止するまで、どれほど時間稼ぎができるかだ」

10年間本社で働いているマーティンは、FOBTの初公開も目撃していたので、自分がいかにその成功に貢献したかを熱心に語った。そして私たちは軽食堂から彼のオフィスへ場所を移し、女性モデルの等身大の切り抜きパネルに囲まれて座った。パネルは店頭で行われる新作ゲーム発表会やフリーのトーナメントで使われたものらしい。マーティンは私が座れるようにパネルを数枚片付けて、「このブロンド女性」にはキングス・ロードで出会ったのだと話し始めた。報酬200ポンドの約束で、ディーラーの補佐役としてボウタイをつけてポーズをとってもらったそうだ。「これはスペアなんだ。僕専用の私物」とウィンクして見せる。マーティンは、FOBTがポーカー・マシンからルーレット・マシンへ発展した経緯を教えてくれた。ポーカー・マシンだった当初は利益を出すまで端末ごとに6～9カ月かかったが、それでも「かなりましな方」だったらしい。それがルーレット・マシンになると8～10週間で利益が出たという。これでスティーヴ・フレイターのマシンがすぐさま人気になったことが裏付けられた。
「ハウンズロー・ウェストの店には端末が12台あり、ウェイティングボードに順番待ちの名前を書いて行列に並ぶことになっていたが、それでもけんかが起きたよ。それほど人気だったんだ。マシンの初公開はとてもスムーズだった。簡単な話だ。規制もなければ、反対意見もない。まさに抜け穴だったわけ。そしてマシンがおよそ500台そろったとき、カジノに対抗できるようになった。マシンは固定オッズ方式の賭け事だから店においても問題ないと主張してね。あとはご存じの通りだ」

マーティンが言及したのは、ギャンブル委員会の前身、ゲーミング委員会が起こした2003年の訴訟だ。結局は和解が成立するが、和解条件の一つとしてブックメーカーはFOBTの調査を受け入れ、2003年11月、メディア・文化・スポーツ省、ゲーミング委員会、そしてイギリス・ブックメーカー協会（ABB）のあいだで任意の倫理規定が結ばれる。この規定により、ブックメーカー1店舗につきFOBTは4台まで、賭け金の上限は100ポンド、賞金上限は500ポンド、ルーレットのスピン継続時間は最低20秒間と定められ、マシンによるカジノ・ゲームの提供はルーレット以外禁止されることとなった（Woodhouse 2017)。

追い風になった自主規制

ラスベガスのカジノは壮大な社会実験場であり、偶然をプログラムすることが一つの技法になっている。その際、基礎になるのが実生活や実時間の膨大なデータ、そして賭客を夢中にさせてプレーを長引かせるために巧みに設計されたアルゴリズムだ（シュール　2012年）。しかし、FOBTの黎明期に懸念されたのは、もっと偏狭な問題だった。マーティンが直面した最大の難局は、プレーせずにはいられないゲームの設計ではなく、売上の確保だったようだ。「私は早いうちから営業戦略について提案していた。いずれもっと強い外箱が必要になるとね。そして私の言う通りになった」と言った後、次のように説明した。

「私たちは店にマシンを導入しようとしたが、（賭客は）最初はいやがった。だからマシンをほんとうに頑丈にしなければならなかった。AWP（賞金付き遊戯機）はボール紙やがらくたで作られていたから、客に蹴とばされたらひとたまりもない。だからFOBTは激しい暴力にも耐え得るようにもっと頑丈に作らなければならないとすぐに気づいたよ。なぜなら客はマシンに心底激怒したからだ！　たとえばリバプールでは、2000ポンド負けた客がいまいましいマシンを店の外まで転がして火を放った。あなたが調査しているのはこういう連中なんだ。まったく動物と同じだ。ブライトンでは、客がマシンに穴を開けようとしたこともあったよ！」

ラスベガスではスロットマシンがハイブリッド型エンターテインメントに発展し、高解像度グラフィックス、物語性、そして有名人による宣伝と密接に結びついているが、FOBTは登場から10年後の2007年になっても相変わらずローテクのままだった。ラスベガスの地元カジノ店で古めかしい「ステッパースロット」(注4)にぴたりとはりつく常連客のように、マシンと客との「相性」は揺るぎなかったのである。

「端末に搭載されたゲームは、4年間同じままだった。ルーレットは変化せず、変わったのは支払い金額計算表だけ。昔ながらのルーレットの約70%で同じグラフィックスが使われていた。それでもルーレットはいまだに全マシンゲームの99%を占めている。他のどんなゲームも太刀打ちできない。客の0・6%が中国人だから、私たちは赤い布地でマシンの表面を覆い、その上に漢字をあしらって、アラビア数字と漢数字をボタンに配した。実際チャイナタウンでは、そのバージョンが好まれているよ」

ゲーミング委員会のFOBTに対する訴訟のあいだ、マーティンの会社は他のゲームを試した。しかし、ルーレットほどの人気を獲得することはできなかったようだ。

「私たちはルーレットと同じメカニズムで、見た目はルーレットらしくない製品をいくつも作った。ある記号でスピンが止まるとワイルドスピンが始まる8の字型を画面にデザインした『インフィニティ』など、ルーレットを禁止された場合に備えて、5種類くらいの新製品を用意したんだ。なかでも『スプーフ』は成功し、当初は売上の2％ほどを占めたが、すぐに下落してしまった」

そんなマーティンの心配は杞憂に終わる。ゲーミング委員会と業界が同意した自主規制は、FOBTの台頭を止めるどころか、マーティンに言わせればむしろビジネスの追い風になった。

「あの自主規制はある意味私たちの助けになった。実際、いかさまや面倒な客の問題が減ったからね。以前は500ポンドを賭けた客が負けると、端末を壊して『おれの金を返せ』と言い出したが、賭け金の上限が100ポンドになったおかげで、マシンを蹴とばす客が減ったのもその一つだ。おかげで新しい制約に振り回されながらも、いまだに6500以上のユニットから10～12週ごとに資本回収ができている」

マーティンが「FOBTをあらゆる店に置く」際にぶつかった困難は、ほかにもあった。2番目に大きかったのが、競馬の賭客をマシン・プレーヤーに転換することだった。

「最大の問題は技術面ではなかった。すでにAWPがあったからだが、同様にソフトウェアでもなかった。ゲームは非常にシンプルだからね。私たちが直面した最大の問題は、古い環境を、つまり老いぼれの常連が馬券を買いやすいように整えられたものを取り払って、20世紀の世の中に引っ張り出すことだった。まさに勝ち目はなかったよ。私たちが話をした店の人はみな、客は誰もマシンなんか望んでいないし店でギャンブルもしたがらないとつっぱねた。賭客は絶対にマシンなんか好きにならないと断言したんだ。でも、最終的に私たちは彼らが間違っていることを証明した。客は気に入ったんだ！」

マーティンは賭客のマシン嫌悪を克服するために競技会やトーナメント大会を開催したり、ボーナスゲームを提供したり、さまざまな工夫をした。そして「有り金を全部つぎ込みそうな上客を大事にする」ように店長に働きかけもした。

「トーナメントや無料で遊べるフリーベットは、基本的にマシンを軌道に乗せるための戦略で、動きの悪い週には新たな策を追加した。フリーベットをプレゼントする条件で、正装して店の外に立ってもらうとか、女性にフリーベットをサービスして賭客ににっこりほほえみかけてもらうとか――。他のことでうまくいくんだから、ＦＯＢＴでもうまくいくはずだろう？『最初の１回は無料だから、またほしくなったら会いにきてね。ほらほら、あれのことよ』。これで仕事は完了だ！」

マーティンがさりげなく触れた「他のこと」とは、違法薬物だ。あくまでもうわさ話だが、薬物の最初の1回分は売人が無料で提供するという。客がまた同じ体験をしたくなる、つまり依存症になって戻ってくることを売人は期待している。否、そうなるとわかっているのだろう。マーティンはさらにこう付け加えた。

「いったんマシンの前に座らせてしまえば、客は所持金を使い果たすまでゲームをやめられない。信じられない話だが、客は文字通りマシンに金をつぎ込んでしまうんだ。ギャンブルの別部門の利鞘について言えば、どうすれば特定の賭けを魅力的に見せられるか、どうすれば抱き合わせ販売でほんとうは不要なものまで客に売ることができるかということにつきる。だから私はとても運がいい。何もする必要はないからね。実際、賭客にもっと金を使わせることよりも、マシンを使用禁止にするほうがはるかに大変だろう。正直に言うと、大半の人はマシンを1回試したら、もうおしまい。中毒になるんだ！」

神からの贈り物

ブックメーカー関係者はみな、2007年にはマシンの際立った特徴に気づいていた。儲かっていない店にも新たな顧客を呼び込めることを見抜いたのだ。とは言え、マシンに関する取材に応じてくれた人々の見解は、じつにさまざまだった。もちろんマーティンのように、賭博店がここ10年間目の当たりにしてきた衰退をマシンが逆転してくれたと喜ぶ者は少なからずいた。その一人はこう言った。「マシンは神と財務大臣からの贈り物だ。誰でも理解できるし、誰でも遊べるのだから――」と。もっとあけすけに、FOBTは客から金を巻き上げる機械だと語る者もいた。ある経営幹部もその一人だ。

「FOBT？　あれは金を吸い込む掃除機だ。文字通り、そのへんに転がっている金をどんどん吸い上げる。自分たちもさしずめ巨大な掃除機だ。がーがーうるさい音をたてながら近所をまわって、『やあ、余った金はないかい?』とたずねる。『じゃあこのスロットをやるといい!』それだけで客は有り金全部つぎ込んでくれるんだ。遊んでいるあいだは無料のコーヒーも楽しめる。まったくいいカモだよ」

ほかにこんな話も聞けた。

「マシンの会社の連中は、FOBTがいつ終わってもおかしくないことを知っている。いまだに彼らは自分たちの幸運が信じられないだろうね! 連中がマシンを始めたとき、私たちは『そう長くは続かない』と思っていた。それがどうだ、数年たった今、私たちの店はギャンブル委員会の目と鼻の先でゲームセンターに変わったんだ。ほんとうに信じられない」

賭博店店主のなかには、FOBTにどんどんお金をつぎ込む人たちの動機について、はっきりした意見を持っている人もいた。

「ああいう客は、私やあなたとは違う。思考力のある人間ではないんだ。人生の落伍者だ。ああいう人はどこにでもいて、行く先々で見かける。彼らには自分で考える力がないし、常識もない。ただただ強欲なんだ。無料で何かを手に入れようとして、全額すってしまう。そんなことを繰り返して、時間を失う。なぜなら学ばないからだ。考えることができないのさ」

この業界の人々がマシン・ユーザーをこのように悪しざまに言うのを、私はよく聞いた。時間やお金の無駄遣い、強欲な動機、自制心のなさ――。FOBTで引き起こされる苦しみの責任は自分たちにあり、事業者はその責任を負わなくてもいいという論理だ。そして、話は責任あるギャンブリングへと流れ込むが、それについては次の章で触れることにしよう。

私が聞いた人のほとんどがこういう意見だったが、なかには別の見方をする人もいた。業界の変化を目撃してきた高齢者、なかでも引退間近なベテランの人に、それが顕著だった。結局、FOBTに関しては、一般社会でもギャンブル業界でも意見が割れているようだ。賭客を心配し、底辺の争奪戦を繰り広げるライバル企業を責める者もいた。マシン収入にいちはやく注目した企業、マシンがなければ成長しなかったであろう新規参入組に対してだ。大規模ブックメーカーに15年間勤務した上級管理者は、2009年にこう語っている。

「よその経営陣とも話したが、みなものすごくびっくりしている。一人残らず全員が店から身を起こした連中だよ。自分は15年間店にいたが、問題のあるギャンブラーは一人しかいなかった。私が店を離れ、FOBTが台頭してからこっち、賭博店は一店残らず深刻な問題を抱えている。古い法律（1968年賭博法）はほめられたものではなかったが、問題を抑制したし、少なくとも道義はわきまえていた。それがいまでは道徳問題を抱えているし、会社にも道徳的な問題がある。それが大きな悩みの種だ」

同じく話を聞かせてくれたチャーリーは、FOBTが賭博店に導入されるまでずっと、自分の会社は合法的で信頼の置けるサービスを賭客に提供している、と考えていたという。彼は需要の増加に注力すること、とくに中核商品である競馬への賭けより劣る、あるいは対立しそうな需要の喚起に不快感を覚えていた。マシンは「ギャンブル」だと言うチャーリーは、経験したことのないサービスを、客に勧めたいとは思わなかったそうだ。

「私はイギリス一のブックメーカーで働けることをずっと誇りに思っていた。仕事は面白かったし、客も好きだった。労働党に投票し、教会へ行って、子供たちを楽しく育てた。それもこれもFOBTが登場するまでの話だ。ぴかぴかのスーツを着せられて、カジノを経営しろと言われたほうがましだったかもしれない。最初のマシンのことは覚えていないし、思い出したくもない。すっかり事情が変わってしまったんだ」

マシンとそれが示す進行方向に不満を抱く関係者も多かった。その一人がスタンだ。スタンはサウスウェスト・ロンドンの独立ブックメーカーで、一族が代々営んできた仕事に誇りを持っていた。彼は私を店に招き入れ、こう語った。「頭のてっぺんから足の先まで、ブックメーカーなんだ。私の体を切ったら血ではなくて馬券が出てくるだろう」

結局、スタンは『良心と闘い続けるくらいなら』と引退を選び、2009年、私に次の文面の手紙を寄こした。

「マシンが理由で引退した。全部処分したよ。今後はスペインで暮らすつもりだ。生活費を稼がなければならないからね。ひげを剃るときは鏡を見なければ、さもないと喉を切ってしまう」

このような伝統的なブックメーカーのＦＯＢＴに対する複雑な感情に注目したアメリカの社会心理学者ショシャナ・ズボフは、伝統的資本主義の支持者による監視資本主義への反応を思わせると述べている（Zuboff 2019）。伝統的資本主義から見ると、監視資本主義は心底恐ろしく思えるということだ。賭博法によって推し進められた変化に喜びと恐怖を感じたブックメーカーのように、ギャンブル業界幹部は、既存の価値観を持つ人々から金を引き出す手法と、貪欲で反社会的にも見える手法の境界線上を歩いていたのである。

この対比については、第6章および第7章でさらに深く検証する。ＦＯＢＴと同じくオンライン・ギャンブルも企業に平均以上の利益を提供するが、それは際限なくプレーする賭客と、いかようにも解釈できる規制を土台にしているということだ。

前述したようにフレイターとグラブミュラーが開発した製品が賭博店の稼ぎ頭になったのは、世界を見据えたアプローチをとったためだが、理由はもう一つある。伝統的ブックメーカーとは異なり、競馬にこだわっていなかったことだ。二人は、マシンを置きさえすればイギリスの賭博店は必ず儲かると信じていた。そして、もっとも重要なのは他でもない、1960年代のブックメーカーさながらに、二人は規制を乗り越えるべき壁と考え、制限とはみなしていなかったことだ。

これは決して目新しいアプローチではない。たとえば1968年、グレーブゼンド地区選出の労働党下院議員アルバート・マレーは下院議会でこう述べている。「1960年の法規制は堂々と無視された。(中略)だから私は(1968年の)法案が成立しても、ラドブロークスはオッズを時間通りに発表し、うまく客を集めると信じて疑わない」(注5)。マレーの予想通りギャンブル業界は、年に1度の協議会で法律家に助言を求めながら発展し続けた。「規制が変更されるときは金を稼ぐチャンスだ。もしチャンスがみつからないのなら、それは真剣に探していないからだ」。これは2013年にラスベガスで出会ったイギリスのギャンブル業界のベテラン法律アドバイザーの発した言葉だ。

別のギャンブル企業の弁護士は、2016年にロンドンでこう語った。

「私が雇われているのは、合法的に金を儲けるうまいやり方を考え出すためなんだ。(中略)いやほんとうなんだ! 思いついた手段が100%合法で規制の精神に則っていれば、儲からない可能性が高い。このビジネスはチャンスを見極めて利用し、誰よりも、おもにライバルよりも優位に立つのが鍵だが、同時に取り締まり側に先んずることも重要だ。彼らが追いつくころには、私たちはとっくに別の場所に到達していなければならない」

FOBTの最終段階

テリーザ・メイ元首相は、2003年にFOBTを「保護観察処分」にしたが（Walsh 2003）、この処分期間がどれくらいなのか、違反が発覚した場合の罰則がどのようなものなのかは誰にもわからなかった。マシン台数の削減や上限賭け金の引き下げといった、脅しにも似たうわさ話がメディアで定期的に流されるなか、ブックメーカーはその構造的特質が著しく変化することに抵抗し、「ゲームマシンと問題ギャンブリングの因果関係を示す経験的証拠はない」というシンプルなメッセージを繰り返した（ABB 2013）。結局、それが功を奏し、歴代政府は業界のこの姿勢を受け入れ、公衆衛生研究ではめったに存在しない「明白な証拠」を提出する責任をリサーチャーに課したのである。

公衆衛生研究では、物事の原因に当たる独立変数と、物事の結果に当たる従属変数の組み合わせに着目するが、ときにそれらが複雑なシステムで作用して予期しない結果を生む。そもそも前途多難と思われる調査だったところに、ブックメーカーがマシンやデータをリサーチャーに提供することを拒んだため、調査はますます難しくなった。

そもそもFOBTが問題ギャンブリングの原因であると証明する実験は、現実的に不可能だった。それにはいくつか理由がある。一つは、「ギャンブラーを中毒性のあるギャンブルや製品から隔離することは（物理的にも道徳的にも）できない」ということだ（原因作用と併存疾患をめぐる疑問に結びつく）。一方、研究室の実験では「ノイズ」は少ないが、とうてい自然環境の代替物にはならないと指摘され（とくにギャンブル業界には)、簡単に却下されるだろう。この手の証拠を要求すると意義のある改革は遅れるが、「証拠に基づく政策」という常識の物語にはぴたりとはまる。つまり「証拠に基づく政策」という考えを盾に、ギャンブル政策は厳しい批判を免れてきたのだ。公衆衛生から(Smith 2013)学校警備まで(Nolan 2015)、さまざまな分野が関連する政策であるにもかかわらず――。

FOBTが原因で問題を抱える人や自ら命を絶つギャンブラーが増加したことに対する反論も同じだ。当事者や親族が勇気を出して公の場で自らの経験を語るようになったのに対して、ブックメーカーとその支援者は「経験的証拠」(数で見積もられる「ハード面」)と「個々の事例に基づく証拠」(質的な「ソフト面」)というごく当たり前の区別を強く主張した。この区別を利用することで、意義のある規制変更を求める声を2014年までつぶし続けたのである。

しかし、ついに2014年、政府の圧力により、責任あるギャンブル基金(別名RGT。業界からの任意の寄付を資金とする慈善団体で、ABB会長ニール・グールデンが代表を務める組織)が、イギリスにおけるマシン・ギャンブルにまつわる一連の報告をまとめようと動き始めた。政府は、その報告がこうした疑問に対する最終回答になると考えていたようだが、そもそもRGTとABBの代表を同一人物が、しかもギャンブル業界のベテランが兼務するのは異様だった。それに対して批判が起こらないのも不思議だが、「ギャンブルは正当な娯楽活動として政府からお墨付きをもらっているのだから、ギャンブル害はあくまでも個人の弱さに起因する」と言われ続けてきたことに鑑みれば、それも当然であろう。

すでにギャンブルの法改正を求める声は、新たに組織された団体「公正なギャンブルのための運動」(注6)をはじめさまざまな方面からあがっていたが、２０１０年、彼らはリサーチ結果を待つよう求められる。そう要請した一人が、ヒュー・ロバートソンだ（２０１０～１５年のスポーツ相、および２０１８年から国営宝くじ運営委託企業のキャメロット社代表）。

「政府は真剣に問題ギャンブリングを懸念している。これは非常に扱いにくい分野の一つで、常識的に考えれば大きな問題だ。しかし、それを裏付ける証拠がない。私は現在行われている大掛かりな調査によって必要な証拠が提示されることを心から願うし、いったん問題が存在すると証明されれば、政府は必ず行動を起こすだろう」（Hansard 2013）

マシンに関するＲＧＴの調査を利用して、ＦＯＢＴの対策不足を正当化したのは保守党員だけではなかった。以前ウェストミンスターで開催されたイベントで、クライヴ・エフォード（影の内閣首相）は聴衆にこう語っていた。「現在ＲＧＴで進行中の調査によって、ＦＯＢＴの賭け金や賞金と問題ギャンブリングのあいだに関連があるとわかったら、マシンの撤去を求めるつもりだ」。そこで私は、「この調査では『ＦＯＢＴは問題ギャンブリングを引き起こすか？』という質問の答えは得られないし、そもそもその質問は回答不能だ」と彼に訴えた。理由は二つある。一つは（リサーチャーの一人が報告書内で慎重に言葉を選んでいたように）リサーチ範囲がかなり限定されていること、もう一つはその質問があまりにも巨大で答えることができないからだ。しかも、根本問題から注意を逸らす意図がある。

ギャンブル・マシンのリサーチ

ＲＧＴに委託されたギャンブル・マシンに関するリサーチ結果は、大きな期待のもと２０１４年12月１日に発表され、同月10日のロンドンのイベントで披露された。この発表会は、ギャンブル産業と関係のある団体が業界に好都合な方法でギャンブル・リサーチを行うとどうなるかを如実に伝えるもので、大学の会議のばかげたパロディのようだった。話者は業界関係者、イギリスの規制当局者とリサーチャーだが、（建前上）調査対象である商業上の利益を握る人々による、大学の研究発表会を模倣したお披露目会だった。たとえばラドブロークスのＣＥＯ、リチャード・グリンは、不機嫌な校長のようにふるまった。「複雑な」という言葉を繰り返しては眼鏡越しに聴衆をちらりと見やり、立派な経歴を持つ依存症研究家、ジム・オーフォード元教授を「扇動家」と呼んで黙らせようとした。

このイベントは、そうした異様なスピーチが始まる前から、すでに奇妙だった。まず、メインホールのエントランスの外では、光沢紙のリーフレットを置いたスタンドに３人の愛想のよい若者が配置されていた。依存症治療を支援する団体『ギャムケア』の人たちかと思ったが、そうではなかった。スタンドはリサーチの一部を担当した企業、リスク監視のプラットフォームを提供するフィーチャースペース社のもので、各界の重鎮の言葉がぎっしり書かれたプロモーション用パンフレットが並んでいた。

私は、あるキャッチコピーに目をとめた。「フィーチャースペースは（他の解決策よりも）説得力のある情報を低価格で届けてくれるでしょう」というキャッチコピーで、これはウィリアム・ヒルの推薦の言葉だった。しばらくすると華やかではっきりした顔立ちの若者が一人近づいてきて、「フィーチャースペースがどのように詐欺発見のお手伝いをするか、ご説明しましょうか」とたずねてきた。私はますます困惑し、これはどういうことだろうと自問自答するしかなかった。イギリス政府のリサーチを請け負う企業が、結果発表の場で調査対象のブックメーカーにビジネスを売り込むとは―。なぜ、こうしたことができるのだろうか？

しかもフィーチャースペースは、その日の早朝、ツイッターで調査報告についてコメントしていた。「世界トップクラスのリサーチによって、#FOBTに2ポンドの賭け金制限を設けてもギャンブリング害を減らす効果はないことが判明した」。このツイートは明らかに、FOBTの賭け金の上限を2ポンドに抑えようと訴える「公正なギャンブルのための運動」と一戦交えることを意図するものだが、そもそも2ポンドの賭け金制限はフィーチャースペースのリサーチの主眼ではなかったし、報告書ではこの主張を精査してもいなかったのだが―。

発表会で調査結果を披露したのは、フィーチャースペースのチーフテクノロジー・オフィサー（CTO）だった。彼はこの手のプロジェクトを請け負う裏付けになるような学術的業績はないし、どのような経緯でＲ・ｉＧＴから調査委託を受けたのかも不明だった。リサーチでは膨大な数の顧客データを処理し、害のあるプレーの証拠を探したらしい。発表会ではそうした結果を政策立案者やメディア、他のリサーチャーに示すことに終始していた。そこで、私は質疑応答の時間に「あなたはこの利権争いをどのように仕切ったのですか？」とたずねた。すると彼は困惑したような顔をしてこう答えた。「ここで発表したのは、データが示すものです。（中略）それを語るのはわれわれではない。われわれはデータが語ったものを伝えたまでです」

会場に目をやると、前列に座るブックメーカーたちが振り返って私をにらんでいた。同業の学者数人も同じだった。私の質問は忌み嫌われる呪いそのものだったに違いない。この発表会はＲ・ｉＧＴ（現在はギャンブル・アウェアに改称）が開催する他のイベントと同様に、参加者全員が同じ意見という雰囲気を醸し出し、協力、共同、相互学習、共同生産の概念が盛り込まれていたのだ。一見、これらの言葉はすべて前向きに聞こえるので、批判することは消極的で反社会的に見えるかもしれない。しかし、ギャンブル業界が誰からどうやってお金を儲けているかを探るのが目的なのに、業界関係者が調査の場に同席していることの意味がわかれば、その見え方も変わるはずだ。

たとえば、世界保健機構をはじめ公衆衛生関係の機関の場合、リサーチャー間の議論の場に調査対象であるアルコールやギャンブルといった業界の関係者が同席することはあり得ない。一方、イギリスではギャンブル業界がリサーチに協力しているかのように振る舞い、それが賞賛されている。とは言え、リサーチ対象である業界関係者を排した「クリーンな会議」を求める声も根強くある（Livingstone 2018）。事実、さまざまな産業分野で、業界の当事者の介入がリサーチ内容に悪影響を与えている充分な証拠があがっている（Lundh et al 2017）。

2011年、証拠にまつわる議論のなかで、生産性委員会委員長のゲーリー・バンクスはオーストラリアの産業界で用いられるダブルスタンダードについて、次のように述べた。

「ギャンブル産業が現在の規模で存在できるのは、根本的に証拠に基づいた規制緩和のアプローチを行ってこなかったからだ。（中略）ギャンブル産業は、過去10年間にわたって導入されたギャンブリング害最小化の大半の（効果がない）手段に証拠が欠如していることに対して、ほとんど抗議しなかった。規制に違反した場合、コンプライアンス・コストが発生するにもかかわらずである。一方で業界は、確実に効果がある手段に対しては高度な証拠を示すよう執拗に求め続けている。ある主要産業グループは、過ちの可能性が1000分の1以上なら、どんな方法も導入するべきではないとほのめかしたのだ！」（Banks 2011）

こうした状況はどの管轄区でも見られる。もちろんイギリスも例外ではない（注7）。ギャンブル産業は証拠査定の条件を決めるとともに、ギャンブリング害を最小化する方法には不可能なほど高い証拠水準を設定した。それと同時に、低コストで効果も薄い手段、たとえば賭客個人が責任をもってギャンブルを楽しめるように教育の場を設けるといったに取り組みは行ってきた。ただし、その有効性を示す証拠を求められることはほとんどなく、自ら提供することもなかった(注8)。

たとえば、政府による賭け金上限2ポンドの決定は、ＦＯＢＴが問題ギャンブリングを引き起こすという証拠に基づいたものではなく、ある国際的に重要な証拠に基づいている。それは、すべての条件が同じなら、簡単にプレーできて賭け金が高く、高い頻度で遊べるギャンブルのほうが、操作がわかりにくくて展開も遅く、賭け金も低いギャンブルよりも有害になりやすいという事実だ。これは何年も前から広く知られており、たとえば２０１１年に実施されたカナダのアルバータ州の調査でも、電子ゲーム・プレーヤーのほうが一般人に比較して問題ギャンブリングの比率が3～4倍高い（Williams et al. 2011:105)。また、ビデオ宝くじ端末（ＶＬＴ）とスロットマシンについても、問題ギャンブラーがそれぞれ賭け金の77％、72％を占めていることを明らかにしている（William et al. 2011:110)。

第1章で述べたように、イギリスのギャンブル業界の変化を主導したのは政治だが、今イギリスの人々は新たに登場したマシンにただただうんざりしている。国会議員もまた、ギャンブル業界を守り、そこから利益を得れば支持を失うことに気づき始めている。それならば、まだ希望はある。今こそ「公正なギャンブルのための運動」や、ギャンブルが原因の自殺で家族を奪われた親たちが立ち上げた慈善団体「ギャンブリング・ウィズ・ライヴズ」の活動に目を向け、そこから多くを学ばなければならない。

ときおり（たとえばマシン関連リサーチの発表の場で）ギャンブル産業の牙城は難攻不落に思えるが、

実際はオープンな民主主義のなかで生まれるさまざまなプレッシャーには弱い。とはいえ、業界が政府に近くなればなるほど、そして国がギャンブルからの歳入に依存すればするほど（たとえばマカオでは、政府歳入の約80％をギャンブル税に頼っている）、ギャンブル産業はしぶとくなる。次の章では、FOBTが賭博店の生き残りにどう影響したかを考察することで、ギャンブルの拡大を下支えするもう一つの必須要素「責任あるギャンブリング」という考え方に言及したい。

第5章

「責任あるギャンブリング」という幻想

「私たちは、スタッフとお客様の安心と安全を非常に重くとらえています」（ギャンブル企業のスポークスマン）

「私は強盗に刺されたことがある。それも仕事のうちだ」（賭博店店長、ロンドン中心部）

ギャンブル産業の拡大を選択した政府や自治体は、課税による歳入増加を目論んだわけだが（マサチューセッツはその一例。Massachusetts Gaming Commission 2015 参照）、すでに違法な大規模市場があるからという理由であろうと（その好例がベトナム。Tomiyama 2017）、海外からの投資や旅行客を期待してであろうと（シンガポール、日本。Kyodo 2016）、そこには必ず「責任あるギャンブリング」の概念が内在する。「責任あるギャンブリング」は、じつにさまざまに定義されてきた。ギャンブルの遊び方の判断基準になる充分な情報が提供されれば、大半の人にとってギャンブルは安全で「健康的」（注1）だという意味にもなれば、少数ながら問題を抱える人がいるので支援方法を提供すべきという意味にもなる。

たとえば、ギャンブル規制を消費者保護と同等に扱うと、問題の責任と解決を個人に負わせることになり、結果的にギャンブル市場の構造的特徴であるギャンブル機会の提供方法や形態は問題視されずに終わる（Livingstone et al. 2014）。また、「国際的に見てギャンブルは公衆衛生問題として扱われるべき」との合意が形成されつつあるなかで（Lancet 2017）、いまだに個人に軸足を置いた「責任あるギャンブリング」が世界中のギャンブル規制の倫理基盤であり続けている。２０１８年にイギリス政府が決意を表明した「ギャンブル業界と協力して、責任あるギャンブリングの文化を確立する」(DDCMS 2018b)や、カナダのブリティッシュコロンビア州政府が表明した「責任あるギャンブリングの実現に全力で取り組む」(Vockeroth 2014)の文言からもそれは明らかだ。ほかにもオーストラリアのニューサウスウェールズ州が「責任あるギャンブリング局」を、ビクトリア州が「ビクトリア州責任あるギャンブリング協会」を設置している。

また、自主規制の一環として、業界団体や経営者が責任あるギャンブリングを実現するためのプログラムや取り組みを考案し奨励することもある。しかし「責任ある飲酒」の呼びかけのように、そういった取り組みは「戦略上わざと多義的にぼかされている」のがつねだ(Smith et al.2006)。そのため、大企業に雇われたコンプライアンス担当者は、じつに奇妙な仕事を請け負うことになる。ある当事者は「社会的責任と健全な利益のバランスを取る仕事」だと述べた。別の一人は「自分たちの仕事は現実離れしている。他の雇用人と同じように会社を儲けさせるためにここにいるのは確かだが、同時に自分は商売繁盛の敵でもあるんだ」と語った。

この不自然さは、ギャンブル特有の利益配分でも浮き彫りになる。他の多くの商品、なかでも消費者を病的に夢中にさせる特徴がある商品と同様に、ギャンブルでも「問題ギャンブラー」に類別される人々から生じる利益が極端に多いということだ(管轄区やギャンブルの種類によって15~50%の開きがある)(Williams and Wood 2016)。たとえば、2011年、カナダのアルバータ州では、ギャンブル消費の約

50％が問題ギャンブラーによるとされている（Humphreys et al. 2011）。フィンランドで行われたより直近の調査でも、問題ギャンブリングが占める割合は全体の3・3％だが、依存症や問題を抱えるギャンブラーの消費は、女性のギャンブル消費の28・5％、男性の20・8％にのぼると指摘している（Castren et al.2018）。またオーストラリアでは、生産性委員会（Productivity Commission 2010）の調査により、ギャンブル収益の36％がいわゆる問題ギャンブラーが使う掛け金であるという見積もりが公表されている。一方イギリスでは、問題ギャンブラーが使った掛け金と見積もられる歳入の割合は1％（国営宝くじ）から20～30％（ドッグレースとFOBTこと固定オッズ発売端末）というように、ギャンブルの種類によってかなりの開きがあるようだ（Orford et al 2013）。

こうした調査結果からわかるのは、アルコールや煙草と同じく、ギャンブルにも「安全な」レベルは存在しないということだ。「オーストラリア、カナダ、フィンランド、ノルウェーの大規模な全国調査」に基づいたオーストラリアの研究は、「どのようなレベルのギャンブルでも害になり得る。そして失った金額が大きければ大きいほど、害のリスクも大きくなる」と指摘している（Markham et al. 2016）。このような側面が原因で、コンプライアンス担当者は絶えず利害対立にさらされる。もっとも効果的な方法で人々をギャンブル害から遠ざけようとすると、企業利益にも甚大な影響が出るからだ。投資家のために利益の最大化という責務を負う経営幹部は、「責任あるギャンブリング」の実現を余儀なくされ、同時にそれが企業利益に与える影響を最小限に抑えなければならないのだ。

そうした理由から、業界が主導する責任あるギャンブリングの取り組みは、公衆衛生に軸を置いたギャンブルへのアプローチとは相容れない、まったく異なる原理に基づいたものになる。業界主導の「責任あるギャンブリング」が力点を置くのは、賭客個人の責任、情報に基づく自己選択および治療だが、公衆衛生のアプローチが強調するのはギャンブル害を減らすこと、あるいは未然に防ぐことを目的とした集団レベルの対策なのだ。あまりにも対照的なアプローチのため、「崖の上に転落防止フェンスを造るか、崖の下に救急車を待たせるか」といったたとえ話すらある。

これまで問題ギャンブリングに対して公衆衛生の視点でアプローチを試みてきたと言える国は、世界でも数カ国しかない。その一つがニュージーランドだ。ニュージーランドでは2003年、賭博法に基づいて保健省が「公衆衛生に焦点を絞った総合的な問題ギャンブリング戦略」を確立することとなった。そこには「ギャンブリング害を予防、あるいは最小化することによって公衆衛生を向上させる方法」、「問題ギャンブラーとその家族を治療し支援するサービス」、「独立機関によるギャンブルの科学的調査と分析」を盛り込むことが求められた（New Zealand Ministry of Health 2015）。

ニュージーランド以外にも、ギャンブルは公衆衛生問題であると認識し、ギャンブルが原因で起こる問題を「害」と呼ぶなど公衆衛生の用語を用いている政府や業界は存在する。それにもかかわらず、責任あるギャンブリングへの第一の対処法として持ち出されるのは、常にギャンブル害をすでに体験している個人に対する治療だ。しかし、それは必然と言うしかない。ギャンブルが娯楽産業に分類されている限り、公衆衛生問題として扱うことはできないのだから――。

そもそも政府において娯楽産業を所管しているのは、どのセクションなのだろうか。たとえば、オーストラリアの大半の州では財務省が、イギリスではデジタル・文化・メディア・スポーツ省が管轄している（DDSMS）。もちろん、こうした省庁の優先事項（その政策決定において経済成長が大前提とされることも含めて）に公衆衛生は存在しない。つまり、さまざまな利害が企業内で衝突し、その結果生まれたのが、責任あるギャンブリングを目指すプログラムなのだ。セネト・グループ（イギリスの業界団体）の「楽しみもほどほどに」や、ウィリアムヒルの「誰も傷つかないために」といったプログラムがそれだ。こうした取り組みはどれも個人の行動に焦点を置いており、ギャンブルに起因する体調変化や経済状況の責任をすべて客個人に押し付けている。まさに株主やオーナーの利益に責務を持つ私企業にとって、公衆衛生の視点に立ったギャンブルへのアプローチは不可能だということを実証するツールと言えよう（注2）。

本章では、責任あるギャンブリングの実態を調査した私の賭博店での体験を紹介したい。ロンドンの賭博店の服務規程には、客との関係や一連のやりとりといった店の日常は反映されていない。しかし、こうした抽象的な服務規程と現実世界の乖離は、ギャンブルが行われる場所だけに限らない。相違が原因で起こる失敗は、ほかでもよく見られる。自動車製造業（Copley 2015）や大手ソーシャルメディア（Rudgard 2019）をはじめ、銀行業界（Treanor 2013）でさえ、政府による「軽いタッチ」の規制と業界の自主規制が原因で、様々な問題が生じている。

しかし、こうした規範が業界労働者とその雇用主のあいだの構造的不平等を助長する要因になっているという点では、ギャンブル業界は特異だ。この業界では、社会的責任を果たすためのコスト、つまりギャンブルの利益を正当化するために実施される広報活動を、労働者がわが身を危険にさらしながら担っている。賭博店は複雑で、独自のルールを持った多種多様な社交の場だ。そのため抽象的な規範では複雑さを理解することはできない。そればかりか、現実との矛盾が弱い立場の労働者をますます窮地に追い込んでいる。

店の日常(一軒目)

春先の月曜日の朝8時。私は無給の出納係として、ロンドン中心部の高級街にある賭博店で忙しく働いていた。店は最近改装されたばかりだ。30台のフラットスクリーン・テレビ、磨き上げられた木の床、ガラス張りの間口、クロムの家具等が配置された軽やかで明るい雰囲気だ。店長のアリヤと私は、9時の開店に向けて1時間前から準備をする。音楽チャンネルを流して楽しくおしゃべりしながら、店の禁止事項が書かれたマグネットで競馬新聞を壁に貼り、すべての記入台のペンと用紙を補充する。8時45分、アリヤがジーンズを脱いでさっそうとしたパンツにはきかえ、ドアの鍵を開けると、スーツ姿の男性が待っていた。彼は私たちに会釈をし、店の隅にある4台のFOBTのいつもの1台に陣取り、煙草に火をつけた。

20分ほど経過すると急いでカウンターにやってきて、20ポンド紙幣を両替してほしいと言う。コーラを注文して60ペンス払おうとするが、アリヤは受け取らなかった。飲み物をマシンの上に置くと、スーツの客はプレーを再開し、5分後には大急ぎで企業弁護士の仕事をしに向かった。今日はずっと運が悪かったらしい。帰り際、肩ごしにこう叫んだ。「今日支払いがあるなら、そのマシンにたっぷりお金が入ってるよ！」。カウンターの奥にあるコンピュータ端末で確認したら、彼は30分間で600ポンド使っていた。

続いてやってきた清掃作業員はすぐに150ポンド取り出して、39ポンドをサッカーの試合に賭けた。その間、アリヤは結果が定まっていない未確定ベットを確認してこう言った。「こうしておけば自分の店の未払い金額がわかるから、あとでびっくりしなくてすむの。大きな賭けは入っていないみたい」

3人目の客は、ミスター・ナランだ。地元レストランのシェフで、英語は話さない。彼はほほえみながらウールの帽子をちょっと持ち上げて私にあいさつし、パンジャブ語でアリヤと話し始めた。ミスター・ナランは競馬について何も知らないらしく、アリヤの助けを借りて賭けをする。アリヤが言うには、ミスター・ナランの仲間はみな賭けをするが、だれも彼の行き当たりばったりな賭け方は真似しないそうだ。その朝、ミスター・ナランは前日のチケットを手渡しにきた。勝ち券だ。彼は心の底から驚いているようだった。3人で声をあげて笑い、ミスター・ナランは37ポンドの賞金を受け取った。

ミスター・ナランはアリヤに会うために店に来ている。これが私の見立てだ。そんな客は彼だけではない。仕事の最中にチョコレートをはじめケーキ、フライドチキン、「ほんものの」泡立つコーヒーなどをもらうこともよくあった。ある女性スタッフは、客から彼女をたたえる歌が入ったCDを贈られた。ご丁寧にCDの表面に彼女の顔までプリントしてあったが、相手が「疫病神」と私たちが呼ぶ男だったので、彼女は少しも喜ばなかった。

なぜ、女性スタッフが男性客の注目を集めるのか。それは、常に女性スタッフは客に愛想よくふるまうよう言われていたからだ。実際、当時の賭博店には男性と女性のふるまいに独特なルールがあった。しかも圧倒的に男性優位な場所なので、「怪しい男」には近づかないよう注意されることもあった（Cassidy 2014）。

次の来店客は、白いヘルメットをかぶった建設労働者のスティーヴだ。彼はまず前日の勝ち金600ポンドを受け取り、福を招く「縁起銭」としてアリヤに20ポンド渡した。それから競馬新聞を手に腰掛け、新たに7件の賭けを用紙に記入した。競馬の単勝2点と二重勝1点、ラッキー31に1点、連勝複式でニューカッスルのドッグレースの4枠と6枠に、そしてサッカーではチェルシーがトッテナムを破り、最初の得点をあげるのはフランク・ランパード選手といった予想だ。賭け金は締めて215ポンド。スティーヴはアリヤと少し話してから同僚数人とともに店を出ていった。同じヘルメットをかぶった同僚たちは、ソーセージロールを食べ、紅茶を飲みながらみなで話していた。たまに店で流しっぱなしのバーチャル・ドッグレースを見ていたが、誰も賭けようとしなかった。

彼らが記入用紙を埋めているあいだに、新たに数人の客が店に入ってきた。その一人50代のバーバラは、ロンドン・スクール・オブ・エコノミクスで学ぶためにロンドンまでやってきた女性だ。しかし1990年代に暴力被害にあい、いまはホームレスで1日の大半を私たちとおしゃべりしながら店で過ごしている。1日に賭けるのは75ペンス、多いときでも2～2・5ポンドだ。午後にはフリーペーパーを持ってきてくれる。ときどきバーバラに勝ち金を分けてあげる常連もいたが、アリヤは「たまにこういう小さな賭けが38ポンドになって戻れば、バーバラはどこか暖かくて快適な場所で過ごすことができる。身の丈に合った賭けをして、宝くじよりはましなオッズでたまに勝てれば幸せよね」と言って笑った。

バーバラに紅茶を持っていこうとしたとき、身なりも話し方も上品な男性が、「予算演説の賭けはあるか、あるなら大臣が水を飲む回数のオッズはどうすればわかる」とたずねてきた。すぐさま本部に電話して確認すると「ティッシュ」あるいは「プライス」と呼ばれるオッズ・リストを教えてくれた。すると今度はオーストラリア人男性がカウンターにやってきて、出場選手が確定する前にF1レースに賭けるにはどうすればよいかとたずねてきた。こんなやり取りをしていると、さっきの身なりのいい男性が10ポンド紙幣を出しながら、「3／1のオッズで6回水を飲むに賭けたい」と言ってきた。

極端に忙しいのが昼食時だ。昼休み中の建設作業員や事務職員が大勢訪れるからだ。そして、午後になるとリズムが一変する。「出走直前」に賭けるのが好きな客から、イギリス競馬への賭けをぎりぎりのタイミングで受け付けなければいけないからだ。大半が単勝か重勝式だが、トリクシー、ヤンキー、カナディアン、スーパーヤンキーといったマルチベット（一般的にはラッキー15）のこともある（注3）。

私たちの仕事は、大金をやりとりし（釣銭は客の両手ではなくカウンターに置くように気をつけている）、賭け受付のデータを端末に取り込み、電子POSシステムを使って処理することだ。ミスを犯すと損害は大きいし、スローカウント等のごまかしも助長されるので慎重に進めなければならない（注4）。この日の午後2時までに終えた賭けの処理数は、485件だった。そんな状況のなか、私は一人の中国人の男にとくに注目した。彼は非常に迷信深く、私にもアリヤにも事務処理を頼もうとしなかった。それは「あなたがたは運がよくない」という理由からだった。彼はここ3カ月間、私たちの店に顔を出しているが、その前の9カ月間は近所のライバル店に通っていた。この3カ月間で、彼は現金を21万5000ポンドつぎ込み、そのうち競馬では1レースごとに100～400ポンド賭けて9万5817ポンド使っていた。

だいたい午後は何が何だかわからないうちに過ぎ、ランチを食べる時間も銀行へ走る時間もなかった。マシンも金庫もお金でいっぱいになり、そこらじゅうが現金で埋まり、キッチンの食器棚のマグカップに手を伸ばしたら分厚い札束が頭に落ちてきたこともあった。競馬のレースは6時頃終了するが、まだ仕事は終わらない。その後はFOBTで遊ぶ客がやってくるからだ。結局、その日は閉店時間の午後9

時半までに、約900枚の馬券をさばいた(注5)。

店の日常(二軒目)

私が働いた次の店は、サウスイースト・ロンドンの人の往来が激しいバスステーション近くにあった。中に入ったとたん、足元のカーペットがねばつき、煙草とアルコールのにおいが鼻をついた。カウンターに近づくと、誰かが店の隅で放尿したこともわかった。トイレのドアには「使用不可。大バカ者が麻薬取引をやめないからだ。警告はした!」と、手書きの板が掲げられていた。カウンターへ歩み寄る私を、大柄な男性がいぶかしそうに見やっていたが、私がコートの前を開けてユニフォームをちらりと見せると、男性は強化ドアを開けてオフィスの中に入れてくれた。

賭博店の奥の事務オフィスは、ニューヨークの酒店のように強盗よけの「バンディット・スクリーン」で囲われている。かつては格子だったが、現在は強化ガラスだ。カウンターに腰掛けた若い女性スタッフが、マニキュアを塗りながら「こんにちは」とあいさつしてきた。大柄な男性は店長の「ビッグ・ポール」だ。「こんなところに来るなんて、正気じゃないな」と言われたが、たしかにこの店で働いた3週間のあいだ、毎日何かしらのトラブルが起こった。ビデオスクリーンを殴りつけるといったマシンに対する破壊行為もあれば、スタッフへの脅しもあった。

勤務時間が終わると、私たちはいつもいっしょに店を出た。そしてビッグ・ポールは、私たち「ガール」二人を自分より先にバスに乗せた。ビッグ・ポールは強盗に銃を突きつけられたことが4回あり、6カ月前には店のマシンから売上金を回収しているときに強盗にナイフを突きつけられたという。取材中、自分のことを「外傷後ストレス障害を患う40歳の役立たずのデブ」だと言っていた。店の客はおもに西インド諸島と東ヨーロッパ出身者だ。カウンター越しの取引がほとんどないのは、FOBTが店の収入の74~85%を占めているからだ(注6)。私たちは丸1日カウンターの内側で過ごすが、ときおりマシンから売上金を回収するためにふたり一組でカウンターの外へ出なければならない。そんなときは、とくに問題の多い客がどこにもいないことを、必ず確認しなければならなかった。

互いに干渉しない

この二つの賭博店でのまったく異なる体験は、ロンドンの賭博店に存在する多様性の表れだ。賭博店が提供するサービスはどこもほとんど同じだが、立地条件やライバル店、経営企業、店長、スタッフ、店に漂う幸運の色合いはさまざまで、それが賭客が好みの店を選ぶ際の判断材料になっている。ロンドンのしゃれた通りに並ぶ旗艦店はほんのひと握りだ。それ以外の多くの店は、パブの向かいや(「ウェット」と呼ばれるアルコール漬けの地域)、西インド諸島の客でいっぱいのハールズデン地区、そして客もスタッフも中国人でマシンの文字は中国語というチャイナタウンに軒を連ねている。近頃は、たまたまギャンブル・マシンが置かれたコーヒーショップといった風情のブックメーカーも出現し、店頭で「カウンター越し」に客とスタッフがやりとりをする伝統的な店は減少傾向にある。午後の競馬がメインの賭け事で、馬やドッグレースに精通している常連客が集まるような店だ。対照的に小さな飛び地のような体裁だったマシンをメインにする店が徐々に増えてきた。そこでは必要最小限の店頭業務しか行われない。

このように賭博店は国際色豊かだが、一つ共通する理念がある。それは「互いに干渉しない」というルールだ。度重なる規制緩和や制度改正にもかかわらず、賭博店は労働者階級の男たちの最後のたまり場として町の大通りにいまだに残っている（Cassidy 2014）。そんな賭博店のエチケットは、とても簡単なルールから始まる。賭客は、好きなようにふるまうことは許されているが、他人が同じようにふるまうことを邪魔するのはご法度だ。誰でも賭博店に入ることができるし、パブとは違い、必ず何かを買わなければならないというルールもない。

とはいえ、この寛容な姿勢にも限度がある。私がいた店の店長はよくこう言っていた。「臭いやつには出ていってもらう。周りの客にちょっかいを出すやつも同じだ。それ以外は、一人でおとなしくしていられるなら、店にいていい」。なぜかというと「一文無しのように見える客が20ポンド賭け、金持ちそうに見える客が50ペニーしか賭けない」ことがよくあるからだ。

人と人との付き合いも興味深い。考えられないような組み合わせの客同士が、緩やかに交流しているのを見かけることもあった。そうしたつながりは混じり合い、消滅し、再び形になるが、賭博店を一歩出たら互いに覚えているかどうかはわからない。

ある意味でブックメーカーは、イギリスにおける非公式経済の中核地点といえる。そこでは労働力の調達や盗品の売買、マネー・ロンダリングさえも可能だ。だが店の大半の仕事は平凡でつまらない。私はロンドン西部ルイシャムの地元民が集まるダンスホールとビリヤード場の階下にある賭博店でサルサを学び、ブロックリーの店で髪を切ってもらった。ナンヘッドでは、隣の質屋の質流れ品の洗濯機を店で売った。調査記録用の手帳に毎週記入したこまごまとした出来事は何百にものぼる。たとえば、ニュークロスの西インド諸島出身者の店では、ラスタ主義者のダズがゴミ捨て場でみつけたLPレコード数枚と雑誌を持ち込み、買ってくれる相手を探して店をうろうろしていた。同じ店の賭客の一人ウィリーは、フライドチキンやジャマイカの郷土料理アキー・アンド・ソルトフィッシュをカウンターの後ろのスチロールの箱に用意して、昼食時に1食5ポンドで売っていた(注7)。

お金はつねに循環している

私が出会った人はみな「賭博店では金を貸すな」と忠告してくれた。だが、もちろんお金はつねに循環している。賭け金、利益、棚ぼたの儲け、そして負債。お金の貸し借りが原因で暴力沙汰になることもあったが、さりげなく行われることが多かった。ロンドンやラスベガス、マカオのカジノで、プレーヤー間でお金が分配されるのと同じ方法だ。カジノや賭博店内のお金は、外界のお金と単純には比較できない。「賞金」に姿を変えたお金には魔法の力が宿るからだ。賞金は、現実世界の日常のお金ほど重要ではなくなり、なくても困らないものになる（Zelizer 1994）。

この点については、サウスイースト・ロンドンの店の客が、私のために記録しておいてくれた日誌にはっきりと描かれている。その店では9人の男性グループが、共同出資したお金を賭博によって再分配していた。仕事がないときに、支払いに困らない程度に資金を分けていたのである。日誌によると、賞金は見返りを期待することなくシェアし、働いて得たお金はプールしていなかった。9人のうち2人は兄弟で、残りは友人だ。彼らのお金のやりとりには最終的な目的はなく、本来あるべきバランスにも欠いていた。そうした問題点が、取引を記録してほしいという私のリクエストによって、明るみに出てしまったのだ。そのため彼らの取引は一時的に混乱した。問題の一つは、グループの大半に仕事を供給していた会社経営者の兄弟の一人スティーヴが、最大の分け前を手にしていたことだった。どう見ても不公平だが、次の一言でいとも簡単に弁解されてしまった。「スティーヴは運がいいやつ（これが一般的な意味なのか、賭けに関係があるのかは、触れられずじまいだった）で、もしかしたら（競走馬の）目利きかもしれないから」

お金に魔法をかけるだけではなく、賭博店は出会うはずのなかった人々を結びつける場でもあった。サウスイースト・ロンドンの店でマシン・ギャンブルについて私に教えてくれた3人の友人グループも、そうした例の一つだ。デズモンドは60代のジャマイカ人で、床屋を経営。30代のビルマ人タイガーは、日雇いのケータリング業。そして中国人のチェンは学生だった。この3人は、店ではいつもいっしょに過ごし、チップと賞金と賭け金をやりくりし合い、つねに互いに気配りしていた。たとえば、チェンがロンドンに来る際に手を借りた密入国ブローカー「スネークヘッド」に費用を請求されたときは、タイガーとデズモンドがお金の工面を手助けした。それでも足りなかったので、デズモンドは床屋の裏部屋にチェンを数カ月間かくまったと言っていた。

一方、店が閑散とした時間帯に「見ず知らずの人間」が「自分たちの」店にやってくると、私たちはみな彼らから目を離さずに観察した。あるとき、黒い服を着こんだ白人男性が店に入ってきた。賭けの受付用紙に記入していると、ジャケットに隠していた無線機が音をたてた。彼は警官だった。店は一瞬のうちに緊張感に包まれた。警官はたまたま一番近くにいた客、DVDの入ったバッグを抱えた中国人常連客のジムに向き直り、攻撃的な口調でこう言った。「何を持っている？　英語は話せるのか？」。そして、ジムの手からDVDのバッグをひったくりこう叫んだ。「またこれだ。おまえらはこの国からさっさと出ていってくれ！」

警官がどかどかと靴音をたてて店から出ていくと、客の全員があとを追ってののしり声をあげた。すると、少し先を歩いていた警官がすぐに客の群れを目指して戻って来るのが目に入った。客はみなくるりと向きを変えて店へ走りこみ、店長に向かって「鍵をかけろ、店長！　あいつが戻ってくるぞ！」とわめくのだった。

その日の午後はみんなでこの出来事を繰り返し思い出したものだ。ジムの背中をたたいて慰め、あの警官は「頭がおかしい」と言い合った。「警官がここに来るなんて」と西インド諸島出身のレギーが言った。彼は店のオープン初日に賭けをした古株だ。「あいつめ、ここでいばりちらすなんてひどいやつだ。ジムを侮辱して、おれたちのことも侮辱した。ここはおれの店だぞ!」

レギーのように、特定の店を自分の店のように考える常連客は多い。店の雰囲気を決めていくのも彼らだ。店長のケヴィンはこう語る。「同じ賭博店に通っていると、そこが自分の一部のような気分になる。自分の居場所という気がしてくる。まさに習慣のなせるわざだ。客は居心地がいいからその店にやってくるんだ」

賭博店は地元の状況を映し出す鏡

常連客にはそれぞれ独自のルーティンがある。非常に洗練されたハットンガーデンの店の常連、アーサーを紹介しよう。彼はかつらをかぶり、世間話で聞いた限りでは「(引退した)凶器強盗」だそうだ。朝10時に顔を出すと、まずカウンターで私の目の前にチョコレートバーを置いてあいさつをする。それから優雅に脚を組んで快適な椅子に座り、ニュースを見ながら新聞を読む。11時になると、私がコーヒーを持っていく。12時、アーサーはカウンターへやってきて、私たちが賭けを受け付けるのをながめながらおしゃべりをする。お気に入りの話題は、役に立たない政治家、ロンドン警視庁の腐敗、アメリカの好戦性、ベンガル猫の繁殖などだ。

12時半~1時半は隣のカフェでランチタイム（スープとロールパン1個）。昼食から戻ると、トルコ人の友人ベラットといっしょに座り、競馬のレースを選んで5ポンドの重賞と単勝に賭ける。ケンプトン、ブライトン、マッセルバラ（「荒地」）のレースには賭けたことがない。マシンで遊んだり、彼が「昼日中の強盗」と呼んでいたバーチャル・レースに賭けたりするのも見たことがなかった。競馬が終わると、ベラットがイタリアンデリでエスプレッソを買ってくる。二人はカウンターにもたれて、その日の出来事を私たちと話したり、店の中をぶらぶら歩いたりする。アーサーは他の客のうわさ話もするが、それは他の客が「彼の店」で求められる基準を満たしていないことを私たちに教えるためだ。「スティーヴがマクドナルドのごみをあそこに置きっぱなしにしていったよ。だめなやつだ。あんな糞みたいなものを食べるんだから、ひどいもんだ。おっと、汚い言葉遣いですまないね、レベッカ」

アーサーは、上司を含め私たちスタッフ全員のことを知っていたので、シフトや仕事の責任についての議論にも参加した。「アビーにはジェロームと同じシフトで働いてくれとは頼めないね。きっとトラブルになる！　サラをビクトリアの時間へ動かせばうまくいくよ。あの二人を仲よくさせようとしても無駄だ」。店長はうなずいて、シフトの変更にとりかかる。営業時間が終わると、アーサーは私たちといっしょに店を出て、戸締りしている間、ため息をつきながら伸びをする。そして「今日も相変わらずだったな」「たくさん仕事をしたよ」などと言いながらおやすみのあいさつをして、まるで同僚の一人のようなくだけた調子で「また明日」と言って帰っていくのだった。

アーサーのような常連は遠くまでは出向かないので、おのずとお気に入りの店は近場になる。それが、結果的に地元の状況を映し出す鏡になるわけだ。良くも悪くも。15年間店長を務めたケヴィンはこう説明した。「10％の最低なやつがいるこういうエリアでは、賭博店にも10％の最低なやつが来る。前に店があったブリクストンでは、頭のおかしい連中が銃や麻薬の売買をしていた。でもここでは1カ月間つまらないトラブルはまったくなかったよ」。しかし、ロンドンでは異なるグループ間に存在する緊張が、つまらないトラブルの原因になることもある。

かつてある自治都市で仕事をしていたとき、地元の衣料品店でゲイらしきイタリア人テーラーを偶然みつけた。よく見ると私が働く近所の賭博店の常連客で、そこではタフガイという印象だった人物だ。最初は私に気づいていないのかと思ったのだが、まったく声をかけてこないので、もしやあの常連客の双子の兄弟かと思い始めたころ、彼がそばに寄ってきてこう耳打ちした。「ゲイは賭博店に入れてもらえないの」

多文化主義が浸透している店もあったが、同質同類の客ばかりが集まる店もあり、都市部では特定の国籍や人種による店の棲み分けができていた。そういった暗黙のルールが意図的、非意図的にかかわらず破られたときは差別的な言葉が遠慮なく飛び交う。私のノートにも「ミック（アイルランド人に対する侮蔑語）」「チンク（中国人）」「ブラック（アフリカ系）」「エイラブ（トルコ人やユダヤ人）」等々、数多く記録されている。アイルランド人の賭客がアフリカ系住民や西インド諸島出身者に「どこそこの店には来るな」と言ったり、中国人男性がマシンの勝ち金を若いソマリア人の男たちに強奪されたりする場面にも遭遇した。東京のパチンコ店もそうだが、賭博店は国際的なギャンブル産業のなかでも極端に地元色が濃い場所なのだ。

賭博店は女性に寛容？

1980年代〜1990年代にかけて、賭博産業の専門家が賭博店の女性客を増やすために具体案を討論し、女性にアピールする賭博まで考案したことがあった。1998年、年間最優秀賭博店経営者の候補になったアンソニー・オハラは『レーシング・ポスト』にこう語った。「女性は世界人口の50％を構成する。それなのに賭博店の女性客はたったの1％だ。だからこの産業を前進させるためには、この手つかずの広大な市場を賭博店に誘導する必要があるんだ」（Racing Post Staff 1998）。しかし、私が実地調査を始めたころには、女性を賭博店に引き付けようという意識は後退していた。その理由を、ある大手企業のリテール・ディレクターはこう説明した。

「賭博店に女性客を呼び込むには多くの新しい試みが必要だが、それではコストがかかりすぎる。それに大事な顧客である男性にそっぽを向かれるリスクもある。すでに人口の5％が賭博店に通っているのだから、まずはそれを6％に伸ばす努力をするのがベターだと思うが、目指すのは20％の増加だという。それならむしろ、すでに店にいる客から20％多く金を引き出すべきだと思う。女性に来店を勧めるよりはるかに簡単だ。間違いなく言えるのは、女性を店に呼ぶのは費用対効果が悪いということだ」

女性を賭博店に呼び込む直接的な試みは成功しなかったが、ウィリアムヒルの調査によると、規制変更（たとえば２００７年の禁煙法）や技術の進歩によって、賭博店の環境がある程度女性向けに変化するという思いがけない効果があったのは事実だ（Gambling Online Magazine 2008）(注8)。店が禁煙になる前のことだが、私が働いていた店の女性店長がこう言った。「女性はいずれこどもを産む。だから新しい法律（禁煙）ができるまで、ここには近寄らない。多くの人が、こんな環境で働きたくないと思っている。あなただってパンの香りがする店でカートを押す仕事のほうが楽でしょう！」

実際、私が新しい店で働くたびに、スタッフや常連にさまざまな疑念を起こさせたようだ。「あの女性はここが賭博店だと知っているのか?」「迷子なのか?」「売春婦?」「給付金受給者をこっそり調べるために議会から送り込まれた調査員?」「警官?」「ライバル賭博店のスパイ?」「精神を病んでいる人?」「自分の夫を探しに来たのかも?」といった具合だ。大半の賭客にとって、まさか中年女性が賭博店に自分の意志でやってくるとは、信じられないことだったのだ。

しばらく店で働き、あちこちからのセックスの誘いを断ったころには、風変わりなペットのように扱われるようになった。客たちはみな賭博とスポーツについて根気よく説明してくれた。まるでサッカーもクリケットも聞いたことがない、ましてや競馬のことなどまったく知らない異星人か子供でも相手にするようにだ。アリヤは自分の仕事についてこう語った。

「こんな仕事を選ぶなんて、最悪だった。この仕事を始めた12年前、店にはアジア人女性はあまりいなかった。いまでも覚えているけれど、友人にこの職場を紹介したのに、彼女は母親にやめさせられた。常連は男性ばかりだし、年配の世代はギャンブルと売春を結びつけて考えるけど、私はそんなことをすべて笑い飛ばしてきた。パブやストリップ店で働けたら言うことないけど、きっと無理。だってそんな体じゃないもの！　インド人女性にとって、ここの仕事はほんとうに厳しい。でも結局、仕事は仕事だから」

それでもアリヤは仕事を楽しんでいた。性差別に耐え、余力があるときはそれをはね返していた。なにしろ彼女はずっと運がよかった。３年間あちこちの店で働いていたが、一度も大事件に巻き込まれなかったし、その後ロンドン中心部の新規旗艦店に配置されたのも運がよかった。もちろん、彼女ほど運に恵まれない同僚も大勢いた。

暴力沙汰も仕事のうち

イギリス・ブックメーカー協会（ＡＢＢ）によると、「賭博産業には安心・安全の揺るぎない実績がある。それはスタッフと賭客の幸福と福祉が業界の最優先事項であることを示している」そうだ（ABB

2013)。しかし、私がともに働き取材をしたロンドンの経験豊富な店長は、47人のうち36人が最低1回は強盗にあったと言っていた。そのなかの一人は11回も強盗に襲われたそうだが、それは自分がとてつもなく運が悪いからだと考えていた。

「マシンが来る前のことだが、ブリクストンの怪しげな店でよく強盗に入られたよ。銃を持った『ならず者』が来るんだ！　店はトラブル続きで有名だったので、客はちょっと遊んだらできるだけ早く店から出るのが常だった。それでもひどい出来事はせいぜい1年に1、2回だった。それが例のマシンの登場で、1日に3、4回に増えたんだ。カウンターから店側へ出て、売上金を回収することさえできないときもあった。２００５年には野球のバットで殴られたよ。その後は少しましな環境になった。郊外の感じのいい店で働き始めたからだが、それでも最初の週に運悪くまぐれ当たりのパンチをくらって男にたたきのめされてしまった。マシンが来てからは、事態はひどくなる一方だ。だからもう客にはかまわないことにしたんだ。出社意欲を削がれてはたまらないからね」

女性店長も強盗にあっていた。しかも複数回経験した人もいた。ジルもその一人だ。「首を刺されたときが一番ひどかった。でも翌日も仕事に行ったの——。当時は事件のことをなんとも思わなかったけれど、あれ以来ずっと考え続けていたら、一人で銀行に行くのが怖くなってしまったわ」(注9)。

また、別の女性店長は初めて賭客に傷つけられた体験を語ってくれた。「バーモンドジーのお店にいたとき、男性客に彼の予想よりも2ペンス少ない金額を払ったことがあってね。お金を手渡したけど、彼は私に投げつけてきた。そして店の外で待ち伏せして、私の顔を殴ったの」

男性スタッフにとっても女性スタッフにとっても、暴力沙汰は意外な出来事ではなく想定の範囲内だったようだ。「私は強盗にあい、刺された。だがそれも仕事のうちだ」（男性店長、ロンドン中心部）という話も聞いた。私が働いたのはおもにロンドンの貧しい地区だったが、この問題がもっと広範囲に及んでいる証拠がある。賭博店労働者の代理を務める組合「コミュニティ」の２０１２年の調査によると、賭博店労働者の50％が暴力で脅されそうになり、10％が過去12カ月間で実際に暴行を体験したという（Evans 2014による引用）。２０１１年、ある賭博店の女性労働者は組合にこう訴えた。

「20年間働いてきて、銃やナイフ、斧を持った強盗に9回襲われた。一件は私が妊娠中に起こった。強盗は、強盗除けのバンディット・スクリーンを粉々にして、私に銃を突きつけ、腹部に向けて引き金を引いた。弾がこめられていなかったからよかったようなものの、あの出来事は今でも頭から離れない。そんな目に遭ったのに、上司から勤務時間が終わるまで働けと言われ、挙句に質問攻めにあって非難された。それが忘れられない」（Percy 2011）

ベットフレッドのスポークスマンは、２０１２年の賭博店における暴力事件の申し立てに対して、『ガーディアン』にこう述べている。「私たちは、スタッフとお客様の安心と安全を非常に重くとらえています」（Murphy 2012）。

強盗経験を語ってくれた36人のうち7人は、雇用主である企業からカウンセリングやサポートの申し出があったという。そのうちの一人、ある女性はこう語った。「強盗にあったのは日曜日の遅くだった。カウンセリングを受けるように言われたけれど、本気で勧めているようには見えなかった。警察にも4回足を運んだわ。結局、会社の最大の関心事は翌日店を開けることであって、私のことなんて気にもかけていないということ。でも考えてみれば、彼らにとっては株主のほうが大事なんだから、当然と言えば当然かもね」

他の男性スタッフも同じ体験を語ってくれた。「冗談ですませようとしているのが見え見えのエリア・マネジャーが、私にこう言ったんだ。『まさか本気でカウンセリングに行くつもりじゃないだろうな？あんたみたいなタフな男が？』と。さらに『そんなくだらないことにかまけている暇はない。店を開けないといけないんだ。この世界に長く生きていれば、ついてない日もあるさ。でも立ち止まってはいられない。仕事に戻ることが一番だ。くよくよ考えたって仕方がないぞ』ってね」

ベテラン店長たちはどうだったか？　彼らは、自分の店で犯罪に巻き込まれることを恐れていた。「（たとえ被害者の側であっても）強盗にあえばあなたの名前が汚される。会社が最初に調べるのは、あなたなんだ。ばかみたいに大きなナイフが体に突き刺さってでもいない限りね。実際ジルはそんな目にあった。刺されたおかげで、彼女は会社に悪く思われずにすんだんだ！　つまりはそういうことさ。強盗だのなんだのは、ボスから見たあんたの評価を落とすだけなんだ」

私が出納係として働いた小規模な会社でセキュリティ責任者を務めるロバートは、この一連の流れを立証する話をしてくれた。

「強盗後われわれが最初に調べるのは現場にいた人物だ。たとえ前の職場を解雇された理由が不誠実だったとしても、正直に申告してくれれば面談はする。もし黙っていてばれたら、くびになるだろう。やめさせられたうちの90％、いや50％程度が何かをたくらんでいると上層部に思われたのが原因でくびになっている。私でさえ疑われるかもしれない！　上層部はそれを証明することはできないかもしれないが、相手の立場を難しくすることはできるということさ。だから次々とスタッフがやめていく。そういう理由ですばらしい人材を取り逃しているわけさ」

一方、個々の経営者やＡＢＢは、賭博店で起こる暴力沙汰の重大性を痛感している。そんなことがあると営業許可が脅かされるし、ＦＯＢＴへの世間の風当たりも強くなる可能性があるからだ。公式な数字の解釈は難しいが、ＢＢＣは「情報公開請求によって入手した警察の統計が示す通り、イギリスの賭博店での暴力犯罪は２００８〜２０１１年にかけて９％増加した」としている（BBC News 2012）(注10)。

その一方で、器物損壊の報告はほぼ半減している。この点についてＢＢＣの時事問題番組『パノラマ』は、「店での暴力事件を報告しないように経営者がスタッフにうるさく言っているからだ」と指摘している。ウィリアムヒルが社内で配った連絡票も、この推測を裏付けている。「マシンに対する暴力行為は、犯人の名前や職場がわかる場合以外報告しないように」とスタッフに求めているのだ。ウィリアムヒルは、連絡票はロンドン警視庁の承認を受けていると弁解したが（Murpy 2012)、私の調査協力者の見解とは微妙な違いがある。

「エリア・マネジャーは店で起こる騒動の愚痴をいちいち報告してほしくないのさ。店の評判が落ちるし、政府に営業許可を取り消されるかもしれない。誰かがマシンを壊したって？　それなら本社が翌日には新しい台を入れてくれる。たいした問題じゃない。いまや暴力沙汰も仕事のうちなんだ」

私たちとあの人たち

ＡＢＢのスポークスマンは、前述した『パノラマ』の指摘に対して次のように述べている。「ブックメーカーは、時代の主流となった余暇体験を毎年８００万人の人々に提供している。顧客の大部分は安全に責任ある賭けを楽しんでいる。繁華街の他の小売店と同じく、われわれはときおり反社会的な行為に直面するが、それは特定の商品に限ったことではない」（Peev 2012 内の引用）

しかし、私の同僚は「店の雰囲気の変化はマシンの導入が原因だ」と口をそろえて言った。いっしょに働いた47人のベテラン店長全員が、FOBTを置いてから店で暴力事件が起こる可能性が高まったと感じていた。14人のエリア・マネジャーもみな同じ意見だった。マシンが賭博店の客や設備に対する暴力を増加させたという考えを否定するのは、店の社会的イメージを維持する責任を負う人々だけなのだ。

私がともに仕事をした47人のベテラン店長のうち、強盗の被害にあった36人のだれもが「ギャンブル・マシンの導入によってささいな暴力行為がさらに増えた」と述べている。また、57人の店長に「店で客がマシンを手荒に扱うのはどの程度の頻度か？」とたずねたところ、20人が「毎日」、20人が「ほぼ毎日」、15人が「週に1回」、そして2人が「月に1回」と答え、「年に1回」と「1度もない」の回答はゼロだった。

こうした生の声を聞けたのは、私自身が賭博店で働きながら同僚の話を聞き、気張らない取材をしたからである。こういう暴力がどのようなものか、店長がそれをどう考えているかを目の当たりにすることができた。「マシンを店に入れたのがすべての始まりさ。昔は客にぶつぶつ不平を言われたり、ごねられたりしたものだ。それがいまでは強盗や小競り合いに巻き込まれる。それも仕事だ」（男性店長、サウスイースト・ロンドン）。

荒っぽい行為は、賭博店の雰囲気の変化や、スタッフと客の関係の変化に伴って増加した。とくに客との関係を苦痛に感じるスタッフは多く、この点についてベテラン男性店長たちは、私にこう説明した。

「実際、客がマシンを壊そうとしても気にならないね。気になるのは、馬券購入の手伝いをしていたわれわれが、刑務所の看守になり果てたことだ。強化ガラスに囲われたカウンターに閉じ込められて、客にののしられるだけなんだから――。客を利用して好き勝手に金を巻き上げていることをみんな知っているんだ。返す言葉もない。私はマシンが憎い。客は『大金をつぎ込んだのに』と言って私につばを吐き、マシンを殴りつける。私はそれを見て立ちすくむ。そして、こう自問するんだ。『自分はここまで落ちぶれたのか?』と。マシンにたまった金を見ていると、本当に店が憎くなるよ。貧しい連中が身ぐるみはがされにやってくるみすぼらしい穴倉みたいだ」

さらに、こう付け加えた。

「私は冗談を言って客とふざけ合うのが好きだし、気持ちのいい付き合いをしていた。店で馬と犬のレースを扱い、客とは何か通じるものがあった時代の話だ。それが、いまでは『私たちとあの人たち』だ。客から見れば、私たちは盗人で強盗だ。ただのマシンの調整係なんだ! だから客に『おまえがマシンに小細工したんだろう!』と言われる。客が首をぶった切りたくなるのも無理ないよ。向こうから見れば、私たちは客の金を盗んでいるのだから――」

私が働いた数店では、実際に荒っぽい行為がひっきりなしに起こった。マシンが置かれた一角からは、パンチにキックにののしり声がBGMのように断続的に聞こえてきた。それ以外の、たとえばアリヤの店では、大声を出したりマシンを蹴ったりすると、客がみな手を止めてそちらに注目したものだ。それでも現場スタッフによると、賭博店が進む方向は明らかだった。なにせFOBTの収入が右肩上がりで増加していたからだ。こうして店の営業時間は長くなり、スタッフは絶え間ない緊張にさらされ、しかも賭博店にスタッフを一人しか配置しない「ワンオペ」と呼ばれる時間も長くなっていった。

現在、ワンオペについては、イギリスで反対運動が進行中だ。2013年5月、ロンドン南部モーデン地区のラドブロークスの店舗で、アンドルー・イアコヴーが殺害されたのがきっかけだ。カウンターの下に横たわったアンドルーの遺体が発見されるまで90分もかかったのは、非常ボタンを押した彼の遺体が防犯カメラ映像の死角に入っていたからだ。この運動や2013年の議会の早期動議で注目されたにもかかわらず、2014年8月時点で、ウィリアムヒルのワンオペ業務実施店舗は2320店舗のうち2000店弱にものぼる。「リスクに応じたアプローチに基づいてコストの高騰を是正する」というのがその理由だ（SBC News 2014 内の引用）。

1日の終わり

閉店時間が近づくと、ロンドンの店はすっかり落ち着きを取り戻す。長い勤務時間がようやく終わりを迎えようとしていた。店長のジェーンも私もへとへとで、早く家に帰りたいと思っているが、店にはまだ客が二人残っている。一人はリチャード、もう一人は見知らぬ男性で、4時間ずっとFOBTで遊んでいた。

リチャードはホームレスで、店に持ち物を何日も置きっぱなしだが、ジェーンも暗黙のうちに了承している。ときどき店の床に靴が転がっていたり、食器棚の裏側に押し込まれたリュックサックがみつかったりするので、ジェーンにたずねると、「ああ、リチャードのだよ」と答えたものだ。そんなちょっとした特権を持ち、マシンで遊んでいる客にお金をせびるリチャードを私たちは黙認し、甘やかしてもいた。なんといっても彼は「無害」であり、賭博店にとって彼のような存在はとても貴重だからだ。

私たちはカウンター裏の端末で、彼の「新しいお仲間」が300ポンド以上使っていることを確認した。この新しいお仲間をどうすべきか、ジェーンと話し合った。「彼のもとへ行き、丁寧に『閉店です』と言おうか?」、それとも『閉店です』とカウンターの裏から知らせて、それでもやめなければマシンの電源を落とそうか?」といった話をしたが、見たところマシンにつぎ込んだぶんの元を取ろうとしているらしい。だとすると、プレーを中断されたくないだろうから、一人がカウンター内に留まり、もう一人が彼のもとへ行って「ひと声」かけることにした。文字通り貧乏くじを引いたのは私だった（私たちは細長く巻いた賭けの用紙で即席のくじを作り、ジェーンの手からそれぞれ引いた）。

カウンターの外へ出ると、一気に鼓動が速くなった。そこで同僚から教えられたことを、頭の中で一からおさらいすることにした。「女性らしく!」「親しみやすく!」「しつこくしない!」「99・9%の男性は女性を殴ったりしない!」といったことだ。私が近づくと、見知らぬ客はスツールから立ち上がり、スクリーンをみつめたまま言った。「あと一歩でも近づいてみろ。ナイフで刺してやる。本気だぞ」。うなじの毛が逆立った。リチャードはいささか驚いたようだ。それでも「閉店時間です。出ていって！30分前にも言いました」と、私はきっぱりと言い放った。ジェーンを振り返ると、励ますようにうなずいていた。

とても長い時間に思えたが、実際はほんの1、2分だっただろう。男性客が突然叫んだ。「失せやがれ！　おまえに言ってるんだ！」。私は身じろぎもせず、もう一度、今度はもっとしっかりした声で言った。「申し訳ありませんが店を閉めなければならないのです。すぐに警備員が店の様子を確認しに来ます（これは嘘だ）」

再び凍り付いたような沈黙が店内を支配した。ただマシンがたてる「カチッカチッカチッ」という音だけが響き、スピンが永遠に続くかに感じられた。ついにボールがスロットに落ちると、見知らぬ客は突然爆発した。勢いよくとび上がってマシンを自分のほうへ引き倒したのだ。リチャードと私はカウンターのドアへ走った。マシンはすぐに戻ったが、見知らぬ客はマシンを殴ったり蹴ったりしながら怒りにまかせて口汚くわめいている。そして怒りの爆発は、始まったときと同じくらい唐突に終わった。泣いているようだった。しばらくすると彼は店を出ていったが、あまりに激しくドアを開けたので下側のガラスが砕け散った。「頭がおかしいぞ！」。いっしょに安全なカウンターの内側に避難したリチャードが言った。

ジェーンがエリア・マネジャーに電話をして、ドアの損害を知らせた。エリア・マネジャーの第一声は「マシンは無事か?」だった。ジェーンは即座にこう答えた。「私たちは無事です、ご心配ありがとうございます!」。ジェーンがマネジャー相手にずけずけ話しているあいだに、私は思い切ってカウンターの外へ出て、賭博店など眼中にない買い物客が行き来する明るい通りへリチャードを追い出し、ドアに鍵をかけた。これでひとまず安心だ。

それに私たちは一人ではなかった。「もし私一人だったら、どうなっていたかな?」とジェーンが私に聞くので、私もお店があまり治安のよくないルイシャムやグリーンレーンにあったらどうなっていただろうと考えてしまった。ちなみに安全賭博協会の自主的な行動指針では、同じシフトのスタッフは帰宅時に二人ひと組で店を出て、あたりに注意し、暗い小路や明かりのともっていない出口は避けるべしと提案している。この指針にワンオペ業務のスタッフに向けたアドバイスは書かれていないが、おそらくビッグ・ポールの言葉「頭を下げて力の限り走る」が最良のアドバイスだろう。

また、2013年にABBが「イギリスの公認賭博店の責任あるギャンブリングと顧客保護に関する規定」を発表するが、これはメディアが政府にFOBTの賭け金の上限を引き下げるよう圧力をかけている最中のことだった(ABB 2013b)。同規定では責任あるギャンブリングを促進するためとして、以下のように明文化している。「スタッフに店内の巡回を強く求める。特定の賭客のふるまいに対応し、客と交流するためである」(ABB 2013b)。

本章では、ロンドンの賭博店の日常を紹介し、有害ギャンブリングを減らすための手段が実用的でないばかりか、危険ですらあることを明らかにしてきた。そこから見えてくるのは、ABBのアプローチは賭客やマシン、企業幹部、同僚と複雑な関係・立場にある賭博店労働者のプレッシャーを増すことにしかならないという現実だ。薄給なのにマシンの利益を最大化することを(積極的であれ消極的であれ)奨励され、売り込みがうまくいきすぎると今度は責任あるギャンブリングに賛成する姿勢を(建前上は)崩すなと指摘される。コンプライアンス担当者やギャンブル企業の上司のように、賭博店労働者は業界の都合にすっかり巻き込まれてしまっているのである。賭博店店長らが情報を共有し互いに支援し合うために創設したフェイスブック・グループの名前が「もう地獄など怖くない。私は賭博店で働いてきたのだから」となっているのも驚きではない。2019年7月現在、このグループには1万8046名のメンバーが登録している。

第6章 ブックメーカーの嘆き

固定オッズ発売端末（FOBT）が賭博店の態様をがらりと変えたのと同時期に、インターネットが「リモート」ギャンブルの世界を一変させた。電話を使ったごくまれな信用取引だったものが、頻繁に利用されるギャンブル形態に変貌したのだ。おかげで賭客は、取引所を利用したアービトラージ（訳注：ブックメーカーごとに違うオッズの差を利用して儲けを出す取引）に参加することが可能になった。また、イベントやレースの最中にいつでも賭けられる「インプレイ・ベット」という無限の市場も同時に誕生した。

一方、サービス提供側はどう変わったのだろうか。一言で言うと、運営企業のスタッフはいよいよ銀行員に近くなった。毎日何百万もの取引を処理し、金融サービスから拝借したアルゴリズムとプラットフォームを駆使して、リスクの高い商品と利益を生むシステムを作り上げるという仕事だ。また、オンラインの賭博商品が金融とギャンブルのすきまを占拠するようになったことで、リスクから利益を得る「適切な」方法についての議論も始まった。社会学者ヴィヴィアナ・ゼライザー（Zelizer 1979）がアメリカの保険市場の合法化で目の当たりにした動きと同じ、つまり境界線を引こうとする動きだ。

この章では、ウォリントン社（注1）を参考に、イギリスのブックメーカーの取引フロアで起こった出来事に焦点を当てる。具体的には、ギャンブル市場におけるオッズ決定方式がどのようにして切り替えられたのか、さらには業界が儲けるためにさまざまな分野の知識を活用し、客がリスクを負わされ、最終的に合法化されるに至る過程を探っていく。つまり、本章の目的は、ギャンブルの環境が変化するなかで、リスク、競争、公正さ、信頼、自由に対するさまざまな考えが、どのように育まれていったかを示すことだ。前述したとおりゲーミング産業の関係者は、自らの業務に社会的意義と価値を植え付けることに成功するが、インターネットが誕生すると、その業務が運任せであることが明らかになる。しかし、業界はひるむことなく続々と人を雇い、以前とは異なる前提に立って新たなシステムを構築し始めたのだ。このプロセスの結末は次の章に譲るとして、まずはオンライン革命前夜、競馬がまだまだ重要な収入源だったときに、ギャンブル市場が企業の本部でどのように作られたかを明らかにしたい。

1998年、人類学者のケイトリン・ザルームがシカゴ商品取引所の仕事を体験したのは、ちょうど立会取引がオンライン・システムに地位を譲る時期で、その変化は、私がウォリントンで目撃したのとまるっきり同じだ。ザルームの研究でわかるのは、証券トレーダーはこの変化を一つのシステムから別のシステムへの単なる移行とはみなさず、それぞれのシステムに異なる道徳的価値と社会的価値を見出していることだ（Zaloom 2006）。しかし、旧来の立会取引システムの擁護者は、立会のほうがそれに取って代わろうとしているオンライン・システムよりも安定性があり、効率的かつ流動的で、透明性の高い仕事ができると主張していた。

一方2007年、ウォリントンで仕事をしていた私は、一つの賭博方式が同じ危機を迎えるのを目撃した。長年にわたって支持されてきた、卓越した知識と市場独占に基づいた利益率の高い質的アプローチが、結局コンピュータ化された利鞘の小さい代替物に取って代わられたのだ。この変化により、『儲けるためには自らもリスクを負うべきか』が問われ、同時に『道徳観は幻想だ』とみなす動きに対する批判が巻き起こった。こうした動きが生じたのは、メインとなる賭けの対象が競馬からサッカーへ変化したこと、関連する仕切り役がオッズ・コンパイラーからトレーダーへ変化したからだ。

本章では、伝統的ブックメーカーがいわゆる「デジタル・ネイティブ」ではない点に着目する。じつはこのインターネットによる乗っ取りともいえる変化は、ギャンブル業界全体を一気にひっくり返したわけではないし、業界に刻み込まれた伝統や手法を一掃してそこに数字と機械を単純にあてがったわけでもない。業界の変化は、よく耳にする型通りの解釈とは違い、困難であてのない道のりをつまずきながらたどったのである。

崩壊

世界初のオンライン・ギャンブルは、1996年、フィンランド人のユッカ・フォンカヴァーラによって行われた。サッカーチーム「トッテナム・ホットスパー」と「ヘレフォード・ユナイテッド」の試合結果に50ドル賭け、手にした賞金はわずか2ドルだった。この世界初の取引を処理したインタートップス社は、典型的な国境を越えた取引として確立している。オンライン・ギャンブルのテンプレートも、それを体現するかたちで、デトレフ・トレインが設立したオーストリアのサービスであるアンティグアのライセンスを持っている。もとをたどると、イギリスで認可を受けたドイツ生まれのブックメーカーだ（iGaming Business 2008）(注2)。

スタートの段階で多くの起業家が参入したEコマースこと電子商取引と同じように、既存の企業（失うものがはるかに多い）は二の足を踏んだ。たとえば、ウィリアムヒルは1998年にオンライン・サービス「スポーツブック」を開始するが、信頼性が低いとみなされ、インプレイ・ベットを提供することはできなかった。そのために独自開発したソフトウェアも、2008年にソフトウェア・プロバイダーのプレイテックと問題の多い契約を結んだ際に、2600万ポンドの損益計上を余儀なくされた（Bowers 2008）。相方のプレイテックの事業は、それ以降好調だ。また、ラドブロークスも2000年にオンライン・サービスに乗り出し、5000万ポンドかけて社内技術の開発を進めた。その結果、2012年にはオンライン・ギャンブルを急成長させるが、ラドブロークスのデジタル利益は半減してしまう（Ebrahimi 2012）。そこでプレイテックと契約することで改善を図ろうとするが、時すでに遅く「ベット365」等のオンライン専門業者やウィリアムヒルの後れを取ってしまった。

私がウォリントン社で実地調査を開始するのは2007年だが、それは同年9月に発効する予定の賭博法の影響を明らかにするためだった。しかし、調査を開始すると賭博法による影響は賭け金への課税から利益への課税に変更される点だけだったので、重要性は低いことが判明した。それよりも、私の目の前で起こった業界の革命、つまり「小売り」（賭博店で競馬やドッグースに賭けること）からオンライン（当時は「電子ゲーム」と呼ばれた）への大転換のほうがよほど緊急性が高く、かつ劇的な変化だった。専門知識や、店と客との内輪の関係に基づく目に見える形の賭博から、アルゴリズムやデータを駆使して不確実性に儲ける抽象的なシステムへと変わりつつあるなかで、伝統的な賭博方法は消えかけていたのである。

もちろん、旧式のシステムの関係者も闘わずして倒れてしまったわけではない。一連の構造改革と配置転換のなかでも、しぶとく生き延びていた。それは、人が関与せずに「プライス」（ブックメーカーから賭客に提示されるオッズ）を決めることがほんとうに可能なのか、誰にも見当がつかなかったからで、万が一に備えて、従来のシステムを熟知する古参の関係者が会社に残されたわけだ。しかし、現実は廊下を右往左往して「私たちはあっという間に落ちぶれる」と誰かれかまわず告げて回るだけだった。取引フロアでは、人と機械による計算、内部情報、「心のフィルター」、「第六感」、そしてアルゴリズムが、耳障りな音を立てながら場当たり的に連携していったのである。

実地調査では、まさに初日からウォリントンの混乱が明らかになった。出迎えてくれたのは陰気なオッズ・コンパイラーで、私がイギリスのレース関連の日刊紙『レーシング・ポスト』で見習いをしていた時代に知り合った人物だ。「ようこそ！」と彼は言った。「あなたは賭博の終焉を目撃しているんだ。あの連中の言い分が通ったら、近い将来私は非常に魅力的なロボットに取って代わられるよ。ロボットには競走馬の見分けもつかないのにね」

これが、私が集めた数多くの証言の第一号だ。私の調査の主題は賭博数の拡大と、それに伴って賭けの対象が伝統的な競馬やドッグレースからスポーツ全般へと変わろうとしていることだったが、元同僚はEメールの使い方も知らなかった。当時はそんな人たちがまったく知識のないオンライン上の対戦のためにオッズを設定していたのである。実際、こんなことがあった。調査を開始した時、ウォリントンのオフィスはコンピュータでいっぱいだったが、翌週にはからっぽになっていたのだ。まったくの素人が買いつけた「不良品」だったからだそうだ。スタッフが議論をしていた会議室も、最初は個人オフィスだったが、その後広々としたオープンプラン・オフィスにするため再び間仕切りが取り除かれた。スタッフの職種もしょっちゅう変わった。まさにカオス状態だった。

そのため誰もが互いをみつけられず、しばしばミーティングは遅れた。みなミーティングがどこで行われるのか、他には誰が参加しているのかさえ知らなかったからだ。なんとか目的地にたどりついても要点がわからない、参加する意義すらわからないミーティングも多かった。こうした混乱が、スタッフにどんな影響を与えているのか。コーヒーショップや共用エリアにいると、自己認識や仕事観にも影響を与えていることがはっきり見えた。ある上司は、彼らはもはやブックメーカーで仕事をしているのではないということを、次のように表現した。「この先ずっと、ブックメーカーはテクノロジーのビジネスになる」。私の元同僚のように携帯電話すら持っていない人間にとっては、奇異に思える暗示だ。

馬からスポーツへ

ウォリントンの本社は、大都市のはずれにそびえたつ不格好なビルだ。私を案内してくれたのはビルとジェフで、二人とも20年以上の経験を持つベテランだ。そのため、新型スマートフォンを早々と手に入れるタイプの販売マーケティング部門のライバルからは「根っからの化石」と呼ばれていた。ビルもジェフも、二人が所属する独立部門、ベット・アクセプタンス・センター・アンド・トレーディングを「この会社の中枢だ」と誇らしげに語った。ビルは、ここ2、3年の「とてつもなく大きな変化」で伝統的な店頭の（ＯＴＣ）賭博が減少し、ＦＯＢＴや電話ギャンブル、インターネット・ギャンブルの重要性が増したと語気を強めて言った。「ほんの3、4年前まで、Ｅゲームなど存在しなかった。それがいまや店のフロアいっぱいを占めている」と早口でまくしたて、賭けの対象も馬からスポーツへ移ったと強調した。

「賭けの受付電話は、７カ月間で7万１０００件だったが、10年前はすべて競馬だった。夜間のレースはなく、午後に2本開催されていた時代だ。チェルトナムにはわくわくしたよ。それがいまは、１週間に６００件のスポーツ賭博と４００件の競馬を受け付けている。賭けと言えば馬と犬しかなかった市場から、莫大な種類の市場へと移ったんだ」

さらにビルは「まったく信じられないよ。ここまで拡大するとはね。いまや週末ともなると賭けの対象は2500レースにのぼり、それぞれのレースに7カ所の取引所を通して賭けられる。ほんとに考えられないよ」と不信げに言っていた。しかし、あれからわずか5年しかたっていないのに、レースを受け付ける取引所は120カ所以上に増え、いまだに増え続けている。もちろん種類も賭けイベント数の増加に伴って多様化している。カジノ企業の本社を占有するのは、競馬専門家やクリケット、ラグビーをちょっとかじったサッカー専門家だけではなく、ありとあらゆるスポーツが存在している。ビルは私を上階へ連れていき、小さな国旗を眼前に置いて座るスタッフの列を見せながらこう説明した。

「スポーツのオッズ・コンパイラーは、3人ですべてを回していた。それがいまでは、ここはまるでバスターミナルだ。それぞれの専門分野に分かれ、それぞれがオッズを決定できる。クリケットやアメリカン・フットボール、バレーボール、バンディ、自転車、自動車レース、ハンドボール、スカンジナビアのスポーツ全般など、特定の分野の責任を負うんだ。ここは国連そっくりだよ」

しかし、当時のオッズ設定部門は、追加業務やころころ変わる手順の重圧ですでに破綻寸前だった。ビルはそうした混乱も、既存のシステムの延長線にある一時的なものと考えていたようだが、パラダイムシフトはとっくに起こっており、まだまだそれが現れていない部分もあるということだった。たとえば、2007年時点でもコンピュータ化されていない負債計算システムが存在していた。特筆すべきは、ベット・アクセプタンス・センターが「賭け帳」を使って大口の賭けを記録し続けていたことだ。「私たちには、すべてを記録したレッド・ファイルという生きたデータがある。1冊はゴルフとクリケット用、1冊は13人制のラグビーリーグと15人制のラグビーユニオン用、そしてもう1冊は、その他スポーツ全般用だ。それ以外はブラック・ファイルで、最優秀アルバムに送られるマーキュリー賞は誰が取るか、数人の共同生活を放映するリアリティ番組『ビッグ・ブラザー』で誰が脱落するかといった賭けをまとめてある。ほかにもアメリカのスポーツ用の賭け帳もあるよ」とビルは説明した。

この新旧のシステムが衝突する流動的な場所では、オッズの決定方法は微妙なハイブリッドにならざるを得ない。そんななか、古色蒼然たる競馬は唯一無二の風格を保っていた。この分野のオッズ設定は、いまだに大きな儲けにつながる由緒正しく知的な作業とみなされていたのだ。オッズ・コンパイラーは高度な知識を持つ専門家で、なかには多くの企業から引っ張りだこの有名コンパイラーもいた。彼は服装に無頓着で、他人との交流を放棄したはにかみ屋と称されていた。ビルは、彼らにも聞こえる場所で彼らを「奇妙な果実」と呼び、「このビルが火事になっても、連中は気がつかないだろうね」と付け加えた。

たしかに競馬を扱うデスクは時代に逆行している風だった。電話はあるがコンピュータはなく、周辺には過去の賭博店の残骸が散らばっていた。タイムフォーム社の競走馬指標「タイムフォーム・レーティング」や『レーシング・ポスト』紙、書籍の山、リンゴの芯、チョコレートの包み紙、汚れたティーカップなどだ。そのデスクを、ビルは「エンジンルーム」と呼び、こう説明した。

「すべてはエンジンルームから始まるんだ。来る日も来る日もね。各レースの初期オッズは9~10時、遅くとも11時半には出るので、私たちはそれを向こうの出走馬確定前デスクから手に入れるわけさ。あそこでは四六時中過去の競走馬の成績表を見ているんだ。もちろんオッズは、ある馬が勝つチャンスに対する私見でしかない。一つずつレースを選び、3人の私見が一致すれば『決定』だ。そうやって馬ごとにオッズを読み合わせているのさ」

競馬は競馬担当デスクが市場の情報源となる「ティッシュ」を設定することから始まる。「ティッシュ」とは、各レース、各馬につけられる「最初のオッズ」、つまり「初期オッズ」のことだ。子どもが初めて発する「初語」のようなものであり、その後の予想の拠り所になる。したがって、オッズを読み間違えるとブックメーカーは莫大な負債を負うことになる。一方で、賭客を魅了する競争力がなければ客は賭けてはくれない。この関係性を、ビルはこう表現した。「もっとも激しくオッズが変動するのは、レース市場が形成された初期の段階なんだ。それを読むから競馬デスクは高給取りなのさ」

たしかにティッシュは重要な情報を含むメッセージだが、かつてウォリントンが最低オッズをつけた馬が勝ったことがある。その時、チャンネルフォー・テレビの番組で、競馬評論家のジョン・マククリリックは何と言ったか。彼は耳障りな声で「彼らはお見通しだったんだ!」と叫んだのだ。その一方で、目利きや事情通がティッシュのおかげで、市場が「話し」始める前に価値の高い情報を得ることができるのも事実だ。ティッシュは、レース情報を知ったうえでの予測で、レースのタイプや馬場、天候、調教師、ジョッキー、馬の品種や血統といったさまざまな条件を基にしている。つまり、ティッシュが示唆するのは、そういった判断が「なされ得る」、そして「利益になり得る」という解釈なのだ。

ビルと二人で、まるで多くの賞をとった牛でも見るようにオッズ・コンパイラーを調べていたとき、ビルがこう言った。「他の企業は、私のスタッフがほしくてたまらないだろうね。彼らは年間300～400万ポンドを簡単に稼いでくれるから—」。初期オッズを利用するのは賭客だけでなく、ビルやジェフが「シェイディ」とか「シュルーディ」と呼ぶ怪しげな連中もいた。「シェイディ」に分類されるのは「ズルはしない」「目が利く」「プロ」だ。一方「シュルーディ」は、競馬について多少知っている（あるいは知っているつもりでいる）賭客で、「ごまかし上手」「罰当たりなことをする」あるいは単に「悪党」に分類されるが、大半は「悪党」に入るようだ。

いずれにしてもオッズ設定のもとになる知識に対する社会の認識は、一般的な型にはまったものでしかない。つまり、『競走馬やレースに関する知識と経験が豊富な者が下した判断には価値があるだろう』という考えだ。かつて株式の市場価値が、取引される商品の価値に基づいていた時代の論拠と同じである。しかしレースが近づくと、異なる理屈に基づいて、異なるプロセスが展開する。オッズはブックメーカーや電話、インターネットを介した賭け数を反映して変動するだけではない。社会学者アーヴィング・ゴッフマンが言う「アクション」、つまり賭客の掛け金を都合よく増減させるためにも変動する

（ゴッフマン参照）。

このプロセスではオッズの設定とは違い、賭けの対象であるイベント自体の価値に重点は置かれない。単に「集まるお金全体の重み」に焦点を当てているだけだ。これは、いまやギャンブル市場にとって生命線と言える内部論理だが、いまだに市場はティッシュとの関係を保ち続けている。レースでひと儲けしたい賭客にとって、重要な情報の一つと考えているようだが、市場自体はそろそろティッシュから離れようとしている。「シェイディ」や「シュルーディ」をはじめとする、他の情報源からの知識や戦略で賭うことができるからだ。そして、こうした知識やオッズへの影響を管理するのが、ベット・アクセプタンス・センターなのだ。

賭けの許可？

ベット・アクセプタンス・センター（6人の男性スタッフが囲む大きなテーブル）では電話がひっきりなしに鳴り、ウォリントンの店頭で客がなんらかのイベントに賭けたことなど、さまざまなことを知らせてくる。電話は「賭けの許可（PTL）」を利用して賭博受付量を管理する店長からだ。PTLはスタッフ研修の基本で、すべての出納係がノウハウをたたきこまれる。私が研修期間中に書いたノートを見直しても、「店では客からのすべての賭けを受け付けるわけではない」、「店にふらりとやってきた見ず知らずの人が、高オッズのイベントに大金を賭けようとしても受け付けない」といった記述が繰り返し出てくる。ビルは、こうした問題を次のひと言で解決した。「この仕事は慈善事業ではないんだ」

「賭けの許可」とは、特定の金額以上の賭けが発生した場合、店長はベット・アクセプタンス・センターに電話をして許可を得なければならないというルールだ。実際、各店舗のカウンターの背後に上限賭け金の一覧表が目につくように貼られているし、店舗で賭け受付に使われる電子ＰＯＳシステムの画面上にも表示されている。なお、賭けを受け付けるかどうかの判断は、対象イベントや賭けの種類、市場、賭客の記録に基づいて行われる。

レース市場を理解するために、ビルはよく「記録帳」を使っていた。およそ５００店舗について寸評を記したオリジナルの手帳だ。「スタッフがしていることを書き留めるなど、店の状況が把握できるまでメモを増やしていくんだ。店にはティッカー（訳注：文字列が流れるように表示される装置）があり、実際の賭けの状況が流されている。そこから展開していくパターンがわかれば、二つの市場を結びつけて考えることができるからね」

電話の内容は多彩で、途切れることはない。スカンジナビアで行われるサッカーの試合やツール・ド・フランスの賭けから、麻薬のうわさで再び延期になったポーツマスとフルハムの試合開始時間に賭けたいというリクエストまで多種多様だ。ビルは、リーグ優勝チームと2部降格チームへのアキュムレータ（訳注：勝ち金を次のイベントに繰り返し賭けていくこと）を「ごく少額の賭け金で」受け付けた。二つの市場が関連している賭けには、あまり深入りしたくないということらしい。

こうした賭けの大半は、30秒以内にビルが直接受け付ける。テーブルにはビル以外に5人のスタッフが座っているが、ほとんどの場合、最初にビルが電話に出るからだ（彼は電話が鳴ったら6秒以内に出るべきだと言うが、私は2秒以上電話が鳴っているのを聞いた覚えがない）。

ときおり、注意を要する案件が入ってくる。たとえば、25／1のオッズに1000ポンドといった賭けだ（訳注：これで勝つと払い戻しは2万6000ポンド）。「ロイヤルアカデミーに1000ポンド」とテーブル越しにニックが言うと、ビルは「高いオッズには理由がある。だから受けろ」と言った。「こっちも1000ポンドだ」と、今度はアーサーが言うと、ビルは思案顔でこう言った。「同じ馬に？　どの店だ？　ロンドンの店なら客の手書き文字を見てみよう」

ビルの場合、賭博店の出納係が電子POSシステムで読み込んだ客の記入票を見ることができる。ビルにはいつも驚かされる。彼は何百人もの賭客の手書き文字を、明らかに筆跡をごまかそうとしている文字でさえも、判読できるからだ。彼は、このロイヤルアカデミーに大金を積んでいる賭客が新規客なのかどうか、次のように自問して判断するという。「この文字は前にも見たことがあるか？　この人は自分がしていることをちゃんと理解しているだろうか？」。そして、最終的にビルは「彼女に25／1のオッズで500ポンド、残りは16／1か20／1にしよう」と結論づけた。

PTLと「監視」

ＰＴＬ以外にも、ビルは数々のテクニックを駆使して賭けのオッズを管理していた。「良い」賭客（敗者）の気を惹くと同時に、負債を膨らませないよう「悪い」賭客（勝者）の取引を制限するためだ。こうしたテクニックは利鞘の大きい賭博の伝統的なビジネス・モデルと言えるが、ギャンブル企業の負債管理には大きく二つの方法がある。ＰＴＬと「監視」だ。この仕組みについて、ビルは次のように私に説明した。

「私たちは1万8000人の顧客を監視してきた。得意客も監視対象だ。新規客から賭けを受け付けると、詳細を調べて『目の色は青』『n』などとファイルに記録する。『n』はまだ評価中の新規客（new）、『u』は利益にならない（unprofitable）という意味だ。われわれの店を使うのは、よその店より良いオッズで賭けられるからかもしれない。不実な夫みたいなもので、客は儲からないとわかれば、賭博店をさっさと乗り換えるからね。

もちろん客が来てくれるのは歓迎だし、うれしいことだが、たとえば7／2の初期オッズで3000ポンドと言われたら許可しないかもしれない。なぜなら（ライバル会社のオッズは）3／1かもしれないからだ。そうした客は巨大スーパーへやってきて豆しか買わないので、ビジネスの足しにはならない。だから初期オッズの許可は2000ポンドにして、残りはスターティング・プライス、つまり締め切り時点のオッズで受け付けることにするんだ。また、『p』の印は儲かる客（profitable）、『e』はエリートの『e』で高い賭け金、高い負け率の意味だ。彼らにはアスコット競馬のチケットでも何でも望むようにさせて、おもてなし課へ送り込むのさ」

こうした下準備によって、リスクは限りなく回避される。さらに特定の高額賭博は受け入れ、「利益にならない客」（常勝客）の賭けは制限するといった具合だ（「イーチウェイ」こと単勝と複勝のセットベット市場は、とくに慎重に管理されている。小規模なレースは顧客にとって「お買い得」かもしれないからだ）。

これと同じシステムがオンラインの債務管理にも使われていた。ビルの説明はこうだ。

「インターネットの賭けイベントの場合、イベントや市場の特徴によって制限を設けるが、通常、顧客はイベントで最大限の賭け金が許可される。たとえば、今日のキャタリック競馬だったら1000ドルの賭け金でも受け付けてもらえるかもしれない。そうやっているうちに、だんだん自分の客の特徴がわかってくるからだ。みんな最初は1・0のランクから始め、儲かる客とわかったらランク2・0、つまり賭け金の上限を2000ポンドにする。さらに儲かると思えば5・0にという具合に上げていく。逆に目端の利くプロには0・5か0・01のランクしか許可しない。本気で彼らの賭けを阻止したいときは、ランクを0にして、本人に電話で知らせるんだ」

今振り返ってみると、2007年のレース市場は多種多様な情報を絶えず検討することで成立していた。私の調査ノートには、次のように記録されている。

「みんなで『ビッグ・ブラザー』について話し合っていると、ビルに電話がかかってきた。その馬の初期オッズは7／1。今は4／1で、7000ポンドの賭け金の調査をしているとのことで、ビルは客に4／1で1000ポンド、3／1で6000ポンド許可することにした。彼は客にあきらめさせようとしたわけだ。しかし、客はその提案を受け入れ、結果的に私たちは1万8000ポンドの負債を抱えることになった。もちろん過去を振り返れば、そんなふうに成功する賭客ばかりではない。私たちはおしゃべりに戻った。

すると、今度はA氏から電話だ。彼はランク0・1の客で、競馬で6000ポンド賭けたいと言う。彼のプロフィールを調べると、これまで使った賭け金は総額500ポンドに過ぎない。それが今日は1日で7000ポンド賭けようとしていた。いったいどういうことだろう！　しかも彼は87歳なのだ！私たちはティッカーにより、時系列で一つ一つの賭けを確認していった。するとオッズ7／1に賭ける多くの赤文字（50ポンド台と100ポンド台）が流れていった。

次の客は1・1のランクで、イーチウェイ（単勝と複勝との両方に賭ける）に250ポンドだった。ビルが「彼の賭けを情報として様子を見たい」と言っていると、すぐに0・05の客から「イーチウェイに1000ポンド」というオファーが入ってきたので、ビルはもっと低い賭け率を提示した。6／1では受けないだろうと考えてのことだったが、玄人はだしの相手は受けた。ビルはだんだんいらいらしてきて、10時15分にオッズを5／1に変えるが、相手は変わらず5／1で受ける。その後は10時27分に4／1に変更し、10時42分の87歳の客のあとは3／1にした。すると大勢の客がそれに少額を賭け始めた。あの0・1の客も6／1のあとで賭けている。オッズは11時30分には3／1に、そして最後は5／2になった」

賭博市場は、自由に飛び込み参加できるわけではない。賭博店にふらりと立ち寄って札束をぴしゃりと置き、お気に入りのヘイドック競馬に大きく賭けることはまずできない。とくに、本命馬並みの「好調な記録」があればなおさらだ。業界のビジネス・モデルは、負け客を惹き付けて離さず、勝ち客の賭けの申請を却下することで成り立っているのである。

取引の打ち切り

ブックメーカーは、PTLと監視で負債を管理しているだけではない。「利益にならない」状態が続く賭客のギャンブル用のアカウントを完全に停止するという強硬措置もとっている。これはプロにとってはもちろん、成功した賭客にとっても、フラストレーションの元凶だが、ビルに言わせれば、あくまでも優れた管理法でしかない。「こっちが痛手を受け続ける義務はない。コストがかかるとわかっている取引を受けるなんて無駄だ。とはいえ、しょっちゅう取引を断るわけではない。賭客が有利になるとわかっている場合だけ取引を打ち切りにするんだ」

ビルは賭客宛てに送った手紙を見せてくれた。それ以来、私は取材相手からそういう手紙を集めることにした。みんなたいてい大勝したあとや小さな連勝後にアカウントをあっさり閉鎖され、運営企業から手紙を受け取っていた。私が知っているアカウントの最高残高は3万８８４８ポンド60ペンスだった。「これでは仕方ありませんね！」と私はその手紙を受け取った本人に言った。だが彼は腹を立てて「ばかな！」と答えた。「公明正大に勝った金だ。それなのに、私が勝ったからといってアカウントを停止するなんて、とんだ茶番だ！」

実際には、大半のアカウントが７８６７ポンド、３４５ポンド、１４４ポンドといった具合に、はるかに少額で閉鎖されていた。ブックメーカーが異なれば、勝者に対する容認レベルも異なるようだ。とは言え、競馬デスクで目撃したアカウント停止の決断は、かなり非体系的に思えた。おそらく何の釈明もいらないからだろう。それは手紙の文面からも見て取れる。「この決断は最終的なものです。さらなる情報をお求めの際は、わが社の条項と約款をごらんください」。わずか6ポンドの儲けで客の口座を停止したときは、さすがのビルも「良い気はしない」と言っていた。

この賭博市場の問題だらけの特徴から逃れる方法を、執念でみつけた賭客がいる。伝説のアイルランド人パンター（賭け人）にして競走馬の調教師兼オーナーのバーニー・カーリーだ。彼は大勢の人を雇い、自分の代わりに賭博店で少額の賭けをさせていたのだ。1999年の夏、私もあるプロのパンターの代わりに何回か賭けをし、ボスの元手に数ポンド上乗せすることができた。そのおかげで私の奨学金も2倍になり、普段なら高すぎて手が出ない競馬場のピザとシャンペンという女王様のような生活をすることができた。しかし、そんな生活も数カ月間で終わり、かつての平凡な収入手段に戻らねばならなかった。お金でいっぱいのカメラバッグを持った若い女性（私のこと）は、ただ者ではないということが、競馬場のブックメーカーに気づかれ始めたからだ。

ヘッジ・ベッティング

おもに個人の賭客を相手にしていたビルとは違い、ウォリントンのトレーダーたちは市場全体を見ていた。店舗、電話、オンラインで扱われる賭けイベントの負債すべてだ。ウォリントンに27年間在籍するトレーダーの責任者ジェフは、自分たちの仕事についてこう語った。

「企業側から見ると、利益を守るための道具が必要だ。それが私たちトレーダーの仕事だが、一般的なイメージとは違い、私たちも負けることがある」

「私個人は、電話とインターネットで仕事をするため、調査ノートには電話とインターネットを介したあらゆる賭けを記録している。店頭の賭けはただのサンプルだ。朝のあいだに、電話トレーダーが負債額を決め、レースが近づくと小売りが始まる。（中略）実際には、店で扱う賭けのほうがかなり多く、その負債は15万〜20万ポンドだ。一方、電話やインターネットの負債額は3万4500ポンドに過ぎない」

つまり、当時はまだ店頭の負債額がインターネット上のそれを5、6倍上回っており、言わばジェフの望み通りの市場が形成されていたわけだ。レースが近づくと、彼は多くの条件を査定したという。

「何も対応しない可能性もあるが、通常、レースの質や馬場のタイプ、さらには天候にも左右される。晴天より雨天のほうが、こちらにとっては好都合だ。もう一つ、ビジネスがうまくいっているかどうかにもよる。そこまでまあまあの取引数だったら、大きな負債を負うこともある。

レースの質に関しては、それぞれのレースごとに動向を分析する。おおまかに言うと、出走馬の能力に合わせて負担重量に差をつけるハンディキャップ・レースと、それ以外に分けるんだ。ハンディキャップ・レースは勝ち馬予想が難しい。負担重量のおかげでどの馬が勝ってもおかしくないからね。そういう意味では、ハンディなしよりハンディキャップ・レースで負債を負うほうが、私たちにとって気が楽なんだ。たとえばキャタリック競馬場のレースの売り上げが一定割合になっても、アスコット競馬場のハンディキャップ・レースがそうはいかないのは承知のうえさ」

２００７年、ウォリントンの取引の約80％が「ＳＰ」こと「スターティング・プライス（オッズ）」で行われたものだった。つまり、ブックメーカーは勝った賭客に対して、「レース開始」直前の「下見情報」で決定されたオッズで払い戻していたわけだ。スターティング・プライスのシステムが作られたのは１８７４年、競馬場外でも馬券が買えるようにするためだが、当時は競馬場敷地内に立ち並ぶ賭博店のブース（ベッティング・リングと呼ばれた）が、出走馬の人気を測る最良の目安だったのである。

今や競馬場内と場外の賭博店の関係は逆転しているが、いまだにスターティング・プライスは健在だ。「一般に場内のベッティング・リングのブックメーカーの情報を参考にした高額の賭けに適用されるオッズ」と定義されている。この場合の「高額の賭け」とは、５００ポンド勝つための賭けという意味だ。ただし、このシステムは絶対確実なものとは言えない（Wood 2013）。ジェフはこう語る。

「出走の約15分前に、競馬場の『下見情報』を手に入れる。現場のスタッフが場内のブックメーカーが出すすべてのオッズをボードで確認し、その平均値を送ってくるんだ。彼らは報道関係者のような役割だが、いまでは秘密情報部員だ(注3)。そしてレースが終われば、スターティング・プライスで払い戻す。業界全体がそうやって回っているんだ」

ジェフが負債額に満足しなかった場合、残された選択肢はただ一つ。それはヘッジ・ベッティングという保険だ。ジェフの説明はこうだ。「たとえばリオ・タフェタという馬のオッズが６／４で、このままだと負債が大きくなりそうな状況だとしよう。そうした場合は、場内のスタッフにある程度の予算をまかせて賭けをさせるんだ。うまくいけばオッズが変わって6／4よりも低くなり、保険で賭けた金額よりも負債を小さくできるという寸法さ。

ただし、この手がつねにうまくいくとは限らない。とくに競馬場内の市場が強いときは難しい。それと大規模な競馬では、この手は使えない。アスコット競馬場で、たとえば6／4のオッズをもっと低くしようとしても、場内のスタッフが必要とする賭け金がそれなりの額になってしまうのでペイできないんだ」

さらにジェフは、ヘッジ・ベッティングには細心の注意が必要だと言う。場内のブックメーカーが『オッズを変えずに賭け金を着服しているだけ』かもしれないからだ。そうした確認も含めて、ジェフはこう説明した。「私たちは敗者を市場に送っているだけではない。生きた資金も注入しているんだ。そうしなければ、現場のブックメーカーはヘッジ・ベッティングだとすぐに気づいて、オッズを変えないかもしれない。そんなふうに気づかれることは、何としても避けなければいけないんだ」

ブックメーカーのビジネス・モデル

2007年の夏になっても、ブックメーカーは相変わらず昔ながらの斡旋業者として立ち回っていた。高リスク負担を抑制することで負債をコントロールするのが主な業務だが、もう一つマーケットメーカーとしても活動していた。競馬場内の市場に介入することで、賭博店の負債を抑制するためだ。

「競馬場内の市場は、場外の市場よりはるかに規模が小さい。だから賭け金総額300万ポンドの競走馬が勝って、4／1だったオッズが最終的に9／2になったりしたら大変だ。オッズが動くたびに20万ポンドの負債がのしかかってしまう。（そこで）私たちは外部スタッフを通して競馬場へ金を送り、賭けに参加させる。もちろん、この1万か2万ポンドの負債を補うのは、その馬が獲得する賞金ではない。オッズを変動させるための金だ。たとえばオッズを1ポイント削れば、それだけで400万〜300万ポンド節約できる。不公平と言う人もいるが、市場のサイズの違いを考えてほしい。それに、これで他の馬が押し出され、そのうちの一頭が勝てば、もっと高いオッズで払い戻される。私たちが利益を得るには、常に負債を3〜3・5％に抑えなければならないんだ。7年間かけてようやくコンピュータ化されたので、かなり楽に抑えられるようになったよ」


過半数のレースに課される高いマージンを意味する「オーバーラウンド」（出走馬すべての勝利の確率の合計で、レースから得るブックメーカーの利益性を意味する）は、賭客が信頼の置けるブックメーカーに合法的に賭けるために支払った掛け金から出る。このビジネス・モデルは賭博店経営の経済学に基づいている。

「1ポンドごとの粗収入を16〜18％とすると、諸経費を含めた店舗経営コストを差し引いた残りは3ペンスになる。これが純利益だ。もちろん常に3ペンスを確保するのは至難のわざなので、2・7〜4・15ペンスの間に収めることになる。重要なのは、この3ペンスをいかに慎重かつ有効に管理運用するかであり、すべてのシステムがコンピュータ化されたのもそのためだ。かつて負債はただの世論調査のようなものだったが、いまでは何が負債になったか正確にわかる。つまり、競馬場に金を送ったり、ライバルを妨害したりすることで、丸損を防ぐことができるようになったのさ」

ここで言うコンピュータ化とは、電子POSシステムのことだ。2000年に店舗に導入され、各店舗のすべての取引が初めて記録されるようになった。この機械化の第一段階で、ビルとジェフはより適切に負債管理ができるようになり、いっそう利益を生み出すことが可能になった。さらに第二段階では、賭け取引所に対してイベント中も賭けることができるインプレイ・ベットが誕生する。これにより賭客は選択肢が増え、ブックメーカーのリスク管理にも革命がもたらされた。

技術革新、なかでもブロードバンドとスマートフォンの出現によって、今やオンライン賭博は誰でもできるようになったが、かつてはイギリスの大多数の賭客が同じ商品を同じオッズで提供するブックメーカーから1軒を選ぶという、厳しい選択を迫られていた。当然、どの店も「利益にならない」取引は拒否した。問題は、その方針がいまも実践され続けていることだ。この方針について、ウォリントンの取引責任者は2012年のダブリンの協議会で、こう説明した。

「あなたが常連客でブックメーカーの鼻を明かしているとしたら、いずれ賭けへの参加を制限され、どの店でどのように遊ぶかを考えなければならなくなる。私はそれを情報として役立てる。株主は、常に利益を求めるからね。あらゆる取引を監視しているウォリントンの取引受付チームのスタッフは、手書き文字も判読できるんだ。つまり、あなたが小文字の『j』をどんなふうに書くか知っているのさ」

2007年時点では、まだオンライン、電話、店頭のいずれであろうと、「成功取引」が賭博の許可(PTL)と監視の対象とされていた。そのためスターティング・プライスは場外ビジネスの影響を受け、オッズは賭客に不利な状況だった。そこへベットフェア社が登場し、オッズ設定の方法を根底から覆してしまったのである。まさに既存のブックメーカーの優位性が吹き飛ばされ、支配権がブックメーカーから賭客へ移行した瞬間だった。

ベットフェアの裏切り

2000年、元トレーダーのアンドリュー・ブラックとエド・レイはベットフェア社を設立し、ロンドン市内で棺のパレードを行った。「ブックメーカーの死」を宣告するパレードだ。

「個人対個人の賭けが、インターネットの得意分野なのは明らかだった。たしかにベットフェア以前にもそれを試みた者は大勢いたが、私たちの斬新なビジネス・モデルの特徴は、株式市場のように端末の画面上でオッズを確認できることだ。実際、株取引の仕組みはオッズでも機能したし、これを皮切りに革新的なことがどんどん行われていったんだ」(アンドリュー・ブラック、Bowers 2003内の引用)。

ベットフェアが可能にしたのは、ブックメーカーの仲介抜きで、賭客が互いに直接賭けることだ。株取引のように、オッズを提示する人とそれを受ける人をマッチングする場を提供したのである。この動きに対して当初、歴史あるブックメーカーは冷静だった。『レーシング・ポスト』のジャーナリスト、ジム・クレミンも、同じ意見だった。「ベットフェアがラドブロークスと張り合えるのは、新聞報道のなかだけだろう。現実世界では、通常の賭客はいまもこれからも、賭博店で現金を賭けて遊ぶのだから—」(Cremin 2003)

しかし、彼らの予想は見事に覆される。ベットフェアの事業が軌道に乗り始めたのだ。そうなるとブックメーカーもその存在に注目せざるを得なくなり、彼らはめずらしく共同戦線を張って対抗に乗り出した。2003年9月までに、ベットフェアがとりまとめた賭けの総額は5000万ポンドに達し、まだまだ成長すると予想されていたからだ。激しい闘いの火ぶたは、こうして切られたのである(Davies 2013)。

競馬ジャーナリストのリチャード・エヴァンズは、この顛末をこう表現している。「この比較的新しい形態の賭博が大通りの賭博チェーン店を脅かすことはないとの主張は、無遠慮にゴミ箱に捨てられた」

（Evans 2002）（注4）。

当時、ブックメーカーが闘う相手は、ベットフェアだけではなかった。すでに「ベット365」をはじめ、株主の顔色をうかがう必要のないオンライン限定のブックメーカーが続々と誕生し、安い運用コストと大きなマーケティング予算を武器に勢いづいていたからだ。それだけではない。同時期に登場したオッズチェッカー、イージーオッズ、ベットブレインといった比較サイトも脅威だった。比較サイトによって、賭客が店ならぬサイトをあちこち回って、最良のオッズを探せるようになったからだ。

結局、こうした企業の台頭が、ブックメーカーの利鞘引き下げ圧力を一気に高めていく。どれもブックメーカーにとって見逃せない問題だったが、なかでもとくに敵視したのはやはりベットフェアだった（ベットフェアが伝統的ブックメーカーに喜々として痛手を負わせ、さらに挑発したのがその理由かもしれない）。たとえば、「ベットフェアは、競馬からの徴税額が減少するほど、ブックメーカーの利益を押し下げた」と非難している。２０１０年、ウィリアムヒル社のＣＥＯラルフ・トッピングも『ベットビュー・マガジン』に、皮肉たっぷりなコメントを寄せている。「私はベットフェアを業界の少年聖歌隊と呼んでいる。『僕らを見て、こんなに無垢です』と言ってるが、実際の取引所はフリーメーソン最大の支部のようだ。大規模な秘密組織で、非合法ギャンブルも行われている」（Davies 2010 内の引用）。

今思い返すと、ベットフェアの挑戦は『公正さ』や『善行の概念』を再認識する契機となった闘いだった。二つのビジネス・モデルの競合に留まらず、文化の衝突だったと言える。片やブックメーカー、片やシティ・トレーダーの闘いだ。

ベットフェアは、具体的に何を変えたのか。一つは、リスク分散方法だ。自ら賭けを請け負った既存のブックメーカーとは違い、ベットフェアはアカウント・ホルダー同士の賭けを促進することで、リスク分散方法を根底から変えた。仕組みはこうだ。ブックメーカーの場合、利益は設定したオッズに組み込まれている利鞘だが、ベットフェアのような取引所では勝った賭客に課される2～5％の手数料が利益となる。いずれの場合も利益は賭客から出るが、利益がもたらされる仕組み、ブックメーカーの役割、知識とスキルが必要とされる場、（内部）情報の重要性は両者でまったく異なっている。

その象徴と言えるのが、ベットフェアのスローガンだ。「勝者、歓迎」という衝撃的な変化を前面に押し出すことで、自らの利益にならない取引を制限したり停止したりする伝統的なブックメーカーとの絶対的な相違を見せつけたのである。また、ベットフェアは、何かが「起こらない」、あるいは「負ける」ほうに客が賭けることも可能にした。もっとも重要なのは、賭客がインプレイ・ベット、すなわち賭けイベント開催中にも賭けができるようになった点だ。この特徴は、賭博の主たる対象が競馬からサッカーへ移るにつれてみるみる重要性を増していったのである(注5)。

ベットフェアの取引は「ぺてん」だ！

なかにはベットフェアを使いつつ、従来通りの方法で賭ける賭客もいた。より良いオッズをみつけ、柔軟な賭けができる点を利用したのだ。彼らは手動と自動プログラムの違いがもたらす潜在的な可能性に最初から気づいていたのである。それが、伝統的ブックメーカーをとくに怒らせた。ブックメーカーは、次のように主張した。「まっとうな人間は、賭けをする際に何かをリスクにさらすものだ」と。ビルもまた「ほんものの賭客はブックメーカーで賭けをする。変人はベットフェアを利用すればいい」と言って援護した。

当初、ベットフェアを使う「鞘取り人」は、賭博の世界のすみずみに存在するオッズの相違から利益を得ていた。しかし、競馬場内のブックメーカーがベットフェアを利用し始めると、こうした鞘取りはインプレイ・ベットに取って代わられ、競馬場のコース周辺のそこかしこではしごに上る男たちの印象的な光景が見られるようになった。勝負から脱落した馬がいないか真っ先に確認し、リスクのない賭けを受け付けるためだ。

そんなこともあって、ウォリントンの本社では「ＰＴＬと監視はリスク管理に必要な合法的なアプローチだが、ベットフェアの取引は『ぺてん』だ」と言われていた。ビルの主張はこうだ。

「ベットフェアは、インターネットの遅い回線や画像フィードを巧みに利用して、貧しい連中を相手に金を稼ぐ。彼らは出走馬が転ぶのを見届けても、哀れな客がその映像を手に入れる前に、倒れた馬への賭けをすべてむさぼる。これのどこが公正な賭けなんだ？　不公平じゃないか！　負けるはずのない賭けを受け付けるなんて！」

ウォリントンのオッズ・コンパイラーやトレーダーに言わせれば、ベットフェアのトレーダーはまるでロンドンの金融の中心地『シティ』にでもにいるつもりになっている。そこはもはや機械仕掛けの暴利商人が跋扈する反社会的な場所というわけだ。

「あの連中はみなシティ・ガイだ。モルガン・スタンレーなんかで取引を学んだのだろう。表計算ソフトをながめ、相場の流れを読んだり自ら流れを生み出したりして、そこから利益を得る。たとえ逮捕されても、罰金を払って舞い戻る。その繰り返しだ。彼らはわずかなプレーヤーを、つまり賭客を食い物にしている。賭客は連中のビジネスに巻き込まれ、自分もパソコンをつないでいっしょになって儲けようとしているが、相手がサメだということに気づいていないんだ」

こうしてベットフェアのトレーダーは類型化され、ギーク（オタク）や強欲な誇大妄想の人物という枠にはめられていった。

「ベットフェアのトレーダー？　金の亡者だ。『欲は善である』というひと言が、彼らを言い表している。われわれとは違う人間だ。彼らは市場を操作しているのに、ギャンブル委員会は何も気づいていない。委員会の目と鼻の先で、市場操作をし続けているのにね。彼らは家でデスクに足をあげたまま、ボタン一つで5万ポンド、別のボタンでまた5万ポンド動かしている。いったいどんな人生なんだ？　労せずして大金を得るなんて。そんなもの胸が悪くなる」

昔ながらの賭博店は、客に対して責任を負い透明性が高い。その一方で、ベットフェアは責任の所在があいまいで脅迫的だという意見もあった。

「われわれは、店の扉の上に自分の名前を掲げている。客はわれわれが何者かを知っているし、百年間賭けを受け付けてきたことも知っている。一方、あのいやな連中について、客やわれわれは何を知っている？　最近やってきた例の男たちさ。誰があなたの賭けを受け付けている？　あなたは何も知らないだろう？　ひょっとするとゴールキーパーの兄弟かもしれない。テニス選手の妻かもしれない。アル・カポネかもしれない。彼らが何者か、彼らが何を考えているか、だれも見当がつかないんだ」

とりわけ強調されたのが、伝統的賭けの公正さだ。

「われわれは賭客に公平な機会を提供する。ベットフェアがテクノロジーや大物の顧客を使ってそれを一掃してしまわないか心配だ。われわれは公正な市場を作り、誰でも公平に扱う。だがベットフェアは多くの人々からわずかずつ金を奪って、それをごく少数の客に最高のテクノロジーを通して与えている。これは詐欺であり、いずれ自然消滅するだろう。自分自身は何のリスクも冒さないなら、それは賭けではなく盗みであり、恥ずべき行為だ」

こうしてギャンブル企業の取引フロアは、人類学者ケイトリン・ザルームが指摘した（Zaloom 2006）

通りの状況に陥った。かつて伝統的な立ち合いの株トレーダーと、新人類のオンライン・トレーダーのあいだに流れたぴりぴりした空気が再現され、伝統的保守派と新勢力が衝突したのだ。競馬デスクは、この新たな取引―おもにサッカー賭博―に対応するためにやってきた新参者を「まごうことなきチンピラ」と呼び、「がさつで」「いつもわめいている」くせに、愚直でどこか世間知らずだと言い放った。ひと言で言うなら「オタク」だ。たしかに彼らはコンピュータの導入によって、賭博市場につきものの人付き合いの必要性がなくなったため、現実世界の経験を充分に積んでいない。実際、取引も匿名による自動取引が主流のため、ベットフェアのトレーダー同様に、お金だけで動く。

当時は、この賭客と胴元の乖離が、いずれある種の破綻をもたらすだろと予想する者もいた。無邪気にコンピュータに従うトレーダーはだまされ、企業も評判を落とすだろうという予想だ。胴元を「出し抜く」「目利き」をみつけるための感覚をコンピュータ・プログラムが身につけ、何年にもわたって磨き上げることなど、既存のブックメーカーには信じられなかったのだ。そもそもコンピュータには、それを感じ取る鼻も意欲もないと考えた多くのブックメーカーは、アルゴリズムやトレーディング・システムが広がり続けているにもかかわらず、直感や洞察力の重要性を信じ続けたのである。2018年、ある経営幹部はウォリントンについて、私にこう言った。「結局、ウォリントンは今後もずっと人間味を持ち続けるだろう」

ベッティング、トレーディング、ギャンブリング

「ウォリントン本社に来てすでに数週間、ここには少なくとも3種類のリスト（一覧表）があることに気づいた。一つは『ベッティング』のリストだ。経験や知識をもとに計算されたリスクを内包したリストで、非常に前向きに評価される。ベッティングは熟慮のうえで行われる。無私寛大の精神で負けを受け入れる気持ちや希望をもとに、不品行な道楽者に対抗する。ブックメーカーを通して勝負師が行う、それがベッティング、すなわち賭けだ。

二つ目は『トレーディング』だ。これは情報の不均衡から生まれる（固定化された）利益を当て込んでいる。その情報は無数のデータポイントで表され、人間には識別できないが、アルゴリズムの世界では敏感に察知される。トレーディングは『悪』であり、物事の本質ではない。それを公然と行っているのがベットフェア社だ。

三つ目は『ギャンブリング』だ。『ギャンブリング』は、まぐれ当たりと『当選者はあなたかもしれない』という国営宝くじの論理に基づいてリスクを冒すことを意味する。しかし、『当選者があなた』だとはとても思えないので、パンター（賭け手）にとっては屈辱的だが、業界には大きな利益をもたらす可能性が高い。たとえばＦＯＢＴ、バーチャル・レーシング、インプレイ・ベットなどがギャンブリングに分類される」（調査ノート、ウォリントン本社、２００７）

伝統的な賭博は40年間安定した成長を続け、その体質を批判されることもなく、比較的変化も少なかった。1960年に営業許可を受けた数千もの独立ブックメーカーから3つの巨大企業が誕生するが、認可体制に守られ、大規模な市場とブランド認知に支えられていたため、現状に満足し革新は進まなかった。それが、2005年の賭博法改正によって新たなビジネス・モデルが生まれ一変する。事業者は厳しく制限されてきたサービスに比較的高い価格をつけることが可能になったからだ。さらにインターネットが普及すると変化は加速する。インターネットによる新たな賭博ルートの登場だ。こうして伝統的賭博の世界では、ボトルネックが発生し、変化を求める圧力が強まるが、結果的に改革は頓挫した。法規制の抵抗もあったが、どこも似たりよったりの成功企業が新技術の受け入れを進めなかったのが大きな要因だ。

結局2007年まで、伝統的賭博業界は、新規参入組のオンライン・ギャンブルによって賭けイベントの選択肢が増加しているのを目の当たりにしながら、従来通りの優位性を保とうとあがくだけだった。マーケットメーカーを自認する彼らは、40年以上の長きにわたって培った専門用語を駆使し、『われわれの仕事は利益のみならず価値をも創造する』と言い続けるばかりだった。つまり、表向きは自らの公正さと道徳性を人々に必死に印象付けることで、実際はさまざまな方法を操って賭客よりも有利な立場を維持しようとしたのである。「目利きのプロ」や「店を渡り歩く不実な夫」が「勝つ」ことから、合法的なビジネスを守るという理屈だ。

実際、彼らは自身のゲートキーパーとしての立場が批判されることはなく、内部情報の利用も組織的に正当化されていた。顧客の監視、アカウントの閉鎖、競馬のヘッジ・ベッティングは「申し分なく合法的」であるばかりか、必要不可欠な手段というわけだ。こうして旧来の賭博業界は均衡状態を生み出し、賭博市場を作る社会的なプロセスを持続可能で「誰でも参加できる」ものにしていたのである。つまり、抽象的な道徳性を隠れ蓑に、都合の悪いものは排除する、非常に強靭なリスク崇拝だ。

当時、本社歴の長い社員は自らの仕事を「慈悲深い公共奉仕」と呼ぶことがあった。それにひきかえベットフェアは、なんと危険なトレーディングを行っているのかという主張だ。もちろん社員の中にも、ブックメーカーの未来はスポーツ賭博と低い利鞘のオンライン取引にあることにすでに気づいている者もいた。しかし2007年になっても、取引フロアを牛耳るのは相変わらず賭博店経験者であり、よく知られた利益増の手法で店頭ビジネスを成長させ、報酬を得ている人々だった。より高額で高い利鞘の商品を生み出すとともに、イベント数を増やしつつ、電話やオンライン、あるいは競馬場での負債を削減するという手法だ。例えて言えば、彼らは望遠鏡を反対側からのぞきこんでいたのだ。もし私の調査開始が数カ月遅く、ビルとジェフが「新たな機会のために（不承不承）辞めた」直後だったら、きっとマイクにひきあわされて、アルゴリズムとビッグデータに彩られた新たな世界の手ほどきを受けていただろう。マイクは電気通信分野の経歴を持つが、馬については「前で噛んで、後ろで蹴る！」程度の知識しか持っていない。つまり、私は賭博の最後の抵抗を目撃した一人ということだ。

昔ながらのベッティングは衰退し、いまや末期症状だ。一方、トレーディングとギャンブリングは、利益を生む機会をより多く提供するインターネットにうまく適応し、上昇気流に乗っている。馬のレースは、イギリスの賭博文化の伝統的手段だったが、今やその重要性を失いつつある。2011年に著名なアナリスト、ポール・レイランドが「少なくとも賭博に関しては問題外」と切り捨てたほどだ（GamblingData 2011:7）。

競馬の終焉は、インターネット・ギャンブルのスロットやフットボール、ビンゴの注目度が上がっていることからも見て取れる。次の章ではこのきらびやかな新世界に注目しよう。

第7章 ジブラルタルのオンライン・ギャンブル

「みんな口では問題ギャンブラーを望まないと言うが、実際のところ問題ギャンブラーと、素晴らしく義理堅いギャンブラーの違いは何なんだ？」（賭博業界に17年間身を置く上級幹部）

賭博店とウォリントン本社で私が体験した変化は業界大変革の一部でしかなく、その影響は世界各地に現れつつあった。イギリスでも業界の中心地は、ゲーミング・マシンのおかげで伝統的賭博店が衰退を免れたとはいえ、ロンドン郊外の陰鬱なオフィスビルから、やや異国情緒漂う国外のまぶしい高層ビルへと移っていった。税制上の優遇措置、高速インターネット、安全で容量無制限のサーバーが用意されている土地だ。市場はもはや狭い区域に限定されず、客も競馬一辺倒の労働者階級の男性ばかりではなくなるなど、商品も客層も変わっていった。

この章ではジブラルタルで行った調査をもとに、新たなギャンブル産業で働くスタッフが商品や顧客をどのように考えているかを明らかにする。そしてギャンブルがアカウント番号やデータポイント、実体のない声と関わるようになったとき、「責任あるギャンブリング」の概念がどのように形成されていったかを解説したい。

まずオンライン・ギャンブルの起源を探ろう。いくら歴史をたどっても、その背景はきれいに抜け落ちているからだ。次いで、世界で唯一のオンライン・ギャンブルのオープン市場を作るというイギリス政府の決断の波紋を探っていく。

ワイルド・ウェスト

オンライン・ギャンブルは、ソフトウェア開発業者と起業家が海外拠点での運営を見据え、アメリカ人顧客をターゲットに開拓された。現在、我こそが世界初のオンライン・カジノと主張するサイトはいくつも存在するが、その一つ、何のひねりもない名称の「インターネット・カジノ」社は、1995年8月にタークス・カイコス諸島で誕生した。18種のカジノ・ゲームを提供し、インド国営宝くじにもアクセスできる（Janower 1996）。

当初、オンライン・ギャンブルはポルノの添え物だった。事実、オンライン・ギャンブル開発関係者の一人は2012年にベルリンで講演した際にこう語っている。「初期のオンライン・カジノはポルノと切っても切れない関係だった。インターネットは、ポルノとギャンブルにしか使われないだろうと思ったことをよく覚えているし、私にとってその二つは同じ分野のものだった」。さらに、彼はカナダのインターネット・ギャンブル企業スターネットを引き合いに出した。「あれはもっともわかりやすい例で、ポルノとカジノを組み合わせて売ったが、捜査の手が入り最終的に400万ドル払い戻す羽目になった。なんとも無謀な時代だったよ」

彼によると、誕生直後の産業をまとめあげたのは、イギリスのブックメーカーとイスラエルの起業家、カナダの前科者等々、きわどい人物ぞろいだったそうだ。2014年にマカオで取材した際、アメリカ人起業家が「このルールのない男っぽい場所で成功するためには法律無視は当たり前、危険を冒すことも必要だった」と私に語ったように、当時は悪評をほしいままにしている者が少なからず存在した。彼が語ったインターネット・ギャンブル黎明期の話は、ピーター・アダムス（Adams 2007）の「ギャンブル産業は生産的な金鉱探し、その参加者は開拓者とみなされるだろう」という指摘をあらためて裏付けている。

「そうだな、私はいわば開拓者だった。残酷であらねばならなかったし、運も必要だった。手つかずの土地を手に入れたときは最高の気分だった。裕福だが教育水準があまり高くない人が暮らす場所だ。文字通り、金鉱を探り当てたのさ！　どんな生活だったかって？　ずっと危険を冒してきた。ルールに従わない悪い連中といっしょにね。銃の撃ち合いはしょっちゅう、ほんものの撃ち合いになったときもあった。なにしろ若かったんだ！　そんなことが大好きだった！　そういう場所で昼間は仲間と過ごし、夜は女性といちゃついた。何もかも手に入れたんだ」（注1）。

オンライン・ギャンブルの開発とは無関係な人まで、こうした物語に精通していた。物語は多くの本の題材になり、主人公がオンライン・カジノで大損をする『ランナーランナー』のような映画も制作された。唯一異なる意見を述べたのは、この海外産業の新設で重要な役割を果たした女性たちだ。私が苦労して見つけ出した数人の取材相手は、コスタリカの暮らしを「とても退屈で、しかも孤独だった」と振り返った。

また、ロンドンを拠点とする著名なアナリストは、この新規産業の構造的欠陥を世俗的にこう表現した。「誰もがオンライン・ギャンブルはワイルド・ウェストみたいなもの、つまり開拓時代の辺境の地だと語った。しかし実際はワイルド・ウェストというよりも、まったくの愚か者の緩やかな集まりでしかなく、そこには金儲けをするための明確な計画すら存在しなかった」

そして、それがどんなふうに変わっていったのか、アナリストはこう続けた。

「既存のブックメーカーの目の色が変わったのは、実業家や経営者がどんどん参入してきてからだ。彼らを見て、ようやく自らのブランドを利用し始めたんだ。なかにはルールを作ろうとする者も糞の山から現れ、それが徐々に伝播していった。いまやオンライン・ギャンブルは銀行業にそっくりだ。法令順守、法規制、何百万もの取引の管理、ビッグデータ、それにコスト削減、吸収合併、株価――。なんと呼ぼうとかまわないが、そんなものを扱っているからね」

誰が、何が成長をもたらしたのか？

インターネットが普及し、その可能性が明らかになるにつれて、オンライン・ギャンブル業界は大きく成長し始める。その流れに一役買ったのが業界団体だ。ポルノから離れ、世間体のいい表向きの顔のイメージを育むための協力だ。したたかな元役人クリーヴ・ホークスウッドが代表を務めるリモート・ギャンブリング協会もそんな業界団体の一つだ。業界は、新刊本や、おもにロンドンで頻繁に開催される協議会でイメージを売り込んでいった。とくに協議会では、昔から定評のある『対面販売の市場』が、利益の確保と拡大を抑制することに気づいた人々の関心を集めることになった。2014年、ロンドンを拠点にする中年の起業家にラスベガスで会ったとき、この経緯について聞くことができた。

「オンラインのカジノ・サイトをよく目にするようになったのは1997年ごろだ。1999年にロンドンでオンライン・ギャンブルのシンポジウムに参加したが、それが2回目か3回目の開催だったと思う。つまり、そのころにはもう業界の会議が開けるほどのビジネスに成長したということ。そして、その後私が目にすることになる低俗なペテン師がちやほやされ、どんなに重要なデータでも軽視されるという、ギャンブル産業の協議会のスタイルが決定したのだ。すべてが大げさで、今まさに携帯電話やソーシャルゲームで目にする通りだ。その中で一つ重大な変化があった。それはポルノとの関わりがほとんど消えたことだ」

1994年、アンティグア・バーブーダ（コスタリカと並び、アメリカ市場にサービスを提供する多くの違法企業の拠点となっている国）において自由貿易推進法が可決され、世界で初めてオンライン・ギャンブルの営業が許可された。しかし、アメリカ政府がこのライセンスを認めなかったため両国間でひと悶着起こった。その後、世界貿易機関が仲裁に入るが、いまだに争いは続いている（Miles 2018)。

それでも1999年までに業界はすっかり成熟し、二つに分裂していった。一つは違法市場を扱うウェブサイトへ、もう一方はとくにイギリスで顕著だったように、規制や社会的地位、株式市場での投資、やがては政治的影響力まで手に入れようとするギャンブル企業へと成長していった。この新たな産業を安定させるためには、「軽いタッチ」の規制と、儲けの多い大規模市場にアクセスできる安価でコネの多い拠点が必要となる。こうして最初のピース、つまり2005に年新生労働党が党派を超えて成立させた改正賭博法が大きな役割を果たすことになった。

2005年の改正賭博法は、いわゆる「リモート・ギャンブル」初となる法的規制と言える(注2)。具体的には、オーストラリアやアメリカをはじめとする多くの管轄区で部分的、あるいは全面的にギャンブルが禁止されていた時代に、オンライン・ギャンブルのオープン市場を創出する役割を果たした。たとえばオーストラリアでは、2001年にインタラクティブ・ギャンブル法が成立し、オーストラリア人に対する賭け事と、宝くじ以外のギャンブル提供が禁止された。またオーストラリアの管轄区内で営業許可を受けたギャンブル事業者が提供を制限されるサービスもあった。スロット、ルーレット、ブラックジャック、ポーカー等、運任せのゲームだけでなく、スポーツの試合中に賭けることができる「インプレイ・ベッティング」や、瞬時に勝敗がわかるスクラッチカードも禁じられたのだ(Australian Government Department of Communications and the Arts 2019)。

アメリカも2006年に違法インターネット・ギャンブル禁止法(UIGEA)を制定する。これは、「インターネットを使用した賭博や、連邦法や州法に違反する賭博に関わった人物による出入金を、クレジットカードや銀行等の金融機関が取り扱うことを禁じる」法律だ（United States Treasury Department 2006）。ヨーロッパも、多くの管轄区でオンライン・ギャンブルやスポーツ賭博が合法とされ、アメリカ以上に社会に受け入れられているにもかかわらず（アメリカではいまだに多くの人がスポーツ賭博を「ギャングの不正行為」と考えている）、イギリスに倣う国は一つもなかった。スウェーデン、フィンランド、ノルウェー、ベルギー、ハンガリー、オーストリア、ギリシアなど、多くの国が全面的、あるいは部分的にギャンブル運営を国が独占し続けたのである。次の章で詳述するが、「国家による反競争的行為に、欧州委員会が注目するよう企図したブックメーカーの努力は実らなかった」ということだ（注3）。

こうした情勢のなか、イギリスではオンライン・ギャンブルの成長を願って並外れた環境整備が行われていった。それを象徴する発言がある。テッサ・ジョウェル文化・メディア・スポーツ相が、「わが国がオンライン・ギャンブルの『世界的リーダー』になることを望む」「世界中のプレーヤーに『折り紙付きの高品質』なサービスを提供したい」と主張したのだ（BBC News 2006）。

しかし、2007年6月に首相に就任したゴードン・ブラウンは新労働党の覚書を読んでいなかったのか、リモート・ギャンブルに15％の税を課すことを決定する。それを知ったイギリスの企業は、こぞって海外へ拠点を移していった。「ホワイトリスト」と呼ばれる優良国の認可を持っていれば、イギリスの顧客にもサービスを提供できるからだ。ホワイトリストにはヨーロッパ経済圏はもちろん、ジブラルタルも含まれている(注4)。

2013年、ギャンブル委員会はイギリスのリモート・ギャンブル産業の市場価値を20億ポンドと見積もった(HM Treasury 2013)が、すでに大半の企業の拠点がマン島やガンジー島、ジブラルタルに移っていた。そのためウィリアムヒル、ラドブロークス、コーラルといったイギリスで宣伝広告やビジネスを行っている企業も、売上高の1%の税金は海外拠点に納めていたのである。ちなみに税額の上限は42万5000ポンドだ(Stradbrooke 2013)。

ジブラルタル:ギャンブリングと銀行業、海賊と法律家

「ジブラルタル(訳注:イベリア半島の南東端に突き出した小半島にあるイギリスの領土)は引き締めにかかっている。以前は海賊だったが、いまは軍艦並みにきっちり運営しているとアピールしているが、それは大企業を誘致して管轄区の評判を守るためだ。また、オルダーニー島(訳注:イギリス海峡にある小島)は浮世離れしている。初めて行ったときは、島の住人に頭から喰われるんじゃないかと本気で考えたよ」(男性CEO、ロンドン、2012年)

ジブラルタルに低課税の電話賭博が到達するのは早く、すでに1989年には根付いていた。そして2000年代になると、早々にオンライン・ビジネスに参入した専門企業「888」や「パーティーゲー

ミング」が誕生する。こうしてジブラルタルは、優良な投資先を提供するとともに、「イギリスの枠組み」内で活動する規制当局との評判を確立したのである（取材協力者は「軽いタッチの」「良識のある」「現実的な」と表現した）（Atkinson 2006）。２００１年に粗利益に対する課税が導入されたことで、一時的にイギリスに戻った事業者もあったが、２０１１年までにすべてがジブラルタルへ舞い戻っている。私が初めて訪れた２０１２年には、ヨーロッパを代表するオンライン・ギャンブル・プロバイダーがジブラルタルに勢ぞろいしていた。ラドブロークス、ウィリアムヒル、ベットフェア、ベット３６５、８８８、ビクター・チャンドラー、ガラコーラル等々、どの企業も低税率と賭客や株主に信頼されるヨーロッパの管轄区という評判、それにきっちり管理されているビジネスに魅力を感じていたからだろう。

ジブラルタルにとってギャンブルは、金融サービス同様に経済多角化の重要な鍵であり、イギリスからの収入に依存する状況を脱し、自立へ向かう手段だった。GibraltarOffshore.com によると、「ジブラルタルは、ＥＵ（ヨーロッパ連合）内でもユニークな存在であり、ある種の投資家やトレーダーに選ばれる管轄区」だという。同サイトによると、ジブラルタルに登記している企業は6万社にのぼり、「住民一人につき2社以上！」に相当するらしい。『タックス・ヘイヴン』と呼ばれることも多いが、ジブラルタル自体は『低課税制度』と自称している（Badcock 2017）。

しかし、ジャーナリストのなかには、世界的スキャンダルに関わった企業とジブラルタルとの関係を批判する者もいる（Bullough 2017）。当のジブラルタルの人々はというと、国際貿易における仲介係という自らの伝統的役割を楽しんでいる風だ。ギャンブル業界と銀行業の両方で活動する弁護士は、ロンドンの会議の休憩時間にこうつぶやいた。「私たちは海賊だった！　いや、やっぱりいまでも海賊だ」

実地調査で出会った取材協力者は、イギリスのオンライン・ギャンブルの約40～60％がジブラルタルで行われていると見積もっていた。私もジブラルタルで過ごすうちに、そこでどれほど多種多様なビジネスが動いているかを目の当たりにすることができた。起業家や顧客サービス・プロバイダー、ＶＩＰマネジャーの仕事を現場スタッフがどのように体系化し、実行しているかだけでなく、彼らが仲間や顧客との関係をどんなふうに考えているか、さらに日常的なところでは、ギャンブルを売る人々にとってジブラルタルの暮らしがどのようなものか、理解することができた。

取材した関係者は１１６人にのぼるが、それぞれ長時間じっくり話し込んだこともあれば、気軽なおしゃべりをしたこともあった。取材内容はノートに書き留めたり小型デバイスに残したりした。研修会議やコールセンターに顔を出し、ＶＩＰや顧客サービスデスクを観察したり、ときには支配人につきまとい、企業とジブラルタル・ギャンブル委員会の会議にも加わった。弁護士や会計士とも同席した。ギャンブル委員会で出会った人の招待は断らず、新たなコネ作りにも精を出した。なかには何も語りたくない人もいて、「失せろ」と言われたこともあったが、多くの人はジブラルタルの暖かな陽射しのもとで驚くほど協力的だった。仕事の夢を打ち砕かれ、「こんな仕事は嫌いだ。ここで働く人の99％が嫌っている」と語る人にも出会った。私と直接話せることがうれしかったのか「学者さんはギャンブルについてそもそも何も知らないよね」と楽しそうに話す人もいた。

秘訣を学ぶ

私はジブラルタルと国境を接するスペインのラ・リネアのベンチに腰掛けて、モペット（補助エンジン付き自転車）に乗った男性を観察していた。年齢は40歳前後、熊手みたいに身体が細い。この暑い日にジャケットを着こみ、それが不格好にふくらんでいる。路上に停められた古い車に近づくと、彼はジャケットのポケットから煙草の箱をいくつも取り出し、トランクに投げ込むのだった。私に見られていても平気なようで、口の片端をあげて笑うとトランクをばたんと閉め、数百ヤード先のジブラルタルとの国境へゆっくりと戻っていった。

私がジブラルタルへ来たのは、国境を越えたひと味違う企業活動、つまりオンライン・ギャンブルを体験するためだった。現在も14カ所残るイギリスの海外領土の一つ、ここジブラルタルで、オンライン・ギャンブルはGDPの25％をたたき出している。私はジブラルタルとスペインの国境付近で、ジブラルタルのギャンブル全般に詳しいガイド、ダンを待っていた。いくつかの企業で10年以上のキャリアを持つ、業界に精通したプロだ。

しばらくすると、ダンがダメージ・ジーンズにTシャツ、ビーチサンダル、レイバンのサングラスというでたちで現れた。そして、すぐに「さあ急ごう、遅くともランチタイムには4人の女の子とジャック（・ダニエル）のボトルを抱えてホットタブに入る予定だから」と言った。やれやれ――。ダンのたわごとには慣れっこだ。私は立ち上がり、二人で国境を越えて前の晩に飛行機が着陸した簡易滑走路を渡って行った。

ダンは45歳の起業家だ。２０１０年にロンドンの業界パーティーで出会ったのが最初だ。ひどく酔っぱらってひったくりにあった彼を歩道からひきはがし、タクシーに押し込んだ記憶がある。自分を「ギャンブル業界によくいるいやな野郎」と呼ぶダンは、かなり怪訝そうにこうたずねてきた。「われわれがみんなろくでなしだって、あなたはわかってるんだよな？　ときどき、まだわかってないのかって思うよ！」

ダンは18歳で学校をやめて賭博店で働き始めたが、収入アップを目指して低レベルのＩＴ企業に移った。そこで4年間データ入力を続けたが、「頭がおかしくなるほど退屈」だったらしい。そこでギャンブル業界へ戻る決意をし、大手ブックメーカーに新設されたオンライン部門に入った。ダンによると、同僚たちは自分が何をしているのか、さっぱりわかっていなかったそうだ。「システムにすんなりログオンしただけで、連中に天才扱いされたよ」

私がジブラルタルに来たのは、イギリス産業界で急拡大しているインプレイ・ベッティングについて学び、それが賭客と企業の関係をどう変えたのかを解明するためだった。ダンは手始めに私をマリーナ近くのカフェへ連れていき、自分がかなり大勢の人間と知り合いであることを見せつけ、彼らがどこで働いているか教えてくれた。そして真顔で「髪形を見ただけで賭博業界の人間かどうかわかる」と豪語するので、私が怪しむと、実際にその言葉を裏付けてくれるのだった。

スペインとジブラルタルを結ぶ、いやむしろ隔てる地峡を、毎日6000〜9000人が往来する。その3000人につき2600人はオンライン・ギャンブル関係者だ（Grocott、Select Committee on the European Union 2017内の引用）。駐車場はいつも悪夢の様相を呈している。国境から伸びる長い渋滞の列が途切れることはめったにない。とくにスペイン当局が政治的主張を押し通して事務処理を遅らせる決定をしてからは、車列がさらに長くなった。そのため国境のすぐ外側に車を停めて、私やダンのように歩いてジブラルタル側へ渡る人も多い。みな首から下げた身分証をそよ風にはためかせて渡って来る。

低課税のリモート・ギャンブルが初めてジブラルタルに上陸した1990年代、スタンジェームスをはじめとする企業は数百人単位で現地の住民を雇い、コールセンターを設立した。しかし、ギャンブルの舞台が固定電話からデスクトップ・パソコンへ、さらにスマートフォンへ移行すると、労働力はしだいに必要とされなくなっていった。最近はさらにコスト削減の取り組みが進み、人工知能（AI）や自動化が注目を集める一方で、残りの人的資源はマーケティング、セキュリティ、顧客管理に集約されつつある。顧客にはいわゆるVIPこと莫大な利益を生む顧客も含まれるが、詳細は追って触れることにしよう。

私が訪ねた企業のなかには、開放的に迎えてくれたところもあるが、それはあくまでも例外だ。とくに業界最大手の2社は神経質で、ガイドつきの内部見学の許可が精一杯だった。内情に詳しそうなスタッフへの接触も制限された。一度は、あてがわれた世話役の女性が、どこへ行くにもボディガードよろしくついてきた。これには、私よりも彼女のほうが不満だったと思う。この件を、ダンとランチをしたときに話すと、彼は唖然として、いくつかつてを頼って、気兼ねなく取材ができる人を紹介してくれた。そのうちの数人は、話したくてたまらないといった様子だった。

私が出入りしたセントラル・ビジネス地区は、特徴のない中層のオフィスビルが立ち並ぶわびしい場所だった。そこでは由緒あるブランド企業と新規参入組が躍起になって競い合っていた。どちらかが新たな商品や新たな顧客を獲得し、どちらかが金を儲け、売上を伸ばし、次のプロジェクトへ移行する。それがかなわなければ、リタイアするしかないというわけだ。オンラインでは、とくにベット365やウィリアムヒルといった歴史あるブランドが優位だった。事業規模、先行者利益、広いブランド認知、スポンサー番組で流れるテレビ・コマーシャルの頻度、どれをとっても優勢だった（ある取材協力者は、2012年の調査に触れてこう言った。「男性の61％が俳優レイ・ウィンストンが『いますぐインプレイ・ベットを』と誘うベット365のコマーシャルを見たことがあると答えたらしい」）。

こうした企業には莫大な予算があるため、入会ボーナスや無料ベットをはじめとする顧客サービスも問題なく導入できる。もう一つ重要なのが、そこから生まれる膨大な量の顧客データだ。彼らはそれを使って顧客の詳細を学び、個人向けのマーケティングを考えて利益を増やした。このプロセスはつねに進化し続けている（Busby 2018 ; William Hill 2019）。

また、私が働いた企業はどこも男性によって設立され、男性によって経営されていた。女性の経営幹部にはめったに出会わなかったし、オンライン・ギャンブルの協議会に参加した4年間で、女性演者はわずか4％だった（複数回登壇した女性もいた）。これに当てはまらない注目すべき例外がいる。イギリスでもっとも高額な報酬を手にする経営者にしてベット365の共同創設者兼CEOのデニーズ・コーツだ（Chapman 2018）。

馴染む人、拒否する人

ダンや仲間とつきあううちに、ジブラルタルのギャンブル・コミュニティはとても狭く、比較的結びつきの強い世界だということがわかった。イギリスから移住した男性幹部は、彼らのコミュニティをこう表現した。「ジブラルタルのギャンブル・コミュニティは島のように孤立しているんだ。みな同じバーやレストランに通うから、みな顔見知りになり、ふるまいまで似てくる。ちょっと老けているが、1980年代の男たちそっくりだ」。収入は平均以上だが、さらに増やすため（ときには横ばいでも）企業から企業へ当たり前のように渡り歩く。「義理堅い業界ではないんだ」とダンは言った。ちなみに従業員は、新しい仲間を引き込むことができると「仲介手数料」が支払われるそうだ（Atkinson 2006）。

一方、この業界からすっかり足を洗うのは難しかった。別業種の給料はまったく比較にならないからだ。なかには「酒を好む業界の文化に魅せられた」と言う人もいた。

「私は（ツイスター社からロケット社に来て）ほんとうによかったと思う。仕事と遊びを区別する線はますますあやしくなっているが、そんなところもすごく気に入っている。わが社のCEOはすばらしい。毎晩店でからかわれているかと思うと、9時には出社し取引している。自分の会社のCEOを尊敬できるし、いっしょに飲んだり出歩いたりもできる。しかもとりつくろう必要がないなんて、すばらしい限りだ」

なかには「この業界は人を陥れる。望もうと望むまいと、そこから逃れるのは難しい」と業界の陥穽に気づいた人もいる。求人情報はまずジブラルタルの住民向けに公開されるが、ジブラルタルへの移住費用を負担してもらい、何のコネもないままやってくるイギリス人専門家も多いという。積極的な選択であろうと、やむにやまれぬ事情であろうと、彼らは仕事を中心に社会生活を確立しているようだ。

みな周囲と同じ生き方に溶け込んでいるように見えたが、「最初こそ刺激的だったが、そんな生活も結局は充実していなかった」と語る人もいた。

「ジブラルタルに到着したばかりのスタッフに会うと、いつも『ここに到着したときの私のようだ』と思ってしまう。それが数カ月たつと、彼らもみんなとそっくりになってくる。ここの暮らしからはみ出すことは難しい。私たちはみな同じことをしているのだし、同じ場所から来ているからだ。仕事はそれほど面白くはないが、給料はいい。気候もイギリスより過ごしやすいし、マークス&スペンサーに行って服を買うこともできるからホームシックになることはない。要は退屈なだけだ」

あるアナリストは、こうしたジブラルタルの状況をことこまかに語った後に、「ギャンブル産業文化は人類学にぴったりのテーマだと指摘した。「業界の中の異なる部門ごとに、固有の種族がいる」というのがその理由だ。彼は、特徴的な例を挙げた。「インターネット部門は確実に若者の産業なので、（中略）ネクタイやスーツはめったに見かけない。しかし産業が成熟すると、そこにも変化が現れる。融資の相談のために彼らも投資銀行に通うようになるんだ」。そして、この人生への特徴的なアプローチはジブラルタルでもその他の海外拠点でも見られると指摘した。「月並みな言い方だが、よく働きよく遊べという雰囲気だ」

さらに同僚について語ってほしいと頼むと、躊躇なくこう言った。「彼らは世界の果てみたいな、海外の管轄区の生活を楽しんでいると思う。なかには規制という名の法律を犯す者もいる。思うに、彼らはグレーゾーンを楽しんでいるんだ。（中略）会社組織に属する集団なら、そんなことからは距離を置こうとするだろう」

もちろん誰もがこういう環境になじめるわけではないし、適応しようとしているわけでもない。「自主的に仲間の群れを避けた」と話す人物もいた。彼は、新企業の経営幹部スコットと夜遊びするとき、他の同僚から隠れて遊んだそうだ。「僕はコミュニケーションが大好きなのに！」と、どんなに大変か言わなくてもわかるだろうという顔で私を見て、さらにこう言った。「ここのギャンブル関係者のほとんどは、まるっきりのくずだ。まったくなじめない！」

比較的最近ジブラルタルに来た人に、この業界に入った経緯をたずねたとき、こんな答えが返ってきた。

「つまり、なぜ地獄の第七圏に落ちたかってことだね？　ご存じの通り、ダンテは『神曲』で銀行家を地獄の第七圏に置いた。強姦魔といっしょにね。だが、結局、ダンテがギャンブル事業者を落としたのはそこじゃなかった。（中略）運よくジブラルタルに大量の空き部屋があったというだけのことさ」

「いますぐインプレイ・ベットを」

２０１４年のＦＩＦＡワールドカップは、ジブラルタルのオンライン・ギャンブル関係者にとって画期的な出来事だった。これほどの取扱高―10億ポンド以上で、２０１０年のワールドカップの2倍―は前例がなく、賭けの周期と頻度も変わった。試合結果のみだった賭けの対象は制限をはずされ、各試合中に数百ものミクロ市場（たとえばコーナーキックの回数やイエローカードの枚数など）に賭ける「インプレイ・ベット」という無限のチャンスが生まれたのだ。賭けの大半（60％）がモバイル機器で行われるようになったのも、このときからだ（Sky News 2014）。

もう一つ、かなりの量のギャンブル広告が目についたのも、この大会の特徴だ。広告は賭博法制定後の最初の6年間で600％増加し（Sweney 2013）、ワールドカップ期間中に再び爆発的に増えた(注5)。ベット365やウィリアムヒル、ラドブロークス等の企業はマーケティングに資金をつぎ込み、2011年後半の消費税増税に先駆けて大急ぎで顧客を取り込もうとしたのである(注6)。その結果、2012年にラドブロークスが扱ったイベントの掛け金の半分以上がインプレイ・ベット由来に、ベット365も2015年のスポーツ賭博収入のうちインプレイ・ベットが80％に達した（Jackson 2015）。

2014年の大会で、おそらく多くの人々の記憶に残っているのは、ブラジルが7対1でドイツに完敗した準決勝だろう。しかしジブラルタルでは違った。ジブラルタルの人々の脳裏に焼き付いたのは、『試合がテレビ中継されているさなかに賭けるインプレイ・ベットにこそ、ギャンブルの未来はある』という事実だった。それは、スマートフォンからインターネット経由でアクセス可能なインプレイ・ベットの宣伝がしつこいほど流されたからだ。

インプレイ・ベット、別名ライブ・ベットは、サッカーやテニスの試合をごくごく短い時間に分割し、その間の個人の得点数やファウル数といったさまざまな予想に試合中も連続して賭けることができる。2012年のダブリンの協議会で出会ったイギリスの大手ブックメーカーの経営幹部は、「簡単に言うと、インプレイ・ベットはスポーツ賭博のルーレットだ。一度手を出したら中毒になる。24時間休みなしで、人をウェブサイトにべったり貼りつかせるようにできているからだ。画面から離れないことが満足につながるんだ」と説明した。

ライブ・ベットとカジノ・ゲームの類似性については、すでに専門家のあいだでよく知られていた。ダンも、ラスベガスの電子ゲームに関するナターシャ・シュール（２０１２年）の言葉を繰り返し使っていた。「インプレイ・ベットは、スポーツ・イベントをスロットマシンに変えてしまった。人は絶え間なく続く賭けイベントに夢中になり、疲労困憊するまで遊び続けるだろう」

人々をこの新たなタイプの賭博に引き寄せるのは、少なくとも最初のうちは比較的簡単だった。その理由を、ダンは次のように説明した。

「ジブラルタルみたいな海外拠点が顧客を獲得するのに、イングランドのプレミアリーグは最大のチャンスだったんだ。みんなプレミアリーグに賭けるのが大好きだからね。たとえばテレビ局のスカイが、どんなシーンをどんなふうに編集したかが完璧な賭けの対象になる。そもそもクリーンだし、華々しくて動きもあるからね。プレミアリーグには金、ライフスタイル、すべてが詰まっているというわけさ。そんなサッカーが、みんなただ好きなんだ。大きな違いは、（中略）自分のひいきチームにばかり賭けるファンがいなくなり、みんなどんな試合にも賭けることだ。それが伝統的な賭けとの大きな違いだよ」

ダンの説明に出てきたスカイは、広大な視聴可能地域を擁する衛星放送局で、放映権販売やサブスクリプション販売、広告収入（ギャンブル企業の広告も含む）に支えられた分厚いプロモーションを展開している。このスカイがサッカー観戦や賭けの方法を変えた。つまり自分のひいきチームばかりに賭けるのではなく（アメリカ人スポーツ・ベッターの言う「ひいきチームへの誠意」）、サッカー自体を賭けの対象とみなすようにしてしまったのである。

この変化は、ダンの会社にとっても最大の試練であった。競争が激しくなる前に賭客を獲得しなければならないからだ。

「やり方は二つあった。さっさと身ぐるみはいで次の客へ移るか、それともゆっくりもてなして長く付き合うかだ。業界の経済学は変化している。最初は客からちょっとばかり強奪できたが、いまは新しいカモをみつけようにもコストがかかりすぎる。だから目をつけた相手を、まずはディナーに連れ出すといい。たった10ポンドのボーナス・ポイントのために人が何をするかわかって、びっくりするよ」

こうしてダンの会社は、『金を稼ぐためには賭客に金を与えるふりをしなければならない』ということを学んだ。言わば賭客にボーナスを与える文化だ。しかし、一方で、そこから徐々に顧客に対して限定条件を付与していく。オンライン・ギャンブルのプレーヤーは、勝ちゲームでも一定回数以上「最初から最後まで」プレーしないと勝ち金が引き出せなくするというルールもその一つだ。マーケティング部門もリスクを削減し、ハウスエッジ（訳注：胴元の取り分）を増やすための方策に積極的だ。コントロールの錯覚（訳注：実際はコントロールできない事象を自分が制御していると思い込むこと）を生みやすい高オッズの連勝式を勧めたり、もっと頻繁に賭けるようにけしかけたり（Newall 2015）、あるいは単純に「利益にならない」アカウントを閉鎖したりしている。

もう一つ、賭客に明確に禁じている事項がある。それは、「最小限のリスクでの賭けパターン」と呼ばれる手法を用いることだ（訳注：たとえばルーレットで赤と黒の両方に賭けること）。ある大手企業は、ウェブサイトでこう警告している。

「当社は、ボーナス付与とプロモーション・イベントで、お客様のゲームと賭けの楽しみを向上させますので、公正にご参加ください。ある種のプレースタイルは不公正で、プロモーション条件に違反するとみなされます。たとえば、最小限のリスクでの賭けパターンを用いること（ローリスク・ベット、ゼロリスク・ベット、イコール・ベット）がそれに該当します」

行動情報マーケティングの台頭

可能な限り低いＣＰＡ（顧客獲得単価）で新規客を獲得しようとする激しい動きがアフィリエイトや企業サイト間で続くなかで、着実に規模を拡大していったのが「ボーナス・アビューズ」や「ボーナス・ホアリング」と呼ばれる悪用例（個人が偽装ＩＤで複数アカウントを開設し、新規顧客用に設定された条件で利益を得ること）だった。結局、それがセキュリティ部門における最大の懸念になった。

一方、新たなビジネス・モデルの中心軸として活気に満ちたマーケティング部門にも、膨大なエネルギーが注がれた。ある専門家は、当初懐疑的だったブックメーカーを説得して行動情報マーケティングを受け入れさせた経緯をこう説明した。

「私たちは不正を検知するためのオンライン分析論の売り込みから始めたが、調査するうちに『忠実な』顧客、いや実際は長期間まとわりついているただの客がライフタイムバリュー（ＬＴＶ）、すなわち顧客生涯価値（訳注：一人の顧客が生涯にわたって企業にもたらす価値）を押し上げていることがわかったんだ。ご存じの通り、ブックメーカーはＬＴＶが大好きで、カジノが忠誠度を測るデータをマーケティングに役立てていることは知っていた。しかし、マーケティングには経費がかかるし、どれほど効果があるか、ターゲット層に確実に届くかどうか予想がつかない。そこで私たちは客全体ではなく個人に注目することにしたんだ。というのも、大半の人は一般向けの広告や共通メッセージにいらいらし、非生産的だと考えているという研究結果もみつけたからだ。つまり経費を上乗せしなくても、個人向けのメッセージを発信すればいいということが裏付けられたわけ。もちろんブックメーカーは、これに飛びついた。なんせ連中はけちだからね」

このように行動情報マーケティングは、ブックメーカーが喜ぶ結果を即座に出した。ある経営幹部は、「マーケティングとボーナス・ポイント提供で賢く立ち回ったのが分岐点になった。それからは以前やっていたことがすっかり原始的に思えたし、市場競争が激しくなったときには顧客を維持する手助けになった」と語り、資料も見せてくれた。たしかに彼の会社では、個人向けの広告メッセージのおかげで重要な指標が向上したことを、数字が実証していた。なかでも顕著だったのが、復活した休眠顧客とアクティブ顧客の増加、粗利益の増加、そして顧客とスタッフの交流の増加だ。「これがビジネスを守る生命線だ」と説明した後、彼はこう付け加えた。「特典狙いの不正行為を減らす格安な方法をみつけて、良い顧客を確実に囲い込み、実際に望んでいる以上に賭けをさせるわけだ」

洞察に基づくマーケティング活動は、つねに進化している。たとえば、オンライン・ギャンブル企業GVCは、2019年の投資家へのプレゼンテーションで「分析論と洞察力は、顧客を維持し拡大するうえでもっとも効果的な手段だ」と述べている。「顧客のDNA」をつかむために、「データに基づいてターゲットを絞った広告」を駆使し、「顧客獲得を最大化」するのだ。具体的には、①パーソナライゼーション：特定の個人向けにカスタマイズした「最適な広告をしかるべきタイミングで」提示する、②次善のアクション：個々の顧客に、適切なメッセージ、ボーナス付与、スタッフとの交流機会や戦略を、ライフタイムのいずれかのステージで適用する、③リアルタイムのターゲティング：リアルタイムのコミュニケーションで顧客との親密度こと顧客エンゲージメントを向上させ、試合前のプレマッチ・ベットと「インプレイ・ベット」を提示する、ということだ（GVC 2019）。

ＧＶＣはこうしたプロセスを、イギリスのオンライン顧客関係管理（ＣＲＭ）と関連づけている。たとえば、週に１００ポンド賭ける顧客向けの広告は、彼のこれまでの金曜日と土曜日の行動に基づき、10種の広告と電子メール、お勧めの提示とプッシュ通知を組み合わせて、「活動の活性化」や「抱き合わせ販売のクロスセルと高額商品を勧めるアップセル」を行うそうだ。さらにＧＶＣは、「賭客の満足感だけではなく、忠誠心を養う」ことを２０２０年以降の目標にしているという。そのためにとくに重要視するのがサッカーで、「終始一貫した」「一つの意見」を取り入れることも視野に入れている（GVC 2019）。

群を抜いて変化したマーケティング

ライブ・ベットのベテランは、「わざわざデータ分析家を雇って編み出したアルゴリズムよりも、大躍進したマーケティング手法のほうがはるかに効果的だということがわかり、分析家はかなり落胆した」と私に教えてくれた。ウォリントン社のプログラマー、30歳のジョシュもこう語っていた。

「正直に言うと、ウォリントンの仕事には予想していたほどのスキルは必要なかった。実際、最後はただの巨大なマーケティング・マシンになっていた。マーケティング・チームがまとめる新しい戦略を、片っ端から試しているだけだった。自動化された工程が山ほどあったので、実質、オッズ設定で技術が必要とされる場面はまったくなかったよ。僕らはただアジアのマーケットのあとに続いて、1日中ソフトマネーを追跡するだけだった」

この文脈の『ソフトマネーを追う』というのは、貨幣とは異なる価値を持つ顧客のプロファイリングやファクタリング（債務管理）のことだ。ダンは簡潔にこう述べた。「経済学の基本だよ。私たちが賢いプレーヤーのアカウントを停止したり制限したりするのは、負け続けのプレーヤーに利鞘の大きい商品を売ることに集中するためなんだ」。ダンやジョシュによると、負けているプレーヤーに設けられる賭け金の上限額は、勝ちの多い賭客の10~1000倍にも上るという。

別の企業の経営幹部でインプレイ・ベットの専門家ジョンも、私がウォリントン本社でトレーダーとともに働いていた2007年以降、オッズの設定方法が根本的に変化し、いまや巨大なアジア・マーケットの先を行っていることを裏付ける発言をしている。ジョンによると、「アジア市場から学ぶことは多い。アジア市場はサッカー選手ウェイン・ルーニーがつま先を痛めたことを、彼の妻が知るより早く教えてくれる」と言っていた。ジョンはこのテーマをさらにふくらませ、「かつてオッズは企業内の専門家が設定していたが、いまではアジア市場と、どこの国のどんなものにでも賭けたいという客の欲求に突き動かされているんだ」と説明してくれた。

私がウォリントンの取引フロアで働いた2007年以降の変化のなかで、マーケティングの変化は群を抜いている。それはいまやビジネスをコントロールするまでになり、その影響は競馬などの伝統的商品にも及んでいる。かつては新商品作りや取引価格設定の責任者だった経営幹部たちも、いまはマーケティングの補佐役に過ぎない。それでも責任者の一人は、こう強調した。

「マーケティング（部門）が望み通りに決めたオッズを、トレーダーは黙って受け入れなければならない。（中略）しかし、チャンピオンステークス競馬は、こっちで（本命に）2／1のオッズを設定した。後日、数字をしっかり精査すると、レース当日の店の売上の14・9％となり大きな数字だった。これをマーケティングのおかげと言われてはたまらない」

ジブラルタルには、スポーツ賭博をルーレットに変貌させることでひと儲けした企業のほかに、悪習と思われがちなギャンブルを無害な娯楽へ、とくに女性向けに変身させようと知恵をしぼっている企業もある。

ラッキーデー

携帯電話ギャンブルは、2012年より数年前、すでに協議会の議題にとりあげられていた。しかし、小さな画面とさらに小さなキーボタンを理由に、『潜在的可能性には限界がある』と常に軽んじられていた。「小売店」（賭博店）の経歴を持つ経営幹部はたいていタイピングが苦手だし、いまだに初期モデルのノキア携帯に向かって叫んでいる者もいるほどだ。彼らは、年若い同僚が最新型のブラックベリー携帯を振りながら、フリクションレス決済（訳注：客がストレスを感じないキャッシュレス決済等の支払い方法）について説明し始めると、不機嫌そうに鼻にしわを寄せるのが常だった。

そんな業界で携帯電話ギャンブルが注目を集めるのは、スマートフォンの普及とともに、モバイルブロードバンドが確立してからだ。事ここにいたって、はじめていわゆる「モバイル・ファースト」の投資家が立派な学者のように見えたという。２０１２年、私は新興企業ラッキーデーのロンドンのオフィスを訪ねた。ちょうど成長著しいころで、クリエーターのジョージの意気込みも会社の勢いそのままだった。

「まったく見事だ。気に入ってるよ。なにしろ何もかもが変わる変革の真っただ中にいるんだからね。しかも変化は2、3年で起こる。素晴らしいよ。いまの変化は過去のどの変化よりも速い。1年前、携帯電話やアンドロイド携帯を使っていた顧客はわずか20％だった。それがいまでは約60％だ」

ラッキーデーは顧客へ直接サービスを提供する（Ｂ２Ｃ）と同時に、他の事業にホワイトラベル・サービスも提供している（Ｂ２Ｂ）。ジョージは、私が取材した多くの人と同じように、「従来のブックメーカーの失墜は、オンライン・ギャンブルのチャンスを見極めるのに手間取ったことが原因だ」と語った。資金力があり、規制に慣れ、テクノロジー恐怖症で、明らかにリスク回避型の昔ながらのブックメーカーは、わずか10年前までオンライン・ギャンブルを「うさんくさい」と思っていたわけだ。いま振り返って、当初躊躇したことをブックメーカーは負け惜しみのように語っている。もちろん、成功したからこそ語れる話だ。

「1999年、（ラルフ・）トッピングがオンライン課の立ち上げを一から任された。なぜ彼だったのかって？　信じられないかもしれないが、彼はカナダにいる姉に電子メールを送ったことがあったから。つまり、ウィリアムヒルでインターネットを使ったことのある唯一の古顔スタッフだったからなんだ（後略）」（EGR Magazine 2012:69-70）

背景を補足しよう。アマゾンやイーベイが登場するのは1995年だが、学生たちはその前の1993年からずっと電子メールを使っていた。2008年にウィリアムヒルのCEOに就任したトッピング本人の話によると、ウィリアムヒル・オンラインは「イングランドのリーズの狭苦しい部屋で、3人のチームで始まった」とのことだ（EGR Magazine 2012:70）。その後、ウィリアムヒルのオンライン・ビジネスは成功したのだから、そうした経緯がもっと吹聴されてもよさそうなものである。自慢話は、この業界ではよくあることだから――。

しかし、こうした保守的な態度がテクノロジーに精通した新規参入者を苛立たせることになる。2012年にバルセロナで講演したオンライン・ギャンブルのパイオニアの一人はこう批判した。「この業界は、新機軸を殺そうとしている。場違いな人間、インセンティブに乏しいおそまつなインターネット戦略、柔軟性のない文化、大所帯のチーム、そして『ここで発明されたものではない症候群』（訳注：自らの発明ではないことを理由に、アイデアや製品を採り入れないこと）が元凶だ。こんな講演をフェイスブックの社員の前でしたら、きっと大笑いされるだろう。とにかくこの業界は遅れている」

言い終えた彼に向って、私が「新機軸に興味がある」と言うと、彼はこう言った。「それなら取材場所を間違えたね。ここの連中は新しいことをしているんじゃない。模倣しているだけだ」

伝統的ブックメーカーは、広く知られた信頼のブランドはあっても、テクノロジーに関する知識は限られていたため、第三者に頼らざるを得なかった。自社で技術やソフトウェアを開発するベット365をはじめとするオンライン専門企業に追いつくことができなかったため、出版社のようにクリエイティブな技術的業務を外部のサプライヤー4、5社に任せ（ビジネス・トゥ・ビジネス、B2B）、おもなウェブサイトすべてで同じ商品がみつかる市場を作り出そうとしたのだ。こうした動きにコミュニケーション分野や金融業界の経験者が多い新規参入組は驚嘆した。たとえば、新たな商品をジブラルタルの一流企業に売り込もうとしていたメディア畑の経験者で、会社役員のライアンはこう語った。

「われわれが市場に参入したとき、予想していたのはリスクを冒し、素早く変化し、差別化を図ろうとする市場だったが、実際の市場はそんなものではなかった。理由を突き止めるのにしばらくかかったが、ようやくわかったよ。既存の企業はいまの強みを守ろうとしているだけで、革新も競争相手との差別化も必要としなかったんだ。そんなことをするのは危険だからね」

ジョージの右腕マイクの肩書は「代表取締役、巡回セールスマン」とユニークだった。意図をたずねると、彼はこう答えた。「お金がどんどん入ってくるようにするためだよ」。マイクもライアン同様メディア経験者で、植民地支配主義とそれに伴う金鉱探しのたとえを用いて、B2Cのモバイル部門の仕事を「土地の強奪」と呼んだ。「こういう企業は新たな顧客を限られたパイから獲得しようとする。だからありとあらゆる手を尽くして、ライバルではなく確実に自分のところへ客が来るように仕向けなければいけないんだ」。

マイクによると、そのためにはブランド・プロモーションが重要で、地上波テレビが望ましいとのことだった。

「重要なのは信頼関係を構築することだ。相手にあなたは信頼できる人物だと思ってもらい、携帯電話でギャンブルすることも、お金を使うことも安全だと納得させなければいけない。そこで私たちが目をつけたのがテレビだ。テレビ広告は別格だった。効果は絶大だったよ。テレビはすっかり時代遅れだが、いまだにありがたがっている人もいる。少なくともうちの顧客はそうだ。テレビは気が休まるし安心できるからだろう。そのテレビが視聴者に、『私たちは信頼できる』と伝えてくれる。テレビが生む効果は、とてつもなく大きかったよ」

もう一つ、ラッキーデーの成功によって明らかになったことがある。それは伝統的ブックメーカーとモバイル・ファースト企業のビジネスは共存可能だということだ。スマートフォンのスロット・ゲームが、女性やギャンブル未経験者の心をとらえたからだ。当然、マイクから見れば、ラッキーデーの商品を伝統的ブックメーカーに売り込むチャンスとなる。この点について、彼はこう言った。

「わが社の89％の顧客はオンライン・ギャンブルの経験がなく、アカウントも開設していない。ましてや自分をギャンブラーだなんて思っていない。まさしく、ここはわれわれの市場だ。だからブックメーカーがオンライン・ギャンブルについて知らなくても一向にかまわない。ブックメーカーにわれわれの商品を使ってもらえば、われわれが既存のブックメーカーのビジネスを傷つけないことを理解してもらえるからね」

ジョージの認識は、「私たちの顧客は従来の意味でのギャンブラーではなく、電話ゲーム・プレーヤーだ」というものだ。実際、『ラッキーデーが提供するのは娯楽の一種だ』と表現しており、スポーツ賭博をはじめ『ハードなギャンブル』とみなされる賭け事に肩入れするつもりはないようだった。「顧客の大半はソファや列車で数分間遊んで、それで満足している。すぐに次のレースや次の賭けを探すことはしないし、そもそも望んでいないときに無理強いされることは好まない」

この伝統的な賭博との暗黙の対比は、社内全体で共有されていたようだ。マネージング・ディレクターのスコットは、次のように語った。

「これは宿命じゃないだろうか。みな顧客が厄介なことにならないように願っている。それでも最近心から悲しい出来事があって、ジョージも私も巻き込まれた。それで金を払い戻す結果になった。しょっちゅうではないが、そういうことは実際あるんだ。商売としては理想的ではないが、これはもう宿命じゃないだろうか。誰かの仲間がコントロール不能になったとか、正真正銘の問題を抱えて家を失うかもしれないと聞いたら、いろいろとやりようがある。私は客の立場にのめりこみすぎかもしれないが、これは社内で続けていきたいことの一つだ。それが不可能な会社もたくさんあるからね」

顧客サービス

ラッキーデーの顧客サービス・チームは、何の変哲もないビルの5階の数部屋を使っていた。ジブラルタルのビジネス街にある、他のギャンブル企業も入っているビルだ。月曜日の朝は驚くほど忙しく、電話が鳴りやむことはない。「大半は技術的な話か、金銭関連だ」とチームリーダーのアダムが説明してくれた。「客は保証金の払い方、勝ち金がいつ入るのか、ボーナスがいつ届くのか聞いてくる。そういうたぐいの話さ」

真っ先に電話に出るのは、いつもアダムだ。てきぱきと質問に答える彼の英語には、ほんの少しだけスペイン語なまりがある。同僚のトレヴとニコールもアダムに倣いプロ意識は高いが、アダムほどの熱意はない。質問に答えながら、アダムはミシェルから新たなアカウント情報を受け取っている。ミシェルは身元確認とＶＩＰの担当、フランクとボブは詐欺部門担当だ。

トレヴの電話の相手は、返金を求める顧客マイケルだった。知らないうちに彼の電話で勝手にアカウントが開設され、カードから４８０ポンドの保証金が支払われたという。トレヴは携帯電話の番号と生年月日をたずね、そこからアカウントを割り出すと、すぐさま使用された金額を確定させた。そして、「偽アカウントが開設されたのなら、マイケル、警察に通報してください」と答えた。マイケルは何か言おうとしていたが、トレヴは電話をミュートにして私に言った。「彼の仕業だ。自分でやったんだ。客はここに電話をしてきて『身に覚えがない』と言うが、警察には知らせない。自作自演だからさ」

トレヴは「いいですね、マイケル」と電話を切り上げようとして、最後にこう言った。「お電話ありがとうございました」。電話のあとでアダムといっしょにマイケルのアカウントに目を通した。そこには、彼がお金をいつ、いくら預け入れ、どのゲームで遊んだかといった個人情報がすべて記載されていた。

アダムの考えは、こういうことだった。「マイケルはさんざんギャンブルで遊んでしまい、月末のもろもろの支払いができなくなった。それで金を使ったのは自分ではないと言い出したんだ」

さらにアダムは、こう付け加えた。

「自作自演なのは一目瞭然だ。すべて彼の携帯電話が使われているし、アカウントの履歴にも残っている。問題は、マイケルの仕業だとわかっていることを、マイケル本人に言えないことだ。万が一彼の仕業ではなかったら、彼は警察へ行って一部始終を話し、詐欺対策番号を教えられるだろう。私が同じ目にあったら、きっとそうする。だが彼は警察へは行かないはずだ。たとえ行っても、『証明できる証拠が何もないじゃないか』と言われて終わり。それに携帯電話の管理は本人の責任だ。私がゲーム用アカウントを持っている携帯をロックしないままそのへんに置き、それで誰かに遊ばれたら私の過失だ。マイケルが自分で遊んだのは間違いない。1カ月以上にわたってまとまった額の金が預けられていたからね」

そうこうするうちに、ニコールが電話に出ていた。相手のアニーはアカウント作成に必要な身分証明書類のコピーを送るのをしぶっており、ひどく不安になっているようだった。そこでニコールは、まずアニーを落ち着かせ、そのうえで『規則上お客様全員に書類提出をお願いしていますが、送りたくないということであれば、それでも問題ありません』と説明した。しかし、アニーはニコールの話が理解できないらしく、何度も同じ質問を繰り返すだけだったので、ニコールは丁寧な口調でこう言って話を終わらせた。「これでお話は終わりです、アニー。もう同じ話を何度も繰り返していますから」

一方、アダムはしばらくギャンブルから自主的に離れ、最近再開した顧客を相手にしていた。1日の賭け金の上限を30ポンドに設定できないかたずねているようだった。アダムが同意し、ギャムケアやその他の自助グループに相談したかどうかをたずねると、まだ相談はしていないという。そこで、アダムはこの客のアカウントに関する質問をいくつかして、それを記録した。その理由について尋ねると、アダムはこう言った。「なじみの顧客は、はっきり言うと労働者階級だ。ここには上流階級の客はいない。じつのところ、VIP以外の客はあまり金を使わないんだ。アカウントを確認すると住所がわかるので、ロンドンの高級住宅街の住人かどうかすぐわかる。話し方から上流階級だとわかることもある。一方、正反対の世界の客だと、ひとり親の家庭だったりする。まるで社会の縮図だね」

ラッキーデーは、企業名だけでなくウェブサイトや商品(人気のテレビ番組とタイアップしたスロット等々)の多くも、女性の心をつかむように設計されている。従来のギャンブル産業で広く信じられてきた『女性はスロットやビンゴ・ゲームを好み、男性は競馬等の賭け事を好む』という仮説(ある統計によると、スポーツ賭博のアカウント・ホルダーの大部分を男性が占めていることから、スポーツ賭博は男性賭客に支えられているとする説）とは正反対の設計だが、ことラッキーデーに関しては理にかなっている。というのも、スポーツ賭博の企業とは違い女性客が多いからだ。スタッフが言うには「男性客と同じくらい女性客とも話すから、ちょうど同数くらいだ」という。ただし、選択するゲームには大きな違いがある。「ことゲームとなると、みな男性のゲーム歴を調べようとするが、それは違う。ビンゴやスロットを好むのは女性なんだ」。ちなみに、ラッキーデーでもっとも利益を生むルーレットは「男性が好むゲーム」らしい。

スコットは、１カ月の間にゲームをする数千人のうち15～30人ほどがギャンブル問題を抱えていると見積もる。そこで「そうした人達をどう思っているのか。どうすれば問題を解決できるのか」と問うと、スコットはこう言った。

「私たちはみな問題ギャンブリングを心配している。金が払えないと言っている客から、金を巻き上げるビジネスをしているわけではないからね。そういう意味では、問題を抱える顧客がギャンブルに溺れないように守る責任があると思う。しかし、なかには『それはギャンブラーの問題で、良心の呵責はまったく感じる必要はない。笑い話だ』と言う人がいるのも事実だ。たしかにクレジットカードの請求書が届くと、彼らはいつもこう言う。『これは私が使ったんじゃない』『誰かにカードを悪用されたんだ』と。だが、実際に支払い差し止め請求が承認されるのはわずか０・３％だ」(注7)。

アカウント・マネジャーのフランクは、読んでいた本（『Curency Trading for Dummies（素人のための為替市場）』）から顔をあげてこう反論した。

「そもそも『責任あるギャンブリングの問題だ』という姿勢で、企業がギャンブリング害に取り組まなければならないのが問題なんだ。現実を直視すれば、単なる企業の問題ではないことは明らかだからね。だから完全には同意できない。むしろ『人は自分自身の行動に責任を持つべき』ではないだろうか。もちろん社内規則に『私たち事業者は、顧客が度を超さないように注意しなければならない』と書いてあるのは知っている。しかし私は、それ以前の問題、つまりその人の意思の問題だと考えている。もし依存症になったら、それはその人の意志が弱いからだ。冷たい言い方かもしれないが、何事も白か黒かで見るたちなんでね。かく言う私も車中毒だが、それは自ら望んでそうなっただけのことさ」

そばで聞いていたボブがすかさず口をはさみ、こう言ってフランクを支持した。「大半の人は、金が底をつかない限り、何の問題もなくゲームで遊んでいる。だからゲームが原因で問題が起こるはずはないんだ。つまり、遊んでいる人の方に原因があるということだ。これで話は終わりだ」

VIP

「VIP回線のミシェルです。ご用件をどうぞ。あら、ジル、お元気ですか？　お子さんたちは元気？

休暇でどちらへ？　きっとすばらしい場所なんでしょう？　まあ、それは素敵、最高。ほんとうに。ええ、賭けてもいいですよ。天候に恵まれるといいですね。言うことなしでしょう。あら、お子さんの声が聞こえますね。調子はどうでした？　そういえばマークは（中略）、彼は元気？　あなたはゆったり景色を楽しめばいいんですよ、ジル。ええ、そうね、ほんとうに素敵。私は少し出遅れてしまって、いまようやく目を通したんです。じつは私も休暇明けで、いま目を通したところなの。ちょっとシェリーでも飲んでお待ちください。終了したらテキストメッセージを送ります。だいたい20分いただければ、状況をお知らせできます。わかりました、親愛なるジル」

ミシェルは、ここで電話を切り、部屋のスタッフへ向かってこう言った。「私はジルが大好きよ」。するとアダムがこう返した。「ああ、彼女は正常だからね」

ミシェルは18人のスーパーVIPと256人のレギュラーVIPの「お世話をしている」ラッキーデーのスタッフだ。レギュラー・ボーナスを付与される彼らVIPは、ラッキーデーの約100万人の顧客リストから毎週自動的に作成される「優良預金者」から選ばれる。そのなかから誰をVIPクラブへ招待するかを決めるのがミシェルの仕事だ。ミシェルはまず、お客様の意志を確認し、承諾が得られた段階で、次の作業に進む。

「VIPの招待を受けると、歓迎ギフトとして50ポンドのボーナスがもらえるの。さらに日曜日ごとに、最初に預け入れたお金の100％のキャッシュバックや、200ポンドを上限に、毎月預入金残高の10％のキャッシュバックもあるわ」

顧客の格下げもミシェルが請け負う。格下げされるのは「金払いの良い客」のカテゴリーに当てはまらなくなった客だ。ミシェルは「待遇はみな同じ」と説明するが、VIPの扱いについては、ある程度判断を任されていた。

「お客様が電話をかけてきて『ねえ、少しボーナスをもらえない？　今日は賭け金が全然ないの』と言ってきたら、間違いなくここ数日間でかなりの金額を使っている。だから10ポンドか15ポンドのボーナスをあげるの。たとえば2000～3000ポンド使った人なら、20ポンドか30ポンドのボーナスをあげるわけ」

さらにミシェルは、「はっきり言うと、かなり不愉快な人もいる」と打ち明けた。「お金をまったく使っていないのに、毎日ボーナスをちょうだいと電話をかけてくるの。もちろん、そんな客にボーナスはあげない。だって、誰かれかまわずボーナスをあげることはできないもの」

自分を「おしゃべり好き」と言うミシェルは、顧客とのあいだに築いた関係を誇りに思っていた。ほぼ電話のやり取りだけで培い、育んできた信頼関係だ。「仲よくやっているお客様はたくさんいるわ。個人的なことを聞けるようになったから、家族の名前も知っているし、向こうも私の子供たちの名前を知っている。昨日はジルと話したけれど、彼女にはちょっと問題があって、その相談も受けているくらい。そういう関係は素晴らしいと思うの」

わずかだが、毎日電話をかけてくるVIPもいるという。おもに女性だ。

「そういう人は独り暮らしで、たぶん独身で、男性より女性が多い。よくわからないけれど、お客様と話がはずむのは、私が女性だからかもしれない。女性の声が電話で聞こえてくると、男性の声より心地いいのかもね。もし私が男性で、おもに男性客と話せば男同士で話がはずむかもしれないけれど、女性だから女性同士冗談を言いながら話すのが好きなのかもしれない。だから女性のお客様には普通の人、知人と話すようにしているの。だってもともと知っている人だからね。電話越しだけど、1年通して築き上げた関係があるしね」

VIP専用回線にかかってくる電話の大半はボーナスを求める内容だが、ときおり相当な額の勝ち金を手にした顧客もかけてくる。ミシェルはその手の電話がお気に入りだ。彼女は生き生きと最近の例を話してくれた。

「お客様は勝ったときにも電話をくれるの――もう最高。私もみんなもそういう電話が大好き。（中略）この仕事のやりがいの一つね。これまでは休暇旅行なんて縁がなかったけれど家族を連れていくんだとか、初めて海外へ行ったとか、おめでたのガールフレンドのために赤ちゃん用品を何もかもそろえることができたとか――。そういうささやかな報告がうれしいの。ほんとうに、ほんとうに素敵なことだもの」

ミシェルは電話応対で新規アカウント用のIDを確認することに加えて、スーパーVIPのための旅行を企画していた。「とても楽しい旅になりそう。みんな素晴らしい人たちだから、いっしょに笑って過ごせると思う」とミシェルは言った。実はその年の初めに、ミシェルは少人数のグループを率いてすでに一度ロンドンのコメディ・クラブを訪れていた。「もちろんトップクラスの高額利用者をもてなすために行ったのだけど、コストダウンにも挑戦しなければいけなかったから、当然ロンドンで暮らすすべてのお客様を招待するわけにはいかなかった。だからだれが長期にわたって私のお客様でいてくれたかを考えて決めたの」

旅の最初はぎくしゃくし少し神経が疲れたようだが、徐々に全員がリラックスし始めたという。

「招待したVIPの一人モナは、ホテルに最初に到着した一人だった。いったん部屋に落ち着いてから、私たちは飲みに出てすぐに意気投合した。彼女は翌日息子さんの誕生パーティーを開くから家にいらっしゃいって招待してくれた。いい人でしょう？　残念だけど明日出発するので、と断ったけど。彼女は料理のこととか、いろいろ教えてくれたわ」

スーパーVIPのなかには、次の旅行でカジノへ行きたがっている人もいたが、ミシェルは決めかねているると言った。

「ギャンブルからは遠ざかっていたいの。お客様がギャンブルするところを見たくないから。（中略）みんながギャンブルをするのは知っているし、どんなときにいくらくらい使うかも知っているけれど、いっしょにカジノに行って、みんながギャンブルしているのを見たいとは思わない。もしかしたら翌日1日ギャンブル禁止ってみんなに言ってしまうかもしれない。『神様、みんな問題だらけです！』と言いながらね」

ミシェルはつまらなそうに笑った。彼女はギャンブルの危険性に気づいているし、顧客を大切に思っている。同時に、雇い主のために良い仕事をしたいと願ってもいた。こうした気持ちのバランスをとる彼女の能力にも限界があり、自分の顧客がギャンブルをしている姿は見たくないようだった。彼女は身震いしながらこう説明した。

「ときどき地元のカジノに行ってトイレを借りたり一杯飲んだりするけど、行くたびに同じ人が座っているの。そんな人に話しかけたら、邪魔をするなって怒られて、頭を切り落とされそうな気がする。だからみんなをカジノに連れていったら、ゲームにものすごく夢中になってしまうかもしれない。私はそんなの見たくない」

ミシェルはきちんとした研修を受け、充分な情報もあるので、ギャンブルが起こし得る問題を熟知していた。心痛むケースについて語りながらも、顧客とのあいだに慎重に築いてきた関係が、危険に近づきすぎる顧客を守る防護壁になってくれることを願っているのだ。

「あれは奇妙な現実だった。この女性が何千ポンドも、文字通り何千ポンドも使ったなんて思いもよらなかった。彼女自身、私たちに電話をかけてくるまでそんなに使ったことに気づいてもいなかったみたい。しかもたった2日間でよ。だから私たちはアカウントを閉じたの。そうしたら『なぜそんなことするの』って激怒し、『だいぶお金を使ったからボーナスをちょうだい』と要求してきた。私には彼女がいくら使っていたかわかったし、とにかく金遣いがいいことは確かだった。だから『まあいいか』と考えて、ボーナスを与えたの。

でも、それで終わらなかった。彼女はまたすぐに電話をかけてきて、同じ要求を繰り返してきた。そのときの会話で、カードの限度額を超えてしまい、なんとか勝ってお金を取り戻そうとしていることがわかったの。勝ってお金を取り戻そうだなんて、そんなこと絶対にしてはいけないことなのに。彼女はどんどんいらいらしてきた。だから私は『あなたのアカウントを閉鎖します』って言ったの。そうしたら『そんなことできないわ！』『言われた通りにしなさいよ！』ってののしられたので、私は『あなたがしていることはほんとうにばかげている。勝ってお金を取り戻そうだなんて、かえってお金を失うだけです』と言い返したわ。

実際いらいらする電話だった。だって彼女はひどくヒステリックになって取り乱していたから。でも、自分がしたことを理解し始めていたのだと思う。あれだけはっきり言われて、少しは冷静になったのかもしれない。いずれにしても、立ち直るまでにはかなり時間がかかる。それがわかっていても、私にできることは何もない。たしかに私はゲーム会社で働いているけど、ゲームフロアにいる人を見たくはないの」

ミシェルは責任あるギャンブリングと、顧客がギャンブリング害を被っていると疑われるときの正式手続きについて理解していたし、その問題もわかっていた。

「たいていの場合、悪い兆候に気づいたら、お客様から私に相談してくる。そうなっても、『問題を抱えている』と、本人の口から言わせるのはかなり難しい。相手が『問題なんてない』と言って譲らなかったら、意見を変えさせるのはまず無理ね。だからそういうときは、『賭け金に限度額を設定してはどうですか』って提案するの。そうすると10人中9人は納得してくれる。そうなればしめたもので、こちらから金額を提示するわけ。でも、なかには電話で『もうやめなければ』と言う人もいる。そういうお客様には6カ月間か1年間、もしくは永遠にギャンブルをやめるよう提案するの」

その一方で、ミシェルは自分の心遣いが人々を苦しみから遠ざける一助になることを心から願っていた。実際、彼女は依存症を病気とは呼ばなかったし、支払い能力以上のギャンブルに手を出す人を気の毒にさえ思っていた。つまり、ミシェルは「ギャンブリング害は彼女の大変な努力にもかかわらず、顧客が自ら選んでしまう」と考えていたのである。

「私はギャンブルはしないいし、あんなふうに自分を傷つけたり、働いたお金を使ったりできないと思う。もちろん宝くじは買うけれど、でも数ポンド分で数枚だけ。勝つときは勝つし、負けるときは負けるわ。結局のところ、あの人たちはお客様だけど、その前に人間だと思うの」

ちょっとした楽しみ

2017年の1年間、世界中で約1070億ポンド（約15兆6100億円）のお金がギャンブルに使われた。その額は、映画と音楽の合計よりも多い。特徴的なのは、大半がオンライン・ギャンブルだということだ。当然、インターネット・トラフィック（通信量）の伸びもすさまじく、今やカジノ・プレーヤーだけで全体の11％を占めている（Jones 2018）。この傾向は、今後も続くことが予想され、とどまるところを知らない。その一翼を担っているのがモバイル・ギャンブルだ。２０１６年末の市場規模約４１７億８０００万ポンドから、２０２０年末には８００億ポンドに達すると予想されている（Stocks 2015）。

この成長の先頭を走っているのがイギリスで、現在、世界最大の統制市場を形成している。スマートフォンとモバイルブロードバンドの普及により、企業は個々人の要望に添うギャンブル製品を作ることが可能になったし、客もいつでもどこでも遊ぶことができるようになったからだ。かつては違法なすきま産業として激しく蔑視されたギャンブルがいまや多様化し、幅広いユーザーに販売促進されているのである。

その手段となった新製品や広告は、どれも『ギャンブルは社会的に認められたいつでもできる娯楽である』ことを強調し、新旧の顧客を安心させるように設計されている。たとえば、サッカーのテレビ放送には、ありとあらゆる場所にギャンブル広告がちりばめられている。巨大スクリーンによる広告はもちろん、選手のユニフォームやゴールキーパー・コーチのスウェットパンツにも広告が張り付けられている。実際、２０１８～２０１９年シーズンのプレミアリーグ20チーム中9チームと、チャンピオンシップ（これもスカイベット社がスポンサーのリーグ）24チーム中17チームのメイン・スポンサーがギャンブル企業だった（Djohari et al.2019）。

一方、いわゆる「ピンク・ギャンブル」と呼ばれる８８８レディースやピンク・カジノ等のサイトはビンゴ・ゲームに参入し、女性向けでありながら典型的なギャンブル体験ができるサイトに女性たちを惹きつけた。たとえば「チットチャット（世間話）」ビンゴでは、セレブのゴシップや猫好きにはたまらない話題が扱われている。この分野に漂う上品できちんとした雰囲気をいっそう強めるのが、とても感じのいい「ブランド大使」だ。国の宝と称えられる俳優のバーバラ・ウィンザーや、「おっさん」を演じさせたら右に出る者はいないと言われる俳優レイ・ウィンストンもギャンブル企業の顔になった。

オンライン・ギャンブルに対する世間のイメージを変えるという意味では、ジブラルタルはうってつけの場所だった。かつては『犯罪人引き渡し条約が結ばれていない国を拠点とする違法取引』というイメージだったオンライン・ギャンブルを、社会的地位のある人々の商売となんら変わらないビジネスへと変移させたからだ。業界もジブラルタルの岬の光景に、その変化を感じ取ることができた。金曜の夜になると、3000人という労働者の大群がマリーナ周辺の店に押し寄せ、わいわい酒を飲みかわしながら声をかけあい、互いの会社の資産を比べ、特定の商品や顧客の情報交換をするようになったからだ。

興味深いのは、ここで働く人の多くが、自分たちがたずさわる分野を「ゲーミング」業界と呼びたがることだ。実際、私が「ギャンブル業界」と言ったとき、「ゲーミング業界」と訂正された。ほとんどが新顔のあいだに、あっという間にここの生活様式になじむようだ。なかにはなじまない、あるいはなじめない者もいたが、個々の生活スタイルは敏感に察知していた。簡潔に言うなら、陳腐な決まり文句「よく働き、よく遊べ」に尽きる。

ギャンブル業界は不自然な状況にある

オンライン・ギャンブルを活性化するのはインプレイ・ベット等の新商品だ。ゲームセンターにあるようなビデオゲームがモデルで、展開が速く没入しやすいといった構造的な共通点は多々ある。一方、大きく異なる点もある。それは、オンライン・ギャンブルを仲介する機器が個人のモバイル端末であること、そして、そこにスマートフォンで遊ぶために設計されたカジノ・ゲームが提供される点だ。つまり、もはやわざわざカジノへ出向く必要はないという点だ。

インプレイ・ベッティングの成長に、サッカーは欠かせない存在だ。なかでも注目すべきは、徹底的な販売促進が展開されているイングランド・プレミアリーグで、２０１４〜２０１７年の間にリモート・ギャンブルが３００％拡大している（Jones 2018）イギリスだけではない。世界各地で成長を続けており、たとえば２０１８年のＦＩＦＡワールドカップの賭け金の総額は、前回大会の倍の25億ポンドにのぼっている（Ellson 2018）。

この拡大成長のなかで、もっとも経費がかかったのは新規顧客開拓とその固定化だ。つまり、マーケティングに莫大な投資を必要としたのだ（２０１４年のオンライン・ギャンブル企業の約3分の1の原価基準。Stocks 2015 参照）。もちろん新規会員用の初回登録ボーナス（「フリー・ベット」）や、「利益を生むプレーヤー」（敗者）用のキャッシュバック制度も、この投資に含まれている（Payne 2019）。

リスク管理は、伝統的な取引フロアのものとさほど変わってはいない。「客にとっておいしい賭け」の勝利から始まると、賭け金は瞬時かつ自動的に上限が設定される（MF 2017）。一方、高オッズのアキュムレータ（訳注：利益を次の賭けに再投資し続ける賭け方）やあてずっぽうの賭けで負け続けると歓迎され、さまざまな褒賞が現金で与えられる。それもこれも、顧客が長くプレーし続けるように仕向けるためだ（Witherow 2018：Ford 2019）。ブックメーカーはこの方法で、自らの製品によって生まれるリスクを顧客に負わせているのだ。

テクノロジーの発達で社会になじんだギャンブルは、カジノや賭博店から家庭へと移動し、つい最近人々のポケットに収まった。モバイル・カジノは、アメリカをはじめとする新たな市場の後押しも受けて、まだまだ成長が見込まれる。モバイル・カジノにサービスを提供するのは、イギリスやジブラルタルで経験を積んだ企業だ。彼らによって、『このギャンブルは規制によりしっかり管理されている』という新たなイメージが吹き込まれたのである。安全で、脅迫的でも複雑でもなく、ひとりで簡単に遊ぶことができるという新たなイメージだ。そのおかげで、賭博店に行くことなど夢にも思っていなかった女性や、ビンゴ大会へ行く時間がなかった女性のあいだで人気に火がついた。なにしろスマートフォンを手にしてソファに座るだけで、スロットのリールを回すことができるし、銀行データが売られることもないからだ（違法なサイトでは、そのような事態が起こり得る）。

しかも他のオンライン取引と同様に、勝てば5営業日以内にアカウントに勝ち金が振り込まれる。預入金やゲームに問題があれば、顧客サービス係へ電話をして、親切な担当者とおしゃべりをすることもできるし、優良な預金者になれば、ＶＩＰクラブへ招待される可能性すらある。

ジブラルタルに新境地を開拓した「モバイル・ファースト」、すなわちスマートフォンユーザー向けサイト開発を重視する企業は、コミュニケーション・テクノロジーやメディア方面出身の、いわばギャンブル業界外の人間が創設した企業だ。そういう企業は非常に従順に規制を受け入れ、自ら規制を求めることさえある。問題ギャンブリングについてオープンに語り、責任あるギャンブリングは「この上なく重要だ」と考えているわけだ。しかも「ギャンブルへの倫理的アプローチ」を掲げることで、自らと伝統的ブックメーカーを明確に区別している。正しい知識がある客は、自ら選択しない限り、ギャンブルによって傷つけられることはないという考えを核としたアプローチだ。つまり、伝統的ブックメーカーが『責任あるギャンブリング』を社会構造の一部と理解し、目下の環境で取引を可能にするためには必要不可欠なものとしているのに対し、新規参入組は『責任あるギャンブリング』を明確な実体を持つものとみなしているという不自然な状況にあるということだ。

次の章では、規制当局や学者、経営幹部、政治家が業界主催の協議会やイベントを通して、こうした欠陥のある考えをどのように確立し強化したかを見ていこう。

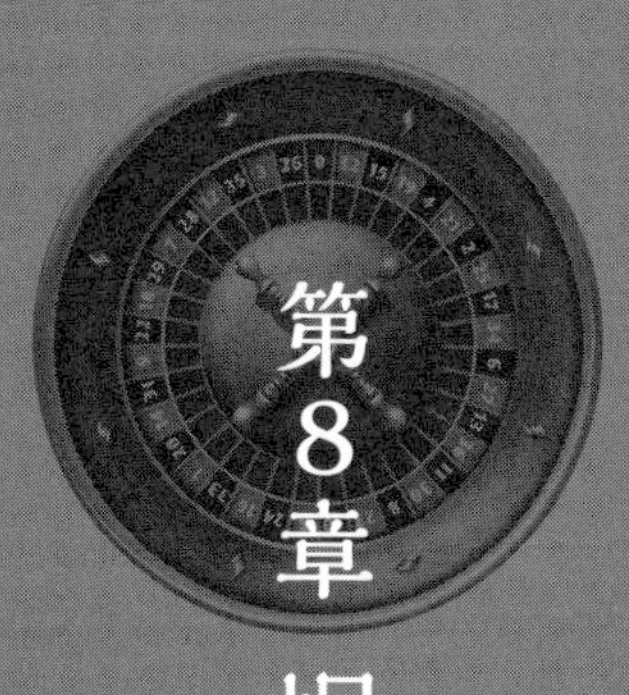

第8章
規制の駆け引き

「鼻先のニンジンや豪華なランチで相手を説得できなければ、われわれはむちを手に取る」（イギリスのギャンブル企業幹部）

ほとんどの新聞販売店で国営宝くじが売られ、賭博店やビンゴ会場、カジノがめずらしくもないイギリスのような土地で育つと、想像すら難しいかもしれないが、ギャンブルをしているところをみつかったり他人にギャンブルをさせたりしただけで罰金や逮捕、場合によってはそれ以上に深刻な事態を招く地域が世界には数多く存在する。ごく最近までアメリカのギャンブルは、州営宝くじと、ラスベガスやアトランティックシティといった特定区域内に制限されていた。いまだにスポーツ賭博はアメリカの大半で違法のため、ブックメーカーがしょっちゅう刑務所に入れられている（Amsel 2018）。中国もほとんどのギャンブルが禁じられており、違反者は逮捕されて刑務所行きだ。2017年には当局が「海外のカジノへ中国人旅行者を誘い入れた企業や個人を徹底的に調査し、厳しく処罰する」と警告を発しているが、これはオーストラリア企業の18人の幹部を指すと見る向きが多い。彼らは2016年にカジノ・ギャンブルを中国人ＶＩＰに売り込んだとの疑いをかけられ逮捕されているからだ。

イスラム圏でも大半の国でギャンブルは原則禁止だ。アラブ首長国連邦やブルネイをはじめ、多くの国がこの禁制を厳格に守っている。たとえばインドネシアでは、ギャンブルで有罪になるとむち打ち等の体刑か収監を選ばなければならない。体刑を選ぶと、大勢の地元民や「マレーシアからの観光客」の前で刑期1カ月につき1回むちを打たれる（Hariyadi 2018）。パキンスタンも競馬以外のギャンブルは禁止だ。しかし、最大都市カラチのガス・マンディ地区は「アジア最大のギャンブルの巣窟」と言われている（Habib 2012）。

インドもパキンスタン同様、違法とされるスポーツ賭博がけた違いに人気だ。とくにクリケットで八百長が発覚した際は、関係者だけでなく社会が騒然となったという。同じインドでもゴア州とシッキム州は宝くじもカジノも合法で、旅行者ならスポーツ賭博もできるが、もっとも大きな賭け金が注がれるのはやはりクリケットだ。最近、違法ブックメーカーにギャンブル用ソフトウェアを提供した罪で逮捕されたソヌ・ヤランが、クリケットのインディアン・プレミアリーグを舞台にした大規模な闇商売を暴露して話題になった（Singh 2018）。

ベトナムは、ごく最近までカジノを利用できるのは外国人のみだった（Stradbrooke 2018b）。シンガポールもオンライン賭博は禁じられているが、スポーツ賭博はシンガポール企業が運営する店に限って許可されている。また、地元民がカジノに行く場合は入場料、つまり「税金」を１００ドル支払わなければならないのに対し、旅行客は無料で入ることができる。しかし、ラスベガスのように警備員に暖かく出迎えられることはない。

一方、ヨーロッパはどうなっているかというと、加盟国ごとにギャンブルに対してさまざまなアプローチを取っている。これまで見てきたように、イギリスはギャンブル産業の商業的な発展と成功を政府が後押ししてきた。スウェーデンでは、国から独占ライセンスを受けた公共事業として運営されていたが、2018年に規制緩和され、2019年から私企業にも門戸が開かれた。ノルウェーとフィンランドも同じく国の独占を続けているが、現在、他の加盟国内で営業認可を受けたギャンブル企業から法的な異議申し立てを受けている（Lund 2018）。このような多種多様なアプローチは、教会と国の関係性の表れでもあり、業界から政府へのアプローチの違いでもある。そうしたなかでギャンブル特有の一面が明らかになったことで、激しい拒否反応が起こっている。業界やヨーロッパのいくつかの政府の働きかけにもかかわらず、その野生動物のように狂暴な拒絶反応は、一時的になだめることはできても完全には抑え込めずにいるようだ。

この章では、協議会で出会った規制当局や政治家、ギャンブル企業スタッフの取材から、ギャンブルをギャンブルたらしめている台本がどのように生み出され、現在も維持されているかを探りたい。「ワールド・レギュラトリー・ブリーフィング（世界規制報告）」（ＷＲＢ）なる堂々とした名称をしばしば用いる協議会は、情報共有と教育の場を自称しているが、直近の法改正について業界関係者と規制当局で共通認識を形成する場であるのは明らかだ。実際、ＷＲＢの２０１８年ロンドン大会では、「法規制はどう変わり、どのような影響が及んだか？」「事業者がコンプライアンス目標を達成し、さらに上回るために使える道具は何か？」といった議題が並んだ。その中で、とくに目を引いたのが「責任あるギャンブリングを業界成長の推進力として利用するために」だった。

こうしたイベントはギャンブル・コミュニティがネットワークを作る機会となるだけでなく、政治的変化とその市場への影響に関する共通認識を持つためにも役立っている。この章では、こうした業界の集団活動に触れ、それが２００８年の金融危機後に実施されたオンライン・ギャンブルの法改正に関わった経緯を探る。

私がオンライン・ギャンブルの実地調査を始めたころ、イギリス政府は典型的な「軽いタッチ」の法規制でオープン市場を提供し、オンライン・ギャンブル事業者と業界団体に賞賛されていた。一方、イギリス以外では国の独占や認可制、あるいは全面禁止の状態が続いていた。この全体像が、調査中に変化していったのだ。つまり、多くの政府がオンライン・ギャンブルを合法化していったのである。それまで海外企業のサービス提供を受けていた域内市場から利益を得るため（イタリア、ノルウェー、ギリシア、アメリカ）、あるいは海外企業の拠点として利益を得るためだ（ジャージー島）。するとイギリスは、寛大で開かれた自由主義的アプローチを撤回するかのように、消費地課税制度を粗利益の15％に設定した。この法規制は国境も摩擦もない取引に対する措置と言われることが多いが、同時に経済愛国主義の論理によってビジネスに再び境界線を刻んだとも評された。

サービス供給に対する制限が顧客保護のためとされた点にも注目したい。業界の協議会やミーティングに出席すると、各国が国益をどのように主張したか、そして異なるシステムやアプローチがＥＵの特異性にいかに順応したかがわかる。この社会的地位を求める闘いには弁護士、ギャンブル事業者、規制当局が参戦し、自論の正当性や不可避性を政治家に訴え必死に説得しようとした。金融サービスの法規制と同じように客観的事実に基づいた議論が粛々と行われることはなく（そういう場だと言われることが多いのだが）、市場を牛耳るための積極的な工作が繰り広げられたのだ（Mackenzie 2008）。業界関係者は、知識や市場勘に欠ける規制当局を見下して侮辱する。すきま市場というチャンスが生まれるのは規制のおかげなのにだ。実際、儲ける気満々の企業はそのすきま市場を調査して、定評のある商品をギャンブル未経験の顧客に引き合わせた。

ギャンブル規制協議会は自然実験の一部

「現在のヨーロッパ連合の加盟各国は、ギャンブル規制に独自のアプローチをとるが、それは今後しばらく続きそうである」（Littler 2007：357）

ダークスーツ姿の男性が大部分を占める約50人の集団が、（またしても）ギャンブル規制協議会の長いセッションを前に、周囲に目を光らせながらうろうろしている。大半はすでに似たような会合で何度も顔を合わせているので、気の合わない同業者の隣に座ることを不承不承受け入れる。特定の人と話す必要がある者は、会場を見渡して目当ての人物を捜し出す。退屈な隣席の仲間から逃れるためにこの手を使う者もいる。セッションの司会者は、ひとり目の講演の前に席に着くよう促すが、ひとり目の話は会議中もっともつまらないと思われるのが常だ。

テーブルを見渡すと、自分もこの自然実験（訳注：社会に自然に生じた事象を観察する実験）の一部なのだと思わずにはいられない。「ここで人類学をやるのは朝飯前だ、そうだろう?」と隣席のアイルランド人のアンソニーが言う。私の気持ちを読んだかのようだ。「なにしろ必要なものがすべて目の前に並んでいるからね！」。私はまたあたりを見渡した。ブロンドに青い眼のスウェーデン人のペア。フランス人は上品だが若干よそよそしく、淡々とエスプレッソをすすっている。その横でスペイン人とイタリア人が口論し、身振り手振りも激しく声を張り上げている。「言った通りだろう」とアンソニーがくすくす笑う。「派手なぴちぴちの衣装を着ている人はいないが、ここはユーロビジョン・ソング・コンテストの会場みたいなものなのさ」

アンソニーの言葉で私があらためて注目した多様性は、変化の激しいギャンブル規制地図にも表れている。ギャンブル関係者はみな、国や地域が色分けされたその地図をラップトップ・パソコンに保存している。黒は完全禁止、黄色は国の独占、緑は自由市場（イギリスはこれ）、そしてオレンジはいずれかの混合を意味する。私たちは地図を画面に出しながら演者の話に耳を傾け、ロシアが（再び）カジノを禁止したとか、ハンガリーがオンライン・ポーカーを認可制にしたといった情報をすぐさまアップデートできるように待ち構えている。しかし、そんなことをしても意味がないことにすぐに気づく。情報が多すぎて操作が追いつかないからだ。電気通信、エネルギー、運輸、郵便サービスの分野とは違い、ギャンブル事業の独占はＥＵに指摘されるまでもなく、各国は一定の限度内で自らルールを決定できる。その結果をジブラルタルの弁護士はこう解説した。「大混乱のバイキング料理みたいなもので、あれこれ混ざってぐちゃぐちゃだ。だが、これがビジネスにはとても好都合なんだ」

ヨーロッパの賭博法を振り返ると、その時々のやっつけ仕事が多い。それはギャンブル業界と政府の両方に対する多種多様な姿勢が反映されているからだ。これまで述べてきたように、イギリスでは私企業による合法的なギャンブルの歴史が比較的長い。最近の政策変更にもかかわらず、イギリスのギャンブル市場は世界でもっともオープンで多様性がある。一方、フランスやドイツ、スペイン等の大規模市場はもっと閉鎖的だ。北欧にいたっては、合法的なギャンブルを国が独占している。そうした状況が業界にとって大きなフラストレーションになっているのだ。

オンライン・ギャンブルとＥＵ

オンライン・ギャンブルの出現以前は、規制当局がギャンブルの提供をコントロールするのはそれほど難しくなかった。しかし、オンライン・ギャンブルは本質的に国境を越えてサービスを提供する。そのため、技術的にも政治的にも国境内に抑え込んだり、国内で根絶したりするのは非常に難しい。

オンライン・ギャンブルがEUの目に留まったのは1990年代初頭だった。1992年、欧州理事会は、できるだけ小さい単位で規制を行い、それができない部分だけ大きな単位で規制する、いわゆる補完性原理に基づくこととし、「各国の賭博法を統一する計画は実施されない」とする決議を行った(Littler 2007:358)。この決議が、各国のギャンブル認可制度の根拠となり、イギリスのリモート・ギャンブリング協会をはじめ、あらゆる業界団体が求めていた『ヨーロッパ諸国のオンライン・ギャンブル供給を管理する単一法』は実現されなかった。そして、この決定が、その後の判例に大きな影響を与えることになる。

その一つが、1994年にゲルハルト・シンドラーとヨルグ・シンドラーが起こした、国内法に対して40以上の異議申し立てを含む訴訟だ。二人はドイツ宝くじの代表で、そのマーケティング技術をイギリスに輸入しようと目論んでいた。それに対して欧州司法裁判所(ECJ)は、「イギリスは『ギャンブル特有の性質』を理由に、他国の宝くじの導入を制限したり禁止したりできる」との原則を支持し、つぎのように述べた。「すべての加盟国において、他のギャンブル同様に宝くじが持つ道徳的、宗教的、文化的側面を無視することはできない」(ECJ 1994)。

この判決はヨーロッパのギャンブル市場の発展に深刻かつ永続的な影響を及ぼすことになる。なかでも特筆すべきは、ECJがギャンブルの特異性を認める一方で、イギリス政府は「ギャンブルは特別なものではなく、他の商品やサービスと同じ法律の対象とするべき」と主張する準備を始めたことだ。

２００３年、シンドラーに続いてガンベッリが訴訟を起こしたことで、ＥＣＪの許容限界が確定する。ガンベッリは、イギリスのライセンスを持つイタリアの企業、スタンリー・ベット社の代理で賭け金を集めるエージェントだった。この裁判でＥＣＪは、イタリア政府が検察側に述べた弁明、すなわち犯罪防止、プレーヤーの保護、そして利益の再分配は、保護貿易施策を正当化する理由として不充分と判断した（ECJ 2003）。ガンベッリ裁判は、ギャンブル規制の理由として経済的理由―この場合は税収の保護―は受け入れらないことを示し、「公の秩序」という名の正義には弁護士が言うところの「偽善度テスト」に合格する必要があることを明白にしたのである。ある弁護士はこう語った。

「これまで国によるギャンブルの独占は、プレーヤー保護の立場から正当化されてきた。しかし、それが多くの偽善や曖昧さにもつながっていたため、今やそんな立場を維持するのは非常に難しい。とは言え、ここがギャンブル商品を強く売り込む強欲なギャンブル産業に対抗する最後の防衛線なのは間違いない。業界の言い分は、大半の独占事業者は明らかに低品質な商品を提供しながら、顧客がのこの賭けにくるのを黙認しているというものだ。もちろん仮想空間でという意味だが」（ロンドン拠点の弁護士、２０１３）

この訴訟では、公の秩序の正義が引き合いに出されることはなかった。というのも、イタリア自体がギャンブル発展のために積極的な政策を推し進め、国がギャンブル事業を独占していたからだ(注1)。

その後もこうした訴訟は続き、利益の大きな新規市場への参入を目論むギャンブル企業は、その一部始終を見守った。同時に各国の立法機関は判例に合うように、なおかつ企業の利益を損なわないよう、規制に磨きをかけることにどんどん慣れていった。関係者が躍る一種のダンスが始まったのだ。ときおり、訴訟の一歩手前まで欧州委員会（EC）が関与を高めることもあったが、たいていは動きが鈍い。そんな中、2005年、ECがフランスに対してオープン市場を要求する侵害訴訟を起こし、最終的にフランスは要求をのんだが、その対策（高額の認可料、高い課税率）にブックメーカーは深く失望した。ことの顛末を、あるブックメーカーはこう語る。「フランスのシステムは世界最悪だ。フランスはヨーロッパの国々から何も学ばなかった」。

さらに2010年、イタリアに対する同じ訴訟が法改正の同意で結審する。このようにECは、2010年までにデンマーク、フィンランド、ギリシア、ハンガリー、オランダ、スウェーデンに対して、ギャンブルを他の加盟国に自由化するよう法改正を求め続けたのである。この動きについて、ロンドンを拠点にするベテラン弁護士はこう語る。

「ギャンブル規制には、さまざまな動機と成功の測り方がある。ギャンブルを独占している国にとっては、EUを厄介払いするため、市場を小さく保つため、現職議員を守るため、EU法に沿いつつ市場独占を守るためといった具合に、さまざまな優先順位があるが、（中略）規制の成功の測り方は余計な騒動を起こさないことに尽きる。新聞の見出しにならなければ、勝ったも同然だ」

勝負の時代の幕開け

最善の規制や最新の証拠、共有アプローチに関するワークショップやスピーチがギャンブル改革の推進力になっているのはもちろんだが、ある規制当事者が指摘するように、それ以上にギャンブル改革は「政治マター」の側面が強い。

「ギャンブル改革最大の駆動輪は政権交代だ。オランダを見ればよくわかる。それと経済危機が同時に起こったときがチャンスだ。好例はギリシアだろう。ベルギーでは、ギャンブルは非常に微妙な問題で、かなり否定的な目が向けられている。そのためプレーヤー保護と魅力的な市場の創造のあいだで、絶妙なバランスを保たなければならない。イタリアは歳入を増やす必要があるので、ギャンブルを強く後押ししている。ヨーロッパ各地を周れば、ギャンブルを抑制あるいは許可する裏付けとなる特定の事情がわかる。それはつねに変化しているので、追いつくのが難しいほどだ」

2012年、まだヨーロッパはユーロ圏債務危機の余波でふらついていた。政治変動が相次ぎ、非常に流動的な状況だったが、ギャンブル業界にとっては、それこそがまたとないチャンスと映った。実際、ギャンブル協議会は熱狂した投資家で騒然となった。あるベンチャー・キャピタリストが、私に「自暴自棄から希望とチャンスが生まれる」と興奮気味に語るので、私は「それはカオスでしょう。誰にとってのチャンスなんですか?」と返した。その答えは、彼が協議会で熱弁をふるった次のスピーチの中にあった。

「新しい時代が来た。新たな歴史の幕開けだ。ミレニアムで盛り上がった2000年の再来だ。ワイルド・ウェストの時代が続き、いまはペイパルとビザが正面衝突している。そして例の2005年とポーカーを経て、現在は第3の時代だ。今、私たちの市場をものすごく大きくするチャンスを手にしている。いざ、勝負だ」(注2)。

この投資家の言う「勝負」とは、規制逃れのことだ。ギリシア、ドイツ、アイルランド、イタリアなど、ヨーロッパを代表するギャンブル市場ではすでに行われていた行為だ。

2011年はオンライン・ギャンブルにとってきわめて重要な年だった。ECはグリーンペーパーと呼ばれる政策試案書を提出し、さらなる積極策に出ることを示唆したが、「最初のハードルでつまずいてしまった」(ブックメーカーお気に入りの言い回しだ)。というのも、「オンライン・ギャンブル」の定義ですら合意できなかったからだ。私がその話題を持ち出すと、「ヨーロッパの平準化か?」と一人のコンサルタントが目に怒りを宿した。「グリーンペーパーは、猫の寄せ集めのようなものだった。規制当局は何も決められないだろう。だってギャンブルの定義なんて、決められると思うかい? バックギャモンはイギリスではギャンブルだが、ドイツでは違う。各国の倫理や道徳と歴史など、さまざまな要素をもとに認可しているんだ」。また２０１４年、このプロセスで重要な役割を担った規制当局者から「EUは、何か手立てを講じていると見せかけるためにグリーンペーパーを出したんだ」という驚くべき見解を耳にした。結局「まったく本気ではなかった」ということらしい。各国の規制当局がさまざまな動機で動いているこの空間は、まるで空虚な真空のようだが、「予測もできないほど多様な『自国の認可』を提供しようと、どこも躍起になっている」ことだけは間違いない。

指揮官は誰？

「場違いな気がしているよ」（赤いスパンコールのついたきらきらの帽子をかぶり、大きなカクテルグラスを持って、ギャンブル企業の若い女性スタッフたちと熱いバスタブに浸かる規制当局者）

「なんとも美しいね、そうだろう？　あなたにとっても、非常に面白いに違いないよ。専門家の目から見て、つまりは人類学者として、ということだが」（協議会の合間に、ヨーロッパ主要都市のバーで、バーレスク・ストリップを見る規制当局者）

規制当局は、驚くほどはつらつとした一団だ。がっしりした体格の元警察官や姿勢のいい元軍人もいる。彼らは内部情報を自慢げに話すのが好きだ。たとえば、ラップトップ・パソコンとアンティグア島行きのチケットを持っていれば、愚か者でもギャンブル・サイトを立ち上げられた無秩序な時代に、「死体がどこに埋められたか」を知っているという。こういう男たちは、規制に対して「常識的な」アプローチを好む。2012年にギリシアで行われた協議会でも、彼らの一人が願い事がかなうと言われている皿割りとダンスを楽しみながらこう語った。

「ギャンブルは規制を強化すればするほど、コントロールできなくなる（と言いながら、皿を割る）。質のいい運営企業なら、客は価値と安全を手にできる。フランスを見るがいい！（くるりと回転して、また皿をつかむ）。あそこでは、みんなが無認可のカジノで遊んでいるし、政府も課税方式を完全に間違えて莫大な徴収漏れを生じさせている。プレーヤーのたったの25％からしか徴収できていないんだ（ここでまた皿を割る！）」

こういう元警備員たちの「常識的」アプローチが、大企業を誘致しようとしのぎを削る海外の管轄区を支配している。その状況は、大きな域内市場を抱える自称「しっかりした」規制当局が「底辺へ向かう競争」と呼んでいるものだ。彼らはギャンブルと他のサービス産業の類似に力点を置き、規制をはじめ業界に社会的地位をもたらした変化を強調しようと必死だった。2012年、著名な規制当局関係者は、私にこう語った。「15年前のギャンブル市場とは別物で、大きなビジネスのための法律も整っている。私たちのビジネスの95％は他の業界とまったく同じだ。残り5％は金融業界と同じで、軽いタッチの規制が必要だ。実は、軽い規制のせいで1度トラブルになったことがある（後略）」（注3）。

また、問題が起こるのはギャンブルが原因なのではなく、政策立案者と一般社会の理解不足のせいだと訴える者もいた。

「大半の人はギャンブルについて恐ろしいほど無知だ。テクノロジー、道徳規範、顧客サービス、新製品、どれも知らない。ギャンブル事業者は上場企業で、社会的にもきちんと認められている。しかも、時代とともに目が肥える顧客に最高級品を売っているのに――。もちろん降参はしない。私たちは声を大にして業界を賞賛したいが、おわかりのように世間の人はとても了見が狭い。多くの人が、いまだにギャンブルを恥ずべきものとして非難した時代を生きている。非常に不幸なことだ」

もちろんこの見解は運営企業に広く支持されている。あるギャンブル・メディア企業のCEOはダブリンの協議会で生き生きとこう語った。「ギャンブルは他の商業とは異なる扱いを受けるべきだというのは、実に不快な考えだ。魔女は火あぶりにしろと考えていた連中が思いつきそうなことだ」

一方、大規模な国内市場を抱える管轄区の規制当局のなかには、少々異なる考えの関係者もいる。陽気な元警官とは対照的に、彼らはオタクを自認しているようだ。

「私は地方自治体から転職したので、書類仕事をこつこつ楽しめるめずらしい人種だ。きちんとしたことが面白い。いわば夢想家の裏返しみたいな存在だと思う。いま働いているギャンブル業界は、とても高級そうな印象だ。ときおり美しい女性に会いたくてこういうイベントに出席するが、生活の大半はオフィスでコンピュータと鼻突き合わせて過ごしているんだ」

この男性はスカンジナビアの女性規制者に「スーパーマンに変身しないクラーク・ケント」とおどけた調子で言われていた。２０１４年のバルセロナの協議会で出会ったイギリス人弁護士も、彼らについてこう語った。「大規模な国内市場には官僚的な人物が必要だ。しかも退屈な人物であればあるほど望ましい。なぜならタブロイド紙の餌食にならないので、政治家が安眠できる」

業界団体に急き立てられるように侵害訴訟を起こしたＥＣＪは、各国のオンライン・ギャンブルの成長に応じて政府の選択肢を縮小させた。ほぼ禁止事項ばかりだった法律が、特定のギャンブルを特定の状況下で許可する法律に取って代わられたのだ。この変化について、小さな海外管轄区の規制者はこう語る。

「１９６０年代、私たちはギャンブルの存在、つまり違法賭博を提供している人間が大勢いるという現実にようやく気付き、まずはすでに営業しているブックメーカーが合法的に運営できるように法律を作った。法律の１行目は『あらゆるギャンブルは違法である』とし、『ただし何々は除く』という条文形式だった。しかし、1990年代頃からヨーロッパの法律は、こういう禁止事項を示す形式から、『できる』事項を示す形式に変わり、同時に法規制によって『何をどのように実現するか』を明らかにしなければならなくなった」

この規制者は、自分の管轄区内の法律が立て続けに変更された件には楽観的だったが、ECJの影響についてはあからさまに批判した。

「ECJはこの管轄区に限らず、何もかも変えようとしている。ECJの干渉のせいで国家主権まで侵害されてしまった。全体的に緩やかな規制に移行しているが、それが意味するのは『違法行為さえしなければ、すべて許される』ということに他ならない。古い法律下では、『たとえ捕まらなくても、社会的に許されないことはある』というのが基本認識だったのに——」

こうした各国の事情も優先順位も異なる状況の中で、実入りのいい市場へのアクセスをコントロールする規制当局が指導的立場に立ち、『安全で効果的な市場運営は規制があってこそ』という主張を繰り返した。まさにECJがオンライン・ギャンブルの環境形成の際に演じた役割を意識した発言だ。たとえばデンマークの規制当局は、有頂天の業界関係者に法規制の変化をこう説明した。

「2004年、海外の強気なギャンブル事業者との激しい競争によって、デンマークのギャンブル独占システムにひびが入り始めた。海外企業がデンマークで顧客サポートを始めると同時に、法規制を受けないことを理由に高額配当を開始したからだ。すると宝くじの売上は減少、何らかの対抗策が必要となった。そこで、私たちは自由で成長が見込める、責任ある市場を作ることにした。もちろん、そうした市場で国が失敗することはない」

この発言は、国内の有権者にもECにも期待を持たせる大げさでわかりやすい表現といえる。デンマーク社会のギャンブル事情を考慮した法律を制定しつつ、ECと同じ市場ベースの論理を語っているからだ。このイギリスをモデルに比較的オープンな市場を作ろうとするデンマークのアプローチは、ギャンブルを制限し続けるノルウェーのアプローチとは対照的だ。二つの管轄区にはかなり共通点が多いが(政治的、社会的システムや、金融危機前のギャンブル規制へのアプローチ)、なぜこうした違いが生じたのか。それは1990年代初頭にノルウェーが下した『今後ギャンブル収入からは一切利益を得ない』という決定までさかのぼる(Jensen 2017)。

この決定を皮切りに相違が際立つ政策が続くことになる。その点について政治学者カーステン・イェンセンはこう述べている。「ギャンブル自由化へ向かう道からの逸脱は、国がギャンブルから金融上の利益を得る権利を放棄したときにのみ起こる」(Jensen 2017:120)。つまり、ひとたび国がギャンブル由来のお金を受け取ってしまえば、その関係は事実上解消不能になるのである(Steketee 2015)。

軽いタッチ

金融サービス業界同様、多くのヨーロッパのギャンブル監督者、運営企業、そして政府は「軽いタッチの規制」を是認しているが、このフレーズの解釈は実に変化に富む。あるイギリスの事業者は「自由市場および、ギャンブルはある程度のリスクを伴う娯楽産業という認識」と要約した。別の関係者の説明はもっと長い。まず「非常に効率的な市場への最小限の干渉」との見解を示し、さらに市場経済のおまかな原理とそのギャンブルへの適用についてこう語った。

「経営状態の悪い事業者は自滅するだろう。ギャンブルで自らを傷つけるたぐいの人も一定数いることを政府は理解するべきだ。しかし、それは企業には阻止できないことだ。そういう人は破損した商品と同じで、それをなくすにはギャンブルを全面的に禁止するしかない。そうすると一般人の楽しみを妨害し、最終的に違法な市場が生まれることになる。違法な市場は顧客を守らない。しかも管理費が掛からないため、同じ商品をより安く提供していくので、結果的に合法的な企業を市場から押しやってしまう」

イギリスではこのアプローチで規制当局、政治家、事業者が共通認識を持つにいたっている。商業的ゴールと社会的ゴールは両立するばかりか、相乗効果も持つというわけだ。この見解は2005年賭博法の土台を支えるもので、すでに市民権を得ていた。世界史の観点に立てば他にあまり例がない独自の見解だったにもかかわらず、「常識」のように扱われたのだ。ギャンブル委員会のシニア・ディレクターがこの認識を簡潔にまとめている。２０１４年、ウェストミンスターで開催された問題ギャンブリングに関する協議会のスピーチを紹介しよう。

「現行の公序良俗の枠組みのどこにギャンブルが当てはまるのか、簡単なまとめから始めよう。（中略）１９９０年代後半から、ギャンブルは歴代政府において、おもに大人が楽しむ娯楽活動の主流と認められてきた。そして、ギャンブルをする大半の人はだいたいにおいて安全に遊ぶが、それでもギャンブルは害をもたらすことがあり、ときにはそれが深刻な場合もある。ギャンブリング害は、ギャンブル依存症だけではないということだ。もう一つ、こういう議論ではしばしば抜け落ちている視点がある。それは、ギャンブルは楽しみでもあるということだ。ギャンブルをする人はたいてい楽しむために、自分自身の意志による選択でギャンブルを行う。なぜなら自分がそうしたいからだ。そして私たちが属するこのようなオープンで自由な社会では、人には完全な選択権が与えられている。もちろん、自分自身や他人を傷つけない限りにおいてだ」

こういうどこの立場にも与しない意見は、事業者やその代理人にとても受けが良い。「私たちはギャンブル委員会に好感を持っているし、恩義がある。彼らと付き合うには金がかかるし、傲慢でもあるが、私たちのために必要なことをしてくれる。おかげで健全で合法的なビジネスを続けられるというわけさ」

（ブックメーカー担当弁護士）。この見解は、たとえばニュージーランドのアプローチとも驚くほどの対比を見せる。ニュージーランドの保健相の見解はこうだ。「私たちはギャンブリング害から人々を守り害を最小限にすることと公衆衛生に重点を置いている」（Ministry of Health 2014）。

イギリスに話を戻そう。「法規制によって健康的なギャンブル産業が生まれる」との考えは、スポーツ市民社会担当国務次官、トレイシー・クラウチの辞任直前の言葉であり（Crouch 2018a）、ギャンブル協議会でも都合よく働いた。しかし、大勢に流されず正反対の立場をとり続ける関係者もいた。自由競争の利点を否定して、全面禁止と国によるギャンブル独占の維持を公然と訴えたのである。その一人、一匹狼の規制者はギリシアの協議会で、不滅の名言を残している。「それこそが顧客にとって健全な選択肢なのだ」と。

彼がそう発言したとたんに「コミュニストめ！」と業界のベテランが聴衆席から叫んだので、私はびくっとした。「出ていけ！」とまた別のわめき声が聞こえ、その後は舌打ちや非難の声が会場で渦巻いた。壇上の規制者はこうした荒っぽい扱いに慣れていないので、ひどく立腹したようだ。叫びながらぴょんぴょん飛び跳ね、しゃれたスーツの中で汗だくになりながら、事の発端となったベテランを脅すようにねめつけた。「あなたが違法なビジネスを私の国に持ち込んだら逮捕してやるからな！」と彼は言い放ち、敵意むきだしのジェスチャーを見せながら席に戻った。

場を譲られた次の話者は少し動揺しているように見えたが、いざ話し始めるといつもの陳腐な業界の見解を繰り返した。しかし、この出来事が記憶から消えることはないだろう。なぜなら政策立案者と同じように、大半の規制当局も企業も、『ギャンブルが目指す商業的ゴールと社会的ゴールのあいだを埋める交換取引に関心を集めたくない』と思っているからだ。彼らはむしろ一方のゴール（商業的効率性）を、もう一方のゴール（社会正義）と同等とみなし、ビジネスとして成立する『責任あるギャンブル産業』こそが顧客を違法業者による搾取から守る最善策なのだと主張しているのだ。アメリカのカジノ業者が、東京で繰り返し述べた次の見解が示すように―。

「われわれの願いはみな同じだ。学者も運営企業も、政府も、われわれの製品で遊ぶ人も。そして、さまざまな依存症に苦しむ気の毒な人を支援している人々も、みな安全で健全な業界を望んでいる。誰もがわれわれの素晴らしい施設で、われわれの製品を心ゆくまで楽しめる。そんな業界だ」

規制の作成

規制はどこで生まれるのだろう？　その作成に深く関与した人々でさえ、確証は持てないようだ。「あまりに多くの規制が社会通念や神話に基づいているので、たとえ半分でもその出所を知っている人がいるとは思えない」とは、あるコンサルタントの弁だ。もちろん、規制者のなかには、管轄区内のギャンブルを統治するルールの考案は非常に専門性が高く、首尾一貫した工程に基づいているという印象を与えたがる者もいた。たとえば、バルセロナでは「われわれは1年かけて世界各地の最高の実例を調査した」という話を耳にした。さらに「専門家と会議を開き、数々のアプローチについて賛否両論の意見を交わした。この状況でもっとも効果的な規制は何か、投資家から幅広く意見を聞いたりもした」という話も聞いた。

東京で出会った人物は、「われわれがギャンブル規制を考えるのは初めてだった。だからここはシンガポールから、ここはネバダからというふうに少しずつ拝借したものをコピー・アンド・ペーストして終わらせた」と、単刀直入に語った。あちこちの書類にくまなく目を通すと、すでに確立された考え方や実践されている規制が使いまわされていることがよくわかる。ある規制者は「好みの組み合わせを選ぶアプローチ」と呼んでいた。プエルトリコではこんな話を聞いた。「認可制度の法律や規則のテンプレートとして、われわれはイギリスの法律を使った」

第三者の手を借りた政府もある。「ここは現代的な基準を採用したアフリカ初の管轄区だ。法規制作成の際はイギリスから助っ人に来てもらった。ロンドンの協議会で会ったことがある人たちだ」。法規制やギャンブル業界に詳しいコンサルタントは、『最高の活動』ができる経路を提案する。その経路は非常に柔軟性があり、科学というより芸術に近い。コネクション、つまり「あなたを人身御供にはしない」という点で、信頼できる人とのつながりによって進められる。なかでももっとも重要なポイントは「現在の為政者の政治ムード」に左右されるということだ。ヨーロッパ各地と南米、アフリカに影響力を持つコンサルタントはこう説明した。

「まず規制当局は、技術的な基準をどこかから拝借してきて定める。それからミーティングを開き、その分野の名だたる専門家にしっかり意見を述べてもらう。もちろん仕事がほしいコンサルタントや実績を上げたい学者たち限定だ。そして全員がお金をもらう。彼らは規制当局に政治家からのネタを提供し、規制当局は政治家にメディアのネタを提供するんだ」

規制当局が事業者やその弁護士と会合を持つのも、このプロセスの一部だ。イギリスでは、アルコール業界を含む公衆衛生の分野同様に、規制当局もギャンブル業界との緊密な協議を経て規制内容を決定しているのは既定事実である。だが北欧の管轄区のなかには、こうした関係を常識はずれとみなすところもある。それに対して運営企業は自らの主張を通すために、「特定の管轄区の法律がECやその弁護士から見てECの規定に矛盾するからといって、即違法営業にはならない」と言い続けている。ある事業者は、オンライン・ギャンブルが規制されていない、いわゆる「グレー」市場を抱える国の当局者とのミーティングで、自らの正当性について次のように主張した。

「われわれの主張は明確でわかりやすいし、言っていることはいつも同じで常識に基づいている。つまり、規制されたギャンブルは違法な店を使うより安全で、税収にもなるという常識だ。その主張のなかで何を強調するかは、管轄区次第だ。どれくらい強気で行くかはもちろん、ミーティングに何を着ていくかといった（中略）何気ないことにも気を遣う。そういうところから相手はあなたが利害関係者だということを理解してくれるし、同じ人間なんだとわかってくれる。もちろん、豪華なランチで相手を釣ることができなければ、われわれはむちを手に取る。『あなたのギャンブル独占はヨーロッパの法律に違反している』と教えてやるわけだ。その結果は明らかだ」

このアプローチの例が、２０１１年にドイツを正式にＥＣに訴えたベットフェアの訴訟だ。ベットフェアは、計画的な規制は「保護貿易主義」であり「既存の占有をいっそう強固なものにする」と主張した。さらに「もしドイツが必要な改正を実施できなければ、ベットフェアは、ドイツをＥＵ法違反で訴え、侵害訴訟開始の検討を委員会（ＥＣ）に要請する」と訴えた（Wiesmann 2011）。訴訟が公になったとき、ベットフェアの幹部はコーヒーを飲みながら、私に「ドイツの疑念のせいで株価が大混乱だ」と語った。彼らの株価は２０１０年の上場当時の半値になっていた。

規制の共同制作とは、多種多様な利益を増やしたり減らしたりすることを意味する。なかには、結果よりも作成プロセスの一員になること、そして今後も一員であり続けることに関心がある者もいた。たとえばコンサルタントたちは、彼らの地位を決定する現実的な考えについて語った。

「政府に逆らうつもりはない。政府は20歳の若者を二人雇ってギャンブル規制の文面を書かせている。私に言わせれば、すべてはまったく誤った方向へ進みそうだ。でも、それについて異議は申し立てないつもりだ。月々の支払いのために生活費を稼がなければならないからね」

コンサルタントと弁護士は、政府と企業の双方のために働くことで生じる利害対立についても語った。「この会場にいる人たちをよく知っている。そのうちの半分以上のもとで働いたことがある。みな抜け目がなく、何か特定のことを強く要求するときに何を目論んでいるか、私にはよくわかる。それにひきかえ役人ときたら、男であろうと女であろうと、ひょっとするとミスター・ビーンであろうと、問題解決はできない。役人は、肝心なことは何一つ知らないからね。役人はここにいる人たちには及びもつかない。私はそんな状況を切り抜ける方法を考えなければならないのだ」

こうしたプロセスにつきものの利害対立の結果、会合に参加しなかったり沈黙を貫いたりする関係者もいる。しかし、そうした対応は簡単に賛同と見做され誤解される。それが保守的な結果を後押しし、保守的な業界ネットワークを強めることになっているのだ。この混乱には大学の研究者も関係している。専門家としての見解を述べるために招待されているが、必ずしも自由に意見を出し合うことは推奨されていない。退職間近のある年配の学者は、苦笑交じりにこう語った。

「私はただ賛成するためにそこにいる。だからうなずいたり、『責任あるギャンブリング』に賛同しているように見せかけたりするだけだ。何年も前は、事態を変えようと考えていた。堕落した人間になりたくなかったからね。それもいまとなっては無邪気な考えだった。私たちは一人残らず堕落しているのだから――」

政府との契約に頼っている研究者は、特別なプレッシャーを感じていた。

「この提案の根本的欠陥は、約3年前に実施されたギャンブラーに関する非常に小規模な調査に基づいて、恐ろしいほど多くの事柄を断定している点だ。（中略）でも、それを指摘するような向こう見ずなことはできなかった。もちろん金融・法務省からの契約を勝ち取るために遠慮したわけではない」

規制当局と大学の関係は実にさまざまで、業界と大学の関係と同じ構造的問題に苦しめられている。「クリーンな」会議を求めた大学研究者は、業界からのお金は受け取らないだろうし、業界がスポンサーを務めたり招待されたりしている会合には出席しないだろう（Livingstone 2018: Adams 2016）。その一方で、こうした利害対立に寛容な研究者は、「協力的」アプローチで知られるようになり、規制当局とも業界関係者とも過ごす時間が増えるようになる。信頼関係が構築できれば、資金も「自然な」データも手に入りやすくなるうえに、法制定プロセス、とくに業界関係者が名を連ねる会合への参加機会も増えるからだ。

実際、規制当局者のなかには業界と親密な関係を築いている者もいる。それが業界のニーズを理解し規制強化の方策を探るための最善策と信じているからだ。その一人は、私にこう語った。「私自身は業界と協力体制にあるべきと考えている。問題点を明確にすることができるし、政策の有効性も確認できるからだ。彼らの主張に耳を傾けることで、互いにオープンになるのが望ましい。これが協力関係だ」。

一方、業界から距離を置くことをきっぱりと選んだ者もいる。「業界関係者といっしょに飲みにはいかない。ランチに同席しても自分で支払う。清廉潔白でいるための基本だ。つまりは自分なりの行動規範にこだわるということだ」

アメリカのある管轄区では、業界から直接規制者を採用することが禁じられている。規制者になるには、少なくとも2~3年のいわゆる「庭いじり休暇」こと自宅待機期間を経験しなければならない。業界とつながりの深い規制当局にとっては悩ましい制度だ。「なんともいやらしい不要な決まりだ。(中略)規制者が業界を徹底的に理解していなければ有効な手立てなんて打てるはずがない。そんなことは基本中の基本だ」

メッセージを広める

弁護士、ギャンブル企業スタッフ、コンサルタント、そして報酬をもらう研究員は、規制決定プロセスで大きな働きを演じると同時に、各々の仕事の成果をグループ外部の人間に伝える責任も担っている。「心と頭を変えること」と呼ばれたプロセスだ。2010年のある協議会会場で、私は愚直な質問をして、そこから多くを学んだ。非常に典型的だったのがアメリカ人の企業スタッフで、彼は忍耐強くこう説明してくれた。「ギャンブルについての多くの考えは、まったくの無知に基づいている。宗教的背景や道徳的議論から生まれる古臭い考えにとらわれて、現代のギャンブルがどんなものかまるでわかっていない。われわれにはそういう人を教育し、目を開かせて真実を見せる責任がある」。またイギリスでは、ある弁護士がこう述べた。「いまだに多くの人が、ギャンブルは汚いとか危険だといった古臭いイメージを持っている。だから私の仕事は、ギャンブルはクリーンで現代的で、しかも娯楽産業に大きく貢献している事実を世間に理解してもらうことだ」

近年プラハで開催された協議会では、元規制者で法律専門家のグループが、「法規制を『情緒的な』政治家に任せないように」とギャンブル業界に勧めていた（Ewens 2018）。政治家は（外部の学者や女性のように）情緒的で、激しやすく利己的なので任せてはいけないというわけだ。こうした意見は、ギャンブル業界で働く弁護士からしばしば聞いた。実際、ロビー活動で重要な役割を果たしている弁護士がいる。

「ギャンブルの件で政治家の気を引こうにも、彼らは雑多な寄せ集めグループなので難しい。私の役割は教育だ。ギャンブルは安全で多様な娯楽の一部に過ぎない。その政策は仕事口を増やす可能性があるので重要だという考えを政治家に植え付けるわけだ。とは言え、たくさんの派閥や党派があるので一筋縄ではいかない。政治家がすでにあなたに賛成か、決して賛成にはまわらないか、あるいは公式見解が変わって賛同者を増やすどころか失いそうになるか、いずれかだ。弁護士の立場で言うと、根拠に基づく政策がめくらましになるのはこれが理由だ。根拠に基づく政策は、複雑な経済的、政治的問題を覆い隠してしまうのさ」（ヨーロッパで働く弁護士）

ギャンブル企業は業界に詳しい弁護士を雇う。彼らは議論を有利に展開して、財源の確保はもちろん、利益を減らす恐れがある規制変更を遅らせることさえある。彼らの多くは、弁護士とは本質的に退屈な仕事だと言いつつ、ギャンブル産業はもっとも面白い分野だとほのめかした。「何かを作り上げて、それを試すことができるから」ということらしい。

「私たちが高給取りなのは、常に顧客に有利な戦略を考えているからだ。ギャンブルの場合、先例がないのでとても楽しい。私たちは好きなように戦略を立てられるからね。ギャンブル業界で働く弁護士はみな一匹狼で異端者だから、何か課題をみつけては新しい解決策を練る。問題の新たな抜け道をみつけるのが好きなんだ」

たしかに多くの弁護士はギャンブル産業で働くことを楽しんでいるようだ。ある弁護士は仕事の魅力についてこう語った。

「ギャンブル産業の仕事は千差万別だ。たいていは非常にきつい。要求は多いし、愚か者には容赦がない。しかも攻撃的だ。しかし、変化に富んでいる。だからベットフェアは進んで法廷で白黒つけようとした。良識ある人もいれば、変人もいるし、無謀なやつもいる。とにかく他の業種よりも多様性がある。これは間違いない。だから退屈している暇なんてないんだ」（ロンドンの弁護士）

彼らの役割の一つは、政治家から業界への支持を取りつけることだ。この任務はギャンブル特有の事情が絡むので複雑だが、そのことを弁護士はよく理解している。だから政治家を非難するし、非難された政治家も黙ってはいない。そうした非難が、結果的に効果的で安全とされる「市場主導型の」ある種「現代的な」政策へと向けられていくのである。

「私の役割は教育、つまり心と頭を説き伏せることだ。ギャンブルは複雑な問題だから、忙しい政治家には理解できない。結局すべては政治問題なのだ。アメリカを見るがいい。まるで猫を駆り集めるような状況で、何が起こるのかまったく予測不能だ。相手を出し抜こうという関係者は山といる。政治家、規制当局、法律関係者。どこに権力があるか見極めなければならない。権力の在り処はいつもはっきりわかるとは限らないし、しかもすぐに変化する。だから世界中のギャンブルに共通する本質的特徴など存在しないし、基本そう思わなければいけない。アメリカのスポーツ賭博はギャングの不正行為だ。あれはオンライン・ギャンブルを合法化する運動には使えない。さて、ヨーロッパで同じ状況が想像できるのはどこだろう？　こうした事柄はとても示唆的だ。業界のシステムのなかで権力がどのように作用するか、人々がどんなギャンブルをするのか、何もかもだ」（ギャンブル産業に従事する弁護士）

取材をした弁護士のなかには、ギャンブルが人々に与える影響に無関心な人もいた。しかし、これはただの冷笑的な態度というわけではなく、個人の責任のとらえ方が独特なだけだった。そのとらえ方は、市場によって加速したり減速したりするギャンブルの多様性にもぴったり合う。彼らはそんなギャンブルの販促の責任を負っているのだ。私が知り合った弁護士たちは皮肉屋ではなかったが、一つの世界観を共有していた。この点について私たちは定期的に議論した。主題は必然的に私の左翼傾向と彼らの客観性に終始した。

「基本的に、私たち弁護士は、人間の本質は自由で知的だという考えを支持している。人は自分で選択し、互いに張り合い、それでより多くを達成した者が、1日中怠けて何もしない人より多くの報酬を得る。私たちは競争心旺盛で、ゴルフやテニスをおおいに楽しむ。頭でっかちであからさまな左翼主義の学者よりも、自由主義市場の擁護者に親近感を覚える。ギャンブルに対する考え方もそんなふうだ。このギャンブルは合法か？　現在の法規制で合法と言えるのか？　私たちが問題にするのはこの点であって、『ギャンブルには害があるか？』ではない。潜在的には何にだって害がある。食べ物であろうとアルコールであろうと、車の運転だってそうだ。私たちは軽いタッチの法規制を主張する。なぜなら商業活動が活発化することで仕事が生まれ、一流のサービスを提供できるようになるからだ」（ギャンブル業界で活動する弁護士）。

この弁護士は、彼の仕事とそこから生まれた人間関係に興味を持った私の取材を寛大に受け入れてくれた。そんな彼もギャンブル業界の多くの人々と同じように、自分自身を合法的な業界の代理人と考えていた。世間には誤解している人がいるかもしれないが、ギャンブルは「人に害を与えるどころか人を喜ばせる」娯楽であり、業界は偏屈な考えと無知から広まった不当なうわさの犠牲者だというのが彼の主張だ。今やこの見解は業界内で極めて優勢だ。あたかも、この見解が生み出された際に自分が演じた役割を忘れたかのように――。しかし、なかには宗旨替えをした例もある。ある経営幹部はギャンブリング害の経験者の話を聞いたらしく、退職後18カ月たってから手紙を送ってきた。その一部を紹介しよう。

「当時はまるで反響室で同じ話を繰り返し聞いているかのようだった。退職した今だからわかることがある。今もさまざまな人と話し続けている。(中略)私の人生は完全に変わってしまった。自分の行いを正当化するつもりはない。あなたとの付き合いはずいぶん長いからね。ただ自分がしていることに嘘偽りはなかった。少なくとも当時、私は皮肉な考えや強欲で動いていたわけではない。毎日うきうきと仕事に行って、自分は良い仕事をしていると心から信じていた。それが今になって、自分の仕事や自分の商品が人を傷つけていたんだと気がついた。白状するが、当時はそんなふうに考えたことはまったくなかった。嘘偽りない気持ちで仕事をしていたんだ。でも、それが完全な誤りだったと思い知らされた」

政治的駆け引き

ギャンブルの法規制は「政治的工程」だ。そのプロセスは権威者に対する既存のアプローチを反映し、突発的で予想不能な出来事の影響を受ける。たとえば2004年、ブラジルではすべてのビンゴ会場が閉鎖された。宝くじ担当職員がマフィアのボスから賄賂を受け取っているらしいビデオ映像が公表されたからだ。この映像はブラジルの株式市場を大混乱に陥れ、しばらくルラ大統領の政権を脅かした（BBC News 2004）。ヨーロッパでは、政治家に振り回されていることに気づいたギャンブル企業が、政治議論に参加し始めた。２０１８年6月、オンライン・ギャンブル企業レオ・ベガスのイタリア支社のマネージング・ディレクター、ニクラス・リンダルが、イタリアの新労働経済大臣ルイジ・ディマイオを相手にフェイスブックで大げんかを繰り広げたのも、その一つだ。まずディマイオが、２０１９年に導入予定だったギャンブル広告の全面禁止の正当性を主張した。ギャンブル広告と煙草の販促を比較し、煙草が題材の映画「サンキュー・スモーキング」も引き合いに出した。さらにディマイオは政府がギャンブルから「数十億の」税収を得ると知ったうえで、「病的ギャンブルから生まれる社会的コストも同じレベルだ」と付け加えたのだ（Stradbrooke 2018a）。それにリンダルが反論した。「正気とは思えない規制で、（中略）自由競争、自由貿易を補償するＥＵ法にも反している。他の国々はイタリアをいまや悪い見本とみなしている」。さらにリンダルはこう続けた。

「私たちは、いずれ新たな内閣が生まれると思っている。野党と議論した際、彼らもこの新たな法律は完全に社会通念に合わないと思っているようだったので、新たな政府が誕生したら、この法案を調整してもっと気の利いた法律にしてくれるのではないか。それを私たちは期待している」

ギャンブル企業がイタリアの政権交代を望むのは、ギャンブル産業が政治に深く依存している証左であり、業界の野望の表れでもある。イギリスでも、比較的小さな組織だが「公正なギャンブルのための運動」が政治を利用している。この団体は政治家に働きかけて、固定オッズ発売端末（ＦＯＢＴ）の最大賭け金を１００ポンドから2ポンドへ引き下げることに（ようやく）成功した。彼らは大量の状況証拠をもとに運動を展開することで、業界と政府が共有する立場（ＦＯＢＴが問題ギャンブリングを引き起こすという証拠はないとの立場）を揺さぶった。高頻度で遊ばれる電子ギャンブル同様に、ＦＯＢＴは他の中毒性のない製品に比較して大きな害と関係していることが示されたのだ。

団体はさまざまなグループと強力に連携し、すでに嫌われている商品の人気をさらに下げることに一役買った。協力相手はＦＯＢＴで害を受けた人々や、運動に共感する政治家、ジャーナリスト、地方自治体等々だ。２０１７年の長い協議の末に、ギャンブル委員会は最大賭け金を2〜30ポンドに減額することを勧告した（Cox 2018）。最大掛け金を2ポンドにする以外、有権者には受け入れられなかったことを、政治家は悟ったのである。

こうしたプロセスとそれに必要な努力が明らかになったことによって、法規制にはさまざまな可能性が考えられることがわかる。現状維持は、必然と言うより選択肢の一つなので、批判の余地は十分あるということも暗示される（Lazzarato 2009）。こうしてみると、現在のギャンブル拡大には１９８０年代に登場した他の金融関連政策との共通点が多い。その一例が金融サービスの規制緩和だ（Burton et al.

2004:Knights 1997)。しかし、ギャンブルの場合は「リスクに基づいた法規制」であり、潜在的に国から市民へ負担を移し替える。このプロセス、つまり規制当局が行った政策に則って、みな公正に闘うしかないわけだ。

他の分野でもそうだが、法規制はより大きな政治プロセスによって内容が変化する。しかし、ギャンブルに関する見解は割れたままだ。判断に迷ったときは、公式に合法と認められるギャンブルの運営方法を見れば、権力者が運だのみのゲームやそこから得られる報酬、倹約、社会的階級、ギャンブル産業の発展についてどう考えているかがわかる。また、ギャンブル規制はしばしば常識的に考えて当然と思われがちで、テクノロジーの発達による避けがたい結果だとか、「市場の実勢」への反応とも表現されるが、実はギャンブル規制は政治的妥協であり、それゆえに集団レベルの対策に焦点があてられるのは理にかなっているのである。

結論

イギリスでは１９８０年代から大規模な社会実験が行われてきた。以前は国が管理していた分野が民営化され、たとえば株式市場や住宅市場において（公的介護や教育、健康分野でも）市民がリスクを負わされるようになった。いわゆる『投機の大衆化』と呼ばれるプロセスである。この強制的なリスク負担には、２００８年の金融危機も含め、数度大きな波があり、ギャンブルも同じように大きな波をかぶった。他の商品と同じように需要の規模に基づいてサービスは供給されるべきであり、市場開拓のプロモーションによって大々的に宣伝されるべきとの付随的な考えまでもたらされたのである（マーガレット・サッチャーではなく、彼女の後継者たちが取り入れた発想だ）。

「ギャンブルの規制解除は、『国を後退させる』プロセスの縮図だ」

これはマーガレット・サッチャーとロナルド・レーガンの政治哲学の中心をなす考えで、二人の哲学の土台をなす主張や原則には共通の特徴や論理が見られる。この論理の結末をコミュニケーション学者のロバート・ブリット・ホロヴィッツ（Horowitz 2013）は「反国家主権主義者による国家主権主義」と表現した。つまり、特定の産業（たとえば金融サービスや「国防」の分野）に対する政府の支援が、市場における『自由の哲学』と一体化するということだ。ギャンブルの規制緩和のからくりがわかると、特定の議論や活動、そして行動様式が合法とみなされ推奨される一方で、それ以外は無視され低評価されることも理解できるはずだ。そうすれば社会が新自由主義に動かされていることに気づくだろう。

本書はギャンブルがどのように生み出されるかに焦点を当てた。それはとりもなおさず政策立案者と企業が協力し合い、政策や法規制、商品、人々の願望をうまく調節して儲ける道を探る工程にほかならなかった。そうとわかれば、「ギャンブル産業は病的なほどに強欲な反社会的集団、つまり普通の一般人とはあまりにも違うので理解することも何かを働きかけることもできない人々の集まり」というイメージは崩れるだろう。それどころか他のすべてのコミュニティ同様に、ギャンブル業界にもさまざまな意見があり、なかには業界が決める方針に非常に批判的な人々もいた（Grierson 2016）。

興味深いのは、主流でありながらも目立たない思想のおかげで、ギャンブル関係者は危険とわかっている商品を売ることができるという点だ。そこにはイギリスのテレビ番組に毎朝登場する司会者ピアーズ・モーガンや、（面白いことに、ギャンブル以外の記事では）右翼的なメディア『デイリー・メール』等にはっきり見られるソフトな新自由主義の特徴が見て取れる。拡大し続けるギャンブル産業は成功のために厳しい意見は求めず、低水準のリバタリアニズム（自由意志論）のもとで繁栄しているのだ。なかでもとくに目立つのが、「自分で自分の行動を自由に選択できる環境にするべき」という事実上反論できない主張である。

なにより問題なのは、政府とギャンブル産業が互いに対抗せず、むしろ業界が政府の無邪気さを容赦なく利用してきたことだ。闘うどころか、税制や雇用を通じて両者は利益を共有してきたのである。しかも、それほど目立たないが、両者は共通の「エピステーメー」（訳注：ある時代の基盤となる知の枠組み）を支持し、世界には何が存在しどう作用するかという認識を一にしている（Foucault 1970）。それはもちろん双方にとって都合がいいからにほかならない。

商業ギャンブルと晩期資本主義は単に矛盾しないだけではなく、相互に有益で、同じ物語に依存している。たとえば、「新自由主義は政治哲学ではなく世界を語る手段である」とか、「連帯責任は個人の自由の制限であり受け入れがたい」といった物語だ（Sahlins 2008）。「ギャンブル産業は、私たちの社会の一部だ。だからギャンブルの拡大やそれによってもたらされる貧困層や社会的弱者からの搾取も時代のエピステーメー、つまり誰もが容認すべきことである」という考えだ。こうした状況に鑑みれば、ギャンブル産業は強欲で無慈悲だと批判しても意味がない。ほんとうに必要な闘いは、より公正な社会生活を構築することなのである。

情報に基づく選択と責任あるギャンブリング

「責任あるギャンブリング」の概念は自主規制の中心基盤であり、過去40年間続いてきたギャンブル業界の成長を支える重要な主張の一つでもある。ラドブロークスは、２００６年の『責任ある事業実績報告』と２０１６年の『公正なビジネス。最新性能。企業の社会的責任報告』でこう繰り返した。「責任ある行動は、われわれの営業許可の拠り所であるばかりか、成長戦略を全面的に支えるものでもある」(Ladbrokes 2006:3、2016:6)。

一方、政治家はギャンブル業界からの税収は喉から手が出るほどほしいものの、人々に害を及ぼす商品を販促しているとの誤解を生まないよう細心の注意を払わなければならない。そこで、この概念を利用して臭いものに蓋をしているわけだ。2012年に話を聞いたあるイギリスの政治家は、次のように語った。「業界が責任あるギャンブリングの包括的プログラムに投資してきたと考えられている限り、ギャンブル企業はこの市場で成長できる。砂糖ひとさじで、ギャンブル産業の成長という苦い薬も簡単に飲めるということだ」

この下院議員は、議員仲間では当たり前になった経済用語を使ってギャンブル業界の対応を説明した。責任あるギャンブリング・プログラムは「投資」の対象であり、「包括的」でなければならないということだが、あくまでもそれは表面的な手段に過ぎないと認める声もある。業界の発展をいっそう好意的に受け入れてもらうため、つまり一般市民に気に入ってもらうために導入されるものだからだ。新自由主義は、自制心があり情報も持ち合わせている消費者を土台にしている。その論理に従えば、自分が何に身銭を投じているか理解している限り、銃を買おうがアルコールを飲もうが煙草を吸おうが、自由だが、問題はギャンブルもアルコール同様に『普通の商品』ではなく（Babor et al. 2010）、脳に悪影響を与える可能性があるということだ（Worhunsky et al.2017）。

新自由主義そのものや「情報に基づく選択」の概念と同じく、「責任あるギャンブリング」は当たり前の事実ではない。岩の下で見つかったわけではないし、試験管の中で蒸留されたわけでもない。政策決定者や業界関係者、学者らのグループによって一から作られ、育まれたものだ。『責任あるギャンブリング』はギャンブラーに正しいふるまいを強いる。つまり、業界が順調に成長するためのルールや考えに従わせようとする。たとえば、イギリスではギャンブルは公正で、犯罪とは無関係で、大人に限定されなければならないというのがルールだ。しかし、２００５年賭博法やラドブロークスの『責任ある事業実績報告』には、同じくらい力強い主張がこっそり紛れ込んでいた。その例を挙げよう。

「大半の人にとって、ギャンブルは害のない楽しい行為だ。しかし、ごく少数ながら、ギャンブルで深刻な行動障害を起こす人もいる。賭博やゲームをビジネスとする企業の一つ、ラドブロークス社には、問題ギャンブリングに取り組み、原因を理解し、治療を支援する責任がある」


ギャンブルは「大半の人」にとっては喜びであり、問題の潜在的原因となるのは「ごく少数の人」である。そういう二つのグループに分ける線引きには、非常に強い標準化作用がある。一つは悪影響を受けずにギャンブルをする「普通の」人々、もう一つは説明を要する人々で、しばしば例外的な心理状態と関連づけられる。結果的にこの線引きが、大臣や運営企業、政策決定者、規制当局、そしてジャーナリストによって繰り返し表明され、ギャンブル界を専制支配するにいたったのだ。ある下院議員はウェストミンスターのイベントでこう語った。

「ごく一部の人に問題があるという理由で、全員に何かを禁じていいのだろうか。（中略）どんなギャンブルでも、依存症になる人はいるし、問題ギャンブリングは発生する。それは事実であり、誰も否定することはできない。われわれはそれを受け入れるべきだが、あくまでも数ある事実のうちの一つでしかない。重要なのは、それをいかに最小限にとどめ、問題を抱える人々をどのように援助するかだ。だから、一人に問題が発生したからといって全員にその活動を禁止したところで解決にはならない。そんなことはばかげている。(中略)まさに狂気のシステムだ」

この主張によると、顧客にリスク情報を与え、顧客自身に選択をさせる、文字通り「運任せでやらせてみる」ことが正しい解決策らしい。

責任あるギャンブリング論は、深刻な依存症と闘っている人々も含め、ギャンブラーに大きな影響をもたらす。ギャンブルに関連する自殺について私が話を聞いた人たちには、ほとんど共通点がなかった。全員が貧しかったわけでもなければ、借金まみれだったわけでもない。全員が絶望していたわけでもない。状況は異なるにもかかわらず、ギャンブリング害についてはみな同じように語った。家族や友人やヘルスケアの専門家に共感してもらえるとは思わず、むしろ怒られて当然だろうと感じていた。なかには、悲惨な体験のせいでそう思っている人もいた(注1)。かかりつけ医や、ギャムケアやギャンブラーズ・アノニマスといった団体に援助を求めた人はほとんどいなかった。相当きまりが悪かったという理由もあるし、初めから助けてもらえるとは考えてもいなかったからだ。そもそも、助けてもらって当然とは思ってもいなかったのだ。

この点については、私の取材対象者に限った話ではない。国際的な調査によると、問題ギャンブラーのうち治療を受けようとした人は10人に一人にも満たない（Hodgins et al. 2011）。要するに、彼らは自分を恥じ、自分を責めているのだ。いや、もっと正確に言うなら、自分がこのような問題を抱えたのは依存症にかかりやすい体質のせい、あるいは自分に自制心が足りないせいだと思っている。自制心とは、「これ以上はだめだ」と自ら決める能力だが、彼らはギャンブルが容易に利用できることを前提にしているため、こうした自己評価をしてしまうのである。

ジェニーもその一人だ。中産階級の既婚女性で、オンライン・ビンゴで2万7000ポンド失い自殺を考えたこともあったという。「テレビをつければずっとオンライン・ビンゴのコマーシャルが流れている。ギャンブルが危険なものなら、そんな宣伝は許されないはずでしょう」。サウスイースト・ロンドンの賭博店で知り合った青年ジェイソンは、自殺する直前にこう語っていた。「どうしてギャンブルをしてしまうのかわからない。自分ではどうしようもないんだ。きっとみんなとは何かが違うのだと思う。みんなは、これ以上はだめだと決められるんだから―。ドラッグと同じで、自分にはどうしても逃げられないんだ」

『責任あるギャンブリング』という考えのせいで、ギャンブル害に苦しんでいる人はさらに追い詰められ、自分は「普通の人」とは違うと思い込み、孤立感を深める。ジェイソンは「みんなはギャンブルを楽しんでいるのに、自分はどうしてめちゃくちゃになったんだろう？　それが納得できない」と語っていた。ジェイソンはこのような内省を繰り返し、メディアや賭博店や自宅で手に入る手段を使ってギャンブルをしてしまう自分自身の状況について考え抜いた。ギャンブリング害についてどこかに助けを求めようとしたことはなく、そもそも「自分には助けが必要なんだ」と考えたことすらなかった。「相談したところで、負け犬だから問題を抱えたんだと言われるのがおちだ。それなのになぜわざわざ相談しなくちゃいけないんだ?」。ジェニーと同じく、ジェイソンも自分が苦境に陥ったのは心理的欠陥のせいだと言った。「ギャンブルが安全でないなら、政府が許可するわけがない。自分に問題があるんだ」と。

レノ・モデル

『責任あるギャンブリング』には、その支援者が「レノ・モデル」と呼ぶ青写真がある。2004年、ギャンブルの機能障害というごく狭い研究分野でもっとも影響力のある3人の学者によって書かれたものだ。レノ・モデルはギャンブルを「選択」の枠組みに入れ、『責任あるギャンブリング』を「情報を与えられたうえでの選択」と位置付ける。著者はこう述べる。

「道理に合わない押し付けでは、責任あるギャンブリングは促進できないようだ。(中略)責任あるギャンブリングは、プレーヤーが主体となってありとあらゆる情報を駆使することで良い結果が生まれる。責任あるギャンブリングを実践するための基本理念は、ギャンブルをする決断に際して人々が選択の自由を持つことだ」(Blaszczynski et al.2004 : 312)

他の社会問題に関する市場ベースの解決策と同じように、レノ・モデルは「政治」とはまったく無関係の「科学」として強い調子で断言している。実際、レノ・モデルの論文のタイトル全文は「科学に基づいた責任あるギャンブリングの枠組み」だ。著者は、「信頼できる経験的証拠に基づいた、社会的責任を果たす政策」なるものを練り上げる必要性を強調し、それを「もっぱら個々の逸話に基づく社会的・政治的影響に対応して生み出される政策」と対比させる（Blaszczynski et al. 2004: 302）。この『科学』、「政治』、『神話』あるいは『逸話』の対立は、ギャンブル業界のすみずみに広まっている。カジノの合法化を検討中の日本では、ぴりぴりした政治家を前に、アメリカの巨大カジノ企業の代表が次のような演説を行った。

「アメリカ各地の都市にある大規模な統合型リゾートや地域リゾートの管轄区を見れば、総じてギャンブリング害は増加せず、多くの場合、人生の質がかなり向上することを『科学』が示してくれるでしょう」

同じように、イギリスでも2013年にイギリス・ブックメーカー協会（ABB）が『賭博店とゲームマシンの真実』というタイトルの出版物を刊行している。その中で「いかなる政策変更も、単なる懸念や個人の体験談ではなく、確固たる証拠と事実に基づいて行われるとの政府の確約」を歓迎し、さらに「一般に反賭博店キャンペーン推進者がペダルをこいでいるギャンブルをめぐる7つの神話を消し去るつもりだ」と明言している（ABB 2013b:20）。

世界各地の業界団体は『責任あるギャンブリング』を売り込む機会をうまくとらえ、「科学的」手段を用いればギャンブル製品を安全に使うことができると売り込みに躍起だ。イギリスでは、「ＡＢＢが『責任あるギャンブリング』の概念をしっかりと実現する役割を担っている。つまり、顧客は過度なギャンブルや無責任なギャンブルを避けるための自助の道具を与えられ、それによってギャンブリング害が自身や他者に及ぶのを避けることができる」と訴えているのだ（ABB 2013a:4）。

オーストラリアでは、ポーカー・マシンを設置している施設の業界団体、クラブズ・オーストラリアが、「オーストラリア人の大半はギャンブルを責任ある方法で楽しんでいるが、深刻なギャンブル問題を抱える人もごく少数いる。ギャンブルを選択したコミュニティ・メンバーのために安全な環境を提供する責任がわれわれにはある」としている（Clubs Australia 2015）。また、アメリカでは、アメリカ・ゲーミング協会（AGA 2017）とそのメンバーが、アメリカ中で責任あるギャンブルを日常業務に不可欠な項目とすることを従業員、ひいき客、そしてコミュニティに対して誓約している。アジアも同じような状況にある。たとえばマカオ行政長官は２００７年以来、毎年、年次施政方針演説において『責任あるギャンブリング』を重要視した演説を行っている（Ho 2013）。

責任あるギャンブリングの思想は、新たな市場開拓でも利用される。たとえば２０１４年、東京会場では「問題ゲーミング、責任あるゲーミングとは何か」、「海外では、一般的にどのような基準がカジノ運営に採用され、どのような効果をあげているのか?」といった質問がアメリカの大規模カジノ企業の副社長に出された。彼はギャンブル依存症を脳の障害と呼び、こう述べた。「ギャンブル依存症の存在を事実として認めることも必要だが、依存症は脳の問題であり、環境内に合法ギャンブルがあろうとなかろうと、そういう脳障害は発生すると思う。『責任あるギャンブリング』というと、よく問題ギャンブルとの関連を疑われるが、決してそうではない。逆に問題に対する解決策だ」。さらに「責任あるゲーミングの概念は非常に現実的で、特徴をつかみやすく、世界各国に共通する考えなので、ここ日本でも簡単に採用できる」と強調した。

ギャンブルに安全というお墨付きを与える『出来合いの基準』は、日本の議員を安心させ、カジノは新たな税収になるという希望を与えた。ある年配の地方議員は「日本ではギャンブルに反対する意見が多い」と私に語った。「私も心配している。自分の息子にはギャンブルをしてほしくない。だが今日、ギャンブルは安全な娯楽だとわかった。大半の人にとってギャンブルはすばらしいものだ」

『責任あるギャンブリング』の限界

責任あるギャンブリング・プログラムは、こうした市場開拓の際に神経過敏な政治家を安心させるために利用されるだけではない。予想される法規制の修正を遅らせたり、中止させたりするために練り上げられることもある。たとえばイギリスでは、ＦＯＢＴに関する世間の懸念から業界に実務規範が生まれたことで、行政介入が見合わされた経緯がある。結局、FOBTは10年以上「保護観察下」に置かれ放置された。

最近、イギリス政府はオンライン・ギャンブル業界に対して「顧客との効果的な交流を実行し、害の低減を実現するためにいっそう努力しなければならない」と宣言した。なんらかの対策を講じ、それが一定の効果を生まなければ、規制を導入するという明らかな脅しだ。「運営企業が充分な改善を見せられなかった場合は、政府と委員会が実権を握り、オンライン部門に追加措置や制限を設ける」ということだが、期限や具体的な条件は設定されていない（DDCMS 2018b）。

この宣言を受けて、業界が行ったのが「ベット・リグレット（賭けると後悔）」運動だ。「責任あるギャンブリングを奨励する数百万ポンドの広告キャンペーン」と銘打ち、ギャンブリング害を減らす活動を展開する団体「ギャンブル・アウェア」が主導した（DDCMS 2018c）。もちろん、政府もそれで満足した。

マカオでは、ゲーミング監査調整局のCEOが年次施政方針演説で『責任あるギャンブリング』に言及したものの、ギャンブラー自身はカウンセリング紹介のパンフレットやカジノ内の相談ブースの効果には懐疑的だった。人目のあるカジノの相談ブースに行って「ギャンブル癖について相談する人がいるだろうか」とたずねると、彼らは「そんなばかな」と陽気に言った。「冗談だろう？　誰もそんなところには行かないよ。恥をかくじゃないか。自分だって、家族だって━。とにかく、相談に行くやつなんていないよ」。２０１５年、マカオ大学の商業的ゲーミング研究所（ＩＳＣＧ）の所長、デイヴィス・フォンは、『ワールド・ゲーミング・マガジン』に（マカオでギャンブル問題を抱えていると推測される５０００人のうち）治療を求めたのはわずか50人だったと述べた（Scott 2015）。

事業者でさえ、『責任あるギャンブリング』の限界に気づいていた。統合型リゾート、ザ・ベネチアン・マカオの広報・調停部門の副部長メリナ・レオン・シオ＝モクは、自身の（そしてコンプライアンス担当者すべての）滑稽な立場を、次のように表現した。

「企業は社会的責任を果たそうと懸命に努力したが、人々にギャンブルをするなと言うことは理屈にかなっていなかった。なにしろギャンブルは企業の中核事業だからだ。『ゲーム運営企業の人間である私が市民にギャンブルに来ないでと言ったとしても、矛盾しているし説得力もないと思う』とメリナ・レオン・シオ＝モクは述べ、ビジネスの本質を大きくごまかすことはできないと付け加えた」（Ho 2013 内の引用）

ギャンブリング害を減らすためにギャンブル企業に自己規制を求めることは、監視資本主義者にプライバシーを要求するようなものだ。社会心理学者ズボフ（Zuboff 2019 : 192）のたとえはこうだ。「フォード・モーターの創設者ヘンリー・フォードに、モデルTを1台1台手作りしろと頼むのと同じことだ。キリンに首を短くしろ、牛に反芻するのをやめろと言っても無駄だ。こうした要求はその個体の存在意義を脅かし、生存のための基本構造を侵害する」

　私が在籍したジブラルタルの企業は、周囲の同業者とは違う行動を起こそうと懸命だった。理由の一つは、その企業がギャンブル産業の新顔、いわば部外者であり、業界のビジネスを実際にはよく知らなかったからだ。部長のスコットは、『責任あるギャンブリング』が業界の会合の議題に取り上げられたとき、顧客を守るアイデアを出し合うことが目的だと解釈したそうだが、それは勘違いだった。スコットは準備として、不安材料のある顧客の情報を共有する手段をおおまかに考えていたが、「ここの大半の企業にとって」と、ジブラルタルのことをこう語った。「社会的責任は、コールセンターに貼ってあるギャムケアの電話番号が書かれたポスターに始まり、ポスターに終わる。（中略）私はみんなでまったく新しいことをしてみたかったのに」

　スコットは自分の案を同業者に披露したが、目の前で笑い飛ばされ「どうして大事な客の情報を他社とシェアしなくちゃいけないんだ？」と言われたらしい。「規制者でさえ当惑しているように見えたよ」とスコットは言った。次の会合では、他の出席者と同じようにずっとうなだれて規制当局の話を聞いていたが、それでもライバルから信頼を取り戻すことはできず、疑いの目で見られたそうだ。

「おそらく彼らをだまそうとしているか、ＶＩＰを奪おうとしていると思われたんだろう。感傷的なリベラルと思われた可能性もある。学校にいたときと同じ感じだった。眼鏡をかけた洟垂れ小僧だった私は、いじめっ子に頭を踏みつけられそうになっているけがをした動物を必死に助けようとしたものだ」

軽いタッチの規制の揺るぎない支持者で、「好戦的な学者」（Donoughue 2019:46）を痛烈に批判するイギリスの業界コンサルタント、スティーブ・ドノヒューでさえ、「ギャンブル運営企業に問題ギャンブリングとマネー・ロンダリング予防の責任を負わせるのは難しい。ギャンブルから金を得ることが彼らの主たる目的だからだ。それをやめさせると、彼らが毎朝ベッドから出る理由がなくなる」（2019:47）と語っている。

「責任あるギャンブリング」から「害の予防と軽減」へ

現在、『責任あるギャンブリング』のレノ・モデルは、小規模ながら熱心な研究家グループに攻撃されている（Hancock and Smith 2017 : Young and Markham 2017）。その背景には、レノ・モデルと同じアプローチがイギリスのアルコール問題（Hastings et al. 2010）からオーストラリアのジャンクフード問題（King 2011）にいたるまで、広い分野で失敗している事実があるからだ。ニュージーランドとオーストラリアでとくに顕著だが、ギャンブル研究が重視する問題や用語は徐々に移り変わり、問題ギャンブラーの教育や治療から、ギャンブリング害の集団レベルの予防や軽減へと向かっている（Baxter et al. 2019）。たとえるなら、公衆衛生の分野でもおなじみの「谷底に救急車を待機させるのではなく、崖の上に頑丈なフェンスを作る」イメージだ。

ギャンブリング害を体験した人数を見積もり、どうすればその数字を減らせるかを考えるのではなく、ギャンブルが本人や家族、コミュニティに引き起こす害の「総量」を明らかにするのが、このアプローチの目的だ。すると、ギャンブリング害に苦しむギャンブラー本人ではなくても、たとえばパートナーのギャンブルが原因で人間関係が壊れたら、あるいは雇用人がギャンブリング害で苦しんでいるがためにビジネスに支障が出たら、自分もギャンブリング害の体験者だということが明らかになる（Langham et al. 2016）。こうした視点からオーストラリアのビクトリア州が、ギャンブルが原因で起こった害の総量を推計したところ、その数は大うつ病性障害やアルコールの乱用・依存に匹敵することが判明した（Browne et al. 2016）。

公衆衛生的アプローチは、ギャンブルはかつて考えられていた以上に大きな害を生むと示唆すると同時に、その害の再分配に対する理解にも変化をもたらした。オーストラリアのビクトリア州では、ギャンブル害の総量のうち、問題ギャンブラー個人に原因があると考えられたのはわずか15％に過ぎなかった（Browne et al. 2016, 2017）。圧倒的多数の害は、低リスクまたは中リスクのギャンブラーに起こっており、これはアルコール摂取問題で見られるパターンと一致するし、この分類に入る無数の実例で説明もつく。ギャンブルをこうした枠組みに入れると、政策の転換は避けられない。個人が「責任をもってギャンブルをする」ことを奨励し、すでに深刻なギャンブリング害を抱える人々に治療を提供しようと主張する「川下の」介入から、集団全体をターゲットに、最初からギャンブル害を未然に防ぐことを目的とする構造的介入へと転換する必要がある。

ギャンブリング害は総量を測ることができるし、具体的に他の分野との比較もできるという発想は、広義の新自由主義プロジェクトの基本要素であり、すべてに効率化や費用対効果を求める会計監査文化や金融化の一部でもある（Shore and Wright 2015：Strathern 2000）。この新たな発想によるギャンブリング害の再定義の結果は、自己規制の成果に比べると向上しているように見えるかもしれない。しかし、一方で規制緩和のプロセスでも重要な役割を果たしており、その意義はいまだ検証されていない。

たとえば、ギャンブルが原因で若者が自殺したとしよう。この害も、ルーレットで生じる喜びと天秤にかけられ相殺される。そういう考えは、『責任あるギャンブリング』の概念を産み落とした論理の再現であり、ギャンブルは社会の役に立つのかという実存的疑問を一掃してしまうのだ。この論理を利用して人々を安心させるのではなく、むしろ不快感を与えているのが、メルボルンの交通安全運動のアプローチだ。その交通安全運動の広告では、路上の人々がこうたずねられる。「毎年何人までなら交通事故死者を容認できるだろう？」。彼らが数字を示すと、次にグループ内から人数分のメンバーを選ぶよう求められる。功利的な行いに何気なく投げ込まれる義務論という名の手榴弾だ（注2）。

リバウンド

イギリスではギャンブル産業が成長し、それに関係する人も増えた。世間のギャンブルに対する見方も、イギリス人の生活でもっとも大切にされてきたもの、なかでもサッカーへの影響が強まるにつれて大きく変化した。私が調査を始めた当初、大半の人はギャンブルに無関心だった。しかし、徐々に広告の量が増えメディアで頻繁に目にするようになると、世論が変わり始めた。過去5年間で、ギャンブルの成長を容認する声は消え、業界の行状への怒りが生まれたのだ。

ＦＯＢＴや、広告が子供に与える影響が大きな理由だが、最近の新聞の一面大見出しもこの変化を反映し、ギャンブル反対を推し進めている。「子供ギャンブラーの増加」（『デイリー・メール』２０１７年11月21日）、「ギャンブル・サイト、子供誘導の見直しを余儀なくされる」（『サンデー・タイムズ』２０１７年10月22日）、「詐欺的ギャンブル企業への取り締まり」（『タイムズ』２０１６年10月29日）はその例だが、もっともつらい見出しは「オンライン・ギャンブルが息子を自殺へ追いやった」（『ロンドン・イブニング・スタンダード』２０１６年4月27日）だろう。政治家がＦＯＢＴの最大賭け金の引き下げを延期すると決定した翌日、『デイリー・メール』はセンセーショナルに「血塗られた手」（２０１８年11月1日）と書きたてた。これは「人を食い物にするギャンブルを許すな」という一大キャンペーンの一環だった。

ギャンブル産業への不信感が高まったのは、業界内部で食い違う説明や、オンライン・ギャンブル部門の熾烈な競争が要因だ。その競争の結果、莫大な予算が押し付けがましい広告やプロモーション、スポンサーにつぎ込まれたのである。とくにスポーツ中継、なかでもサッカーの試合中のコマーシャル数は目に余る。イギリス人のサッカー愛は、衛星放送局スカイによって入念に育まれ利用されてきた。それがいまでは、インプレイ・ベッティングの急成長を支える柱になっている。ギャンブル産業は文字通りこの情熱につけ込んだわけだが、あまりに度が過ぎた。ある経営幹部は「金の卵を産むガチョウを殺している」と皮肉った。サッカー・ファンからも、ギャンブル企業は試合の楽しみを増やすどころか壊しているとの不満が漏れ始めた。「頻繁に流れる広告が子供に悪影響を与えかねない」と立腹するファンも増えている（Collins 2013：Freedland 2019）。

ギャンブル委員会のメンバー変更も重要な意味を持った。２０１５年にギャンブル委員会ＣＥＯに就任したサラ・ハリソンは、ルール違反に以前より厳しく対処した。２０１８年に就任したニール・マッカーサーもこの流れを踏襲している。２０１６年、ベットフレッド社は、盗まれたお金のギャンブルを防げなかったとして、「社会的責任のある事柄に対する補償と寄付」の名目で80万ポンドの罰金を支払わされた（Davies 2016a）。

また、パディ・パワー社も同じ「社会的責任のある事柄」に対する違反として、任意で28万ポンドを（『ガーディアンズ』によると2時間分の取引高に匹敵）支払っている（Davies 2016b）。しかし、ブックメーカーは顧客が脅威にさらされようと気にも留めないか、あるいは危険を冒して規制の限界を押し広げる価値を見積もるかのどちらかだ。幹部たちは罰金を「ビジネス・モデルの一部」としか見做していない。ある幹部は、「罰金はビジネスをするためのコストだ。ごくりと飲み込み、また同じことを続ける。しまいには株主も、規制をきっちり守って純利益が減少するくらいなら、罰金を払って利益を上げる方がましだと思うようになる」と嘯いた。

規制違反に罰金を課す政策は、その後も続いた。オンライン・カジノ企業888は、顧客からの自己申告による利用制限システムに欠陥があるとして780万ポンド（Davies 2017a）、スカイベットは自主的にギャンブルから離れていた数百人の顧客に賭けをさせ、5万人以上に販促物を送ったことで100万ポンド（Davies 2018c）、ウィリアムヒルは問題ギャンブリングを見極め、マネー・ロンダリングを防ぐことを怠ったために620万ポンド（Monaghan 2018）、そしてラドブロークス・コーラルは盗まれたお金による賭けを受け入れたために230万ポンド（Davies 2017b）の罰金をそれぞれ課された。ほかにも2019年に、ラドブロークスが賭け金に困ったギャンブラーにお金を盗まれた人々に対して、他言無用の条件で総額100万ポンドを払っていたことが判明している（Kollewe 2019）。

こうした不手際で仕事を失ったCEOは一人や二人ではない。2018年、業界誌『ゲーミング・インテリジェンス』は、責任あるギャンブリング事業者賞を「該当なし」と発表するとともに、「ここ1年でギャンブルに対する世間の信頼は著しく低下した」と糾弾した。巨額の罰金からわかるのは、規制当局がすでに時代遅れということだ。それを取り戻そうと奮闘してはいるが、他の金融市場と同じく、高給取りでやる気もある業界関係者にすっかり出し抜かれている。彼らはあくまでも起業家であり、新自由主義の論理を再現する一匹狼なので、不謹慎である必要はないのだ。

ギャンブル産業の内情を明るみに出す意味とは？

こうした熱にうかされたような状況下にあって、イギリスではギャンブルへの新たなアプローチが根付いた。それはギャンブルに起因する害に焦点を当て、ギャンブルが娯楽や雇用、税収に与える機会はあまり重視しないアプローチだ。この変化を主導してきたのは、もちろん慈善団体やロビー団体、公衆衛生関連機関、地方当局者、そしてギャンブリング害体験者やギャンブルが原因で自殺した若者の家族だ。それでもギャンブル産業は製品を精力的に販促し、FOBTは危険であるばかりかとことん人気がないことが明らかになってからも擁護し続けた。しかし、それが結果的にギャンブルに対する新たなアプローチを生み出す動きに拍車をかけることになり、政府も「今後はギャンブルに対して複数部門にまたがるアプローチをとる」と誓うとともに、専門家集団を招集したのである（Health, Education,DDCMS）。

これ以外にもイギリス議会において、労働党が新たなギャンブル法案を起草している。２０２０年には上院議員の特別調査がギャンブルの社会的経済的影響を報告する予定だ。また、２０１９年に広告基準協会（ＡＳＡ）が「子供と若者を無責任なギャンブル広告から守るための新ルール」を導入している（ASA 2019）。

ギャンブル委員会もニール・マッカーサーＣＥＯとエグゼクティブ・ディレクターのティム・ミラーの指揮のもと、『ギャンブリング害縮小のための国家戦略』から「責任あるギャンブリング」の文言をすべて削除し、「責任あるギャンブリング戦略委員会」の名称を「安全なギャンブルのための諮問委員会」

に変更した。今後はオンライン・ギャンブラーの「簡単に賭けに手が出せる価格」の管理と制限について意見を集める予定だ（Crouch 2018b）。この管理と制限は、将来的にオンライン企業発展の足かせになると思われるので、業界は弁護士と協議してどの程度異議申し立てを行うか慎重に検討するだろう。その決断は『デイリー・メール』の辛らつなキャンペーンも根拠の一つにするはずだ。

イギリスにおける「ギャンブルから政治を切り離す」試みは失敗した。振り子は大きく揺れて自由から離れ、管理や規制にまた近づいてきたように見える（Rose 2003）。運営企業のなかには、これまで通りにビジネスを続け、音楽が鳴りやむ前に可能な限り儲けようとするところもあれば、がっちりと防戦態勢を固めたり、譲歩をしたり（Davies 2019; Jack 2019）、新たな呼称を模索しているところもある。イギリス・ブックメーカー協会（ABB）は、FOBTに関する激しい議論に巻き込まれたあげく廃止された（Gibbs 2019）。その旧ABBとリモート・ギャンブル協会（RGA）が融合した新たな組織は、「ベッティング・アンド・ゲーミング委員会」（BGC）という洗礼名を受け、イギリス・ビール・アンド・パブ協会の元CEO、ブリジッド・シモンズがトップに立つ予定だ。名称変更で心機一転したこの組織は、新たな課題に旧組織と同じ方法で取り組むようだ。ギャンブル依存症の存在を認め、「問題のあるギャンブラー」への対応を約束し、「プレーヤー」の教育について議論を続けるだろう。一方、ギャンブル事業の中核は、ハウス・エッジを増やしてリスクを軽減する商品を、しかも中毒性が高い商品を開発し続けることで一貫している。ルールに則っているし、現在のエピステーメーでも合法的なので、今後も変わらず続くだろう。

1980年代に始まった、リスクという名の重荷を国から市民へ移し替える試みは格差を増幅し、私たちが想像する富の構築や分配の方法を変えた。ギャンブルはずっとこの変化の中心にある。シティ・オブ・ロンドンでは、ギャンブルが規制緩和され、より高いリスクをはらむようになった。それに伴いいよいよ複雑で不透明な金儲けの手段になり、その結果どんどん責任の所在が不明瞭になっている。

政治の舞台では、「自分で自分の責任を負う個人主義」を政府が市民に奨励した。より広い市場に合わせて自らのイメージを作り直せとの政府の提案を、ギャンブル産業が受け入れたのも驚きではない。うさんくさい日陰のビジネスだったギャンブルが、おそらくは一時的であれイギリス経済の一翼を担うことにまんまと成功したのだから——。その点ではギャンブル産業の圧倒的な勝利と言える。

物語はまだ終わっていない。実際、新たな章がすでに始まっている。イギリスの企業は、(イギリスの営業ライセンスの威信も含め) イギリス国内の社会関係資本 (訳注:社会や地域の人々の信頼やネットワークの蓄積を意味する概念) と顧客、製品、マーケティングに関する未曾有の知識を組み合わせ、アメリカをはじめ新たな管轄区へ乗り込もうとしている (Richards 2019)(注3)。

私が行った実地調査、つまりギャンブルを提供する側を探り、なかでも特定の商品やアイデアを生み守るためのプロセスの検証が、ギャンブルに起因する害の責任を個人から社会全体へ移行する国際的な動きの一助になることを願ってやまない。もちろんその社会には、ギャンブル企業だけでなく、ギャンブル業界が発展する環境を整え物語を演出してきた政府も含まれる。

ギャンブル産業の内情を明るみに出す意味は、どこにあるのか。それは「問題の所在は生物にあるのではなくマシンにある。したがって、分解や再プログラムは可能だ」ということを示すためなのである。

注

はじめに

1. ギャンブル研究に提供される資金の大部分は、ギャンブル業界からの税金や任意の寄付金によるものなので、直接的であれ間接的であれ、ギャンブルから得られる利益と関係している。私は一般研究基金で調査を行い、2013年からずっとイギリスのギャンブル研究はリサーチ委員会に委任されるべきだと主張してきた（Cassidy et al.2013）。過去3年間で、私は政府機関と、最終的には政府機関に財政支援を受けている組織から、旅費や宿泊費の援助を受けた（ギャンブルに対する目的税由来も含まれる）。ヘルシンキ大学アディクション・コントロール・ガバナンス研究所、アルバータ・ギャンブリング研究所、ニュージーランド保健省、ニュージーランド問題ギャンブリング財団、オークランド工科大学ギャンブリング・アンド・アディクション・リサーチ・センターはその例である。これらの組織は、ギャンブルの利益と資金のあいだに充分な「距離」を置き、業界からの独立を保っているので私はずっと満足していたが、その点はつねに見直し、査定し続けている。この難しい問いへの最良の答えは、ピーター・アダムズ参照（Adams 2016）。

2. 本書で示す調査結果につながる研究は、ヨーロッパ連合の第7次フレームワーク計画下（FP/2007-2013／ERC Grant Agreement number 263443）のヨーロッパ研究評議会から資金を得ている。

3. １９８８年インディアン賭博規制法は、アメリカ固有の共同体で先住民族がギャンブルを提供する法的根拠となった。

4. さまざまな産業が広範囲にわたって規制されているイギリスでさえ、問題が起こった。ギャンブル市場の分析で定評のある組織、ギャンブリング・データは次のように主張する。
「イギリスほどの規模のオンライン市場を管理するには、克服すべき難問が数多く存在する。たとえばイギリスの上場企業は、いかなる場所であれカジノの粗収益で得た総額をなんとかあいまいにしようと試みている。それは国内市場も例外ではない。主要製品の大手のなかには株式非公開の会社があり、それらは地域別収益分配を公表する義務はない。なかには、いかなる収益も公表しない企業もある。一方、イギリスの規制システムが特異的なのは、イギリスのギャンブル委員会が大規模企業からのデータを入手できていないことを意味する。ひいき目に見ても、委員会によって発表されたイギリスのオンライン・ギャンブル市場規模の数字は、少なくとも3分の2に過小評価されていると思われる」（GamblingDate 2012:8）

5. 「グレー」市場とは、「ブラック」市場とは違い、ギャンブルが明確には禁じられていない市場と定義される。

6. たとえば、アメリカ先住民族のメディスンマン、ジョン（・ファイアー）・レイム・ディアーは、作家リチャード・アードスに「われわれスー族は、みな生まれながらのギャンブラーだ」と語った（アードス 1994:131）。

第1章　ギャンブルの仕切り直し

1. ギャンブリング・レビュー・レポートでは、数字は丸めてあるためトータルは１００％を超える（Gaming Review Body 2001:239）。

2. 合法ギャンブルと違法ギャンブルの境界線は、イギリス、北ヨーロッパ、北アメリカ、オーストラリア、ニュージーランドでは比較的わかりやすいが、マネー・ロンダリングや高利貸しをはじめとする違法行為はこうした境界を不明瞭にする。東ヨーロッパ、アジア、アフリカでは、境界線などないも同然だ。私が仕事をした企業のなかには、ギャンブルが明確に禁じられている地域で営業したがっている企業もあった。そこで働くスタッフは、法規制や引き渡し条約に左右される比較的不安定な暮らしを楽しんでいた。伝統ある企業のなかには、法規制のある場所と、ギャンブルが厳密には禁じられていないいわゆる「グレー」な場所の両方で営業したがっている企業もあった。自治体を利用して管轄区規制の合法性に異議を申し立てている事例もある。詳細は第8章で触れる。

3. 保守党政治家ラブ・バトラーの意見。バトラーは1960年にこの法案を起草した（Oakley 2016）。

4. 広告代理店サーチ・アンド・サーチが製作したオリジナルの広告は、YouTube で視聴可能。

5. 実際、サー・アイヴァン・ローレンスが国営宝くじ発行に向けた準備を開始したのは、1991年の議員提出法案で優勢に立ったときだ。サー・アイヴァンによると、マーガレット・サッチャーは「まったく乗り気ではなく」、「宝くじのせいで怠惰がさらなる怠惰にとらわれるかもしれない」と恐れていたようだ。その他の障害は、「大蔵省がサッカー賭博を管轄していたこと」だった（BBC News 2011）。

6. オンライン・ギャンブル取引所のおかげで、賭けに参加する両者（オッズを提供する側と、それを受ける側）がブックメーカーの介入なしに互いに直接賭けることが可能になった。2000年に設立された世界最大のオンライン・ギャンブル企業、ベットフェア社は、2007年には100万人の顧客を抱え、1週間の取引高が100万ポンドにのぼるまでに成長した（第6章参照）。ベットフェアは他社に比べて最高で20％有利なオッズを提示し、伝統的ブックメーカーとは違い、勝った賭客から手数料を徴収することで利益を上げている。

7. 不採用の9件の提言のうち7件は、ギャンブル施設を全面禁止にする地方当局の権限をはじめ、制約性が高いもので、残り2件は、ギャンブルの機会を増やすための提案だった（DCMS 2002）。

8. 2011年、トニー・ブレア元首相は自らが目指した道と、当時のゴードン・ブラウン首相が目指した道はぷっつり途切れていたと指摘している。「われわれは古い労働党に逆戻りはしなかった。だが、われわれを際立たせ成功に導いた躍動するリズムを失ってしまった。1997～2010年まで続いた内閣は、同じ政治信条を持ったひと続きの内閣ではなかった。あれは10年プラス3年の内閣だった」（Curtis 2011）。

第2章　ラッフル：永遠に続くギャンブル

1. 2006～2007年の調査の14項目、および2009年～2010年の調査の8項目。

2. 各質問は、1（非常にそう思う）から5（まったくそう思わない）まで5段階で評価された。「どちらとも言えない」を示す3を境に、3より下はギャンブルに対する否定的態度を、3より上は肯定的態度を示した。2006~2007年の調査では、2項目以外は否定的スコアだった。肯定的スコアだったのは、「人はいつでも望んだときにギャンブルをする権利を持つべきだ」と「ギャンブルは全面禁止になったほうが良い」の2項目だ。2009~2010年の調査では、全体的な意見は依然否定的なままだった。8項目中6項目が否定的スコア、肯定的スコアだったのは2006~2007年の調査と同じ2項目だった。

3. 公式には、ラッフルは8つのカテゴリーに分類される。そのうち3つは許可制だ。商業目的ではない団体によって運営される、チケット売上上限が2万ポンドの「小規模コミュニティの宝くじ」、チケットの最低売上が2万ポンドの「大規模団体の宝くじ」、そして地方自治体が収益のために運営する「地方自治体の宝くじ」だ。その他5つのカテゴリーには許可は必要ない。さまざまなグループが資金集めをする「私的団体の宝くじ」、同僚同士で遊ぶ「職場宝くじ」、「住民の宝くじ」は特定の地域に暮らす住民が楽しむもの、企業が顧客に50ポンド以下の賞金を出す「顧客宝くじ」もある。職場宝くじ、住民宝くじ、顧客宝くじは利益目的とは限らないので、資金集めには使われない。最後の一つは「商業目的ではない臨時の宝くじ」で、学校祭のような商業目的ではないイベントで資金集めのために開催される。チケット販売と抽選はメインイベント中に行われなければならず、賞品や賞金はトータル500ポンドが上限だ。この手のラッフルはイングランド南東部では毎日どこかで開催されている。

第3章　賭博店の誕生

1. 粗収益（GGY）はギャンブル委員会によって「勝利金支払い後、経費を差し引く前の、事業者が保持する金額」と定義されている。実際のところ、何が尺度とされているかは議論の余地がある。ある経営幹部にどのように粗利益を計算しているのかたずねたところ、次のような答えが返ってきた。「それは教えられない。年次報告書にある通りだ。たいていの企業は粗利益（GW）でマシンの収益を計算するが、何を控除するかは企業によって違いがあり、それは極秘扱いだ」

2. 『コリンズ英語辞典』では、「totty（またはtottie)」を「ひとまとめに性的対象として見られる人々、とくに女性」と定義している。

3. 議員の声の一例をあげよう。
「わが同胞党員は、スクラッチカード導入の結果、６００店の賭博店が競馬賭博課税委員会に閉店の可能性がある旨を通知したことも、いずれ考えざるを得ないのではありませんか？　認可された賭博店がなくなれば、賭博は地下にもぐって秘密裡に行われ、犯罪集団にコントロールされる。そういうシナリオが危惧されるのではないでしょうか?」(Hansard 1995)。

4. これは赤いペンを使う特定の集団を指しているらしい。

第4章　ギャンブル・マシンの台頭

1. 私がアメリカで初めてスロットマシン・ギャンブルを体験したのは、ケンタッキー・ダウンズ、別名デュエリング・グラウンズ（決闘の場）と呼ばれる競馬場だった。そこでは「インスタント・レーシング」というスロットマシンの一種を導入していたが、ランダムに発生する数字ではなく過去の競馬レースのデータを処理していたので、技術的にはスロットマシンとは言えない。このマシンに惹かれて近郊のテネシー州ナッシュビルからも人が訪れた。当時テネシー州では、宝くじ以外の合法ギャンブルは認められていなかったためだ。各州間の規制の違いから生まれるこの手のジレンマは一般的で、行政が直接税を増税することなく赤字を削減しようと苦慮する地域では、これがギャンブル合法化議論の促進剤となった。

2. 「ニアミス」は、プレーの継続を促すことで知られ（Clark et al. 2009）、とくに問題ギャンブラーと認定された人々はその傾向が強い（Chase and Clark 2010）。その結果、カジノ事業者のなかには、偶然にまかせたとき以上にニアミスが頻出するようにマシンをプログラムしているところもある。オーストラリア等の管轄区では禁じられている行為だ（Queensland Government 2015）。「勝利に見せかけた負け」は「勝利への期待をふくらませる」(Barton et al. 2017)。こうした特徴や、それが電子ゲームマシン（EGM）に与える影響についての詳細は、バートン（Barton et al. 2017）らの最新のレビュー論文を参照のこと。

3. 「ギャムケア」は、イギリスで問題ギャンブラーの治療サポートを担当する中心的慈善団体である。活動資金はギャンブル業界からの任意の寄付金でまかなわれている。

4. 伝統的なスリーリール・スロット「ステッパー」は、ラスベガスでプレーする「地元客」のあいだでとくに人気が高い、利益を生む機械だ。フロア責任者は、「昔ながらの」体験を好む顧客のために、こうした機械を数多くそろえる必要性を認識している。見慣れたシンボル・マークのついた機械で、いつもの掛け金で、慣れた操作で客に遊んでもらうためだ。

5. Hansard 1968 内の引用。参照：https://api.parliament.uk/historic-hansard/commons/1968/feb/13/gaming-bill

6. 非営利団体「公正なギャンブルのための運動」は、スリーカード・ポーカーの考案者デレク・ウェブとパートナーのハナ・オドネルによって設立、資金提供されている（Ahmed 2017）。「公正なギャンブルのための運動」の対外的な代表を務めるマット・ザーブ・カズンは、ギャンブル依存症を克服した青年だ。体験に基づく彼の発言は大胆で、たいてい同じ顔触れで妥協しがちな研究者やロビイストのグループのなかでは新鮮だ。「公正なギャンブルのための運動」の影響力が大きくなり、ジャーナリストや政策立案者にも顔がきくようになるとＡＢＢは中傷を開始し、デレク・ウェブはカジノ業界で利益を得たいだけだと主張した（Ramesh 2013）が、ウェブはこれを一貫して否定している（Webb 2017）。

7. ノルウェー、ニュージーランドは例外で、問題を提起している。どちらも公衆衛生のアプローチでギャンブリング害の予防や防止を最優先した結果、比較的効果的な介入になった（Rossow and Hansen 2016）。

8. R・J・ウィリアムズ他（Williams et al.2012）による国際的根拠の検証では、もっとも一般的に行われている介入がもっとも効果が低いことがわかった。この発見はより最近のＣ・リヴィングストン他（Livingstone et al. 2019）の検証で裏付けられている。

第5章 「責任あるギャンブリング」という幻想

1. 若年層のギャンブルの実態を親に理解してもらうために設立されたオンタリオの慈善団体「ペアレン

トベット」等の提言を参照のこと。http://parentbet.net/how-can-gambling-be-healthy/
「ギャンブルが『健康的』な活動ならば、娯楽や、社交性を身に着けるための楽しい機会にもなり得る」

2．メルボルン郊外のクラブでこういう原則がどのように実践されているかについては、A・リントールおよびJ・デブラキエールの冷静で興味深い記事を参照のこと（Rintoul and Deblaquiere 2019）。

3．「トリクシー」は三つのオッズに合計４ベット、「ヤンキー」は四つのオッズに11ベット、「カナディアン」や「スーパーヤンキー」は五つのオッズに26ベット、「ヘインズ」は六つのオッズに57ベット、「ゴリアテ」は八つのオッズに２４７ベット。私が賭博店で働いていたとき、このマルチベットのなかでもっとも人気が高かったのは「ラッキー15」（四つのオッズに15ベット）と、「ラッキー31」（五つのオッズに31ベット）だった。この二つはブックメーカーにとって非常に実入りのいい賭け方で、一つのベットだけが的中した場合2倍のオッズで払い戻すと販促していた。これは多くの少額賭け金の賭客には非常に魅力的な条件に見えるが、実際はかなりの買い損だ（Newall 2015）。目の肥えた客やプロの賭客は、たいていマルチベットでは賭けない。なぜならシングルベットやダブルベットに比べると、賭け金に対する払い戻し率が悪いからだ。ロンドンの市場では伝統的にシングルとダブルが主流だったが、マシンの導入とサッカー賭博の人気の上昇で状況は変わった。

4．「スローカウント」は馬や犬の「出走」後に受付用紙を潜り込ませて賭けようとする不正のことで、目当ての馬や犬に勝つ見込みがないとわかれば賭けをとりやめる選択肢も念頭に置かれていた。出走直前の賭けを受け付けるか否かの判断は店長に任されていたが、電子ＰＯＳシステムの導入後は賭けを受付けるプロセスはすべて自動化された。

5．人気のチェルトナム・フェスティバル競馬の期間中、この店では1日に最大１１００枚のベットスリップ（賭け金入力伝票）を扱う。過去5年間の年間利益は12万５０００～25万ポンドだ。年によって開きがあるのは、チェルトナムのような重要なフェスティバルや大口賭客の動きに左右されて全体的に良い年、悪い年があったのも理由の一つだが、ＦＯＢＴの利益による一般的な売上回復傾向も影響している。

6．３週間にわたる計算データに基づく。

7．事業者は、賭博店を「コミュニティの中心地」と呼びたがる。実際、調査のために賭博店で働き始めたことをイギリス・ブックメーカー協会に報告した際は、店の「コミュニティの雰囲気」について書くよう強く勧められた。あるミーティングでは協会関係者にこう言われた。
「賭博店は非常にめずらしい社交の場だと思わないか？　まったく、面白いところだ。もちろん人類学者の研究テーマとして賭博店は完璧だろう。それについて書くと決意したのなら、みんな心から関心を持つだろう。本に書かれることはめったにない場所だから――。問題ギャンブリングではなく、ギャンブルの非常に社会的な側面とか、みんなが賭博店をコミュニティ・センターとして使っているとか、そういうことを書いてほしいと強く願っている」

8．禁煙法が導入された翌年、100人の賭客を対象に行われた調査によると、ウィリアムヒルでは70％以上が禁煙法以前よりも店の居心地が良くなったと感じ、56％が禁煙によって店に「入りやすくなった」と感じていることが判明した。同社は「オンライン・ギャンブルの魅力が増しているにもかかわらず、賭博店では以前より女性率が高くなり、この傾向は将来的に続くことが確実視されている」とも報告している（Gambling Online Magazine 2008）。

9．ジルが語っているのは、現金を店から銀行へ運ばなければならない店長の仕事のこと（Murphy 2012）。

10．ドキュメンタリー番組「パノラマ」のクルーは、撮影中に訪れた賭博店39店舗で、暴力沙汰や反社会的行為を23件目撃した。

第6章　ブックメーカーの嘆き

1. 本章で語られる実務はウォリントン社特有のものではなく、スタッフも異例とは考えていなかった。本章の目的は同社の行いを批判することではない。ギャンブル業界全体の調査であり、そのために一例として同社をとりあげたにすぎない。当時のギャンブル業界は、どこの企業も違いがなかった。その理由については、章内で触れている。このような同質性は企業間をスタッフが常時移動していたためにいっそう強化された。スタッフの移動はスキル向上や知識強化のためばかりではなく、商業的に機密事項の多い最新情報を得るためでもあった。

2. トレインは、国境を越えたギャンブルに慣れていた。彼は1983年にリモート・ベッティング・サービスをドイツ人顧客のために開始し、国の独占による粗末なサービスや高い利益率をうまく利用した。賭客は郵便で週に1度賭博参加申し込み用紙を受け取り、必要事項を記入してイギリスへ送り返す。トレインのビジネスは順調だったが、郵政公社が民営化され配達までに時間がかかるようになり、オーストリアへの移転を強いられた。1990年代初頭、今度はインターネットの可能性に興味を持った。トレインは当時をこう回想する。「みんなに手を出すなと言われた。私のビジネスの評判を落とすだけだという理由でね」。それでも彼は意志を曲げなかった。「物事を見た目通りに受け止めてはいけないというのが私の人生観だ。疑問を持ち、異なる角度から物事を見ることから始めるべきだ。どうしてネットで勝負をしたいなんて思うんだと言ってくる連中はひたすら無視したよ」(iGaming Business 2008)。

3. 賭博店の情報提供サービスを行うサテライト・インフォメーション・サービス社は、イギリスのブックメーカーも一部経営に参加している。現在はスポーツ・インフォメーション・サービスに社名変更している。

4. ブックメーカーを介さないギャンブル取引の包括的解説と、それが競馬や賭博店に与える影響についてはオコナー参照 (O'Connor 2017)。

5. 古くからの賭客がうんざりした新たなシステムにはいくつか難点があった。マルチベットの受付が簡単ではなかったことやアカウント開設が前提のシステムだったこと。賭博店の客は身分や氏名を明かさずに賭けができる点を気に入っていたが、新たなシステムでは、コンピュータとインターネット接続が必須条件だった (その回線スピードが利益に影響した)。また、金融トレーダーとして働いた経験がないと操作するのは難しく、直感的にわかるような代物ではなかった。デシマル式 (小数点式) オッズも、たとえば33/1や6/4といったフラクショナル式(分数式)オッズに慣れた人にとっては難解だった。

注

第7章　ジブラルタルのオンライン・ギャンブル

1. オンライン・ギャンブルがモバイル・テクノロジーの広がりを見せ始めるにつれて、開拓地は新たな形態をとり始める。最近の記事「アフリカ：チャンスをつかみ、金を掘り当てる」では、ロンドンで開催された協議会の「専門家会議」の答申を取り上げ「アフリカは、純利益を押し上げたい者にとって、可能性に満ち満ちた大陸」であることを示唆した。記事の著者は、既存の市場から学ぶべきことは多いと指摘する。「アフリカの国々がヨーロッパの過去15年間と同じ成長曲線を描くと考えるなら、アフリカでチャンスの筋書きを作ることは簡単だ」(Gannage - Stewart 2018)。

2. 賭博法によると、「リモート」ギャンブルにはリモート通信を通したあらゆるギャンブルが含まれる。リモート通信とは、インターネット、電話、テレビ、ラジオその他の電子的手段を意味する。

3. 2015年の225カ国に及ぶ調査で、39カ国（中国、日本、トルコを含む）がオンライン・ギャンブルを禁止し、61カ国が認可制としていることが判明した。残りの大半（93カ国）はオンライン・ギャンブルを禁じてはいないものの、認可も与えていなかった（KeytoCasino 2015）。

4. ホワイトリストには、2007年にオルダーニー島とマン島が、2008年にタスマニア、アンティグア・バーブーダが追加された。キュラソー島、カナダの先住民モホーク族の居住地カナワク、同じくカナダの先住民アレキサンダー・ファースト・ネイションからの請願は認められなかった（Kilsby 2008）。

5. ワールドカップ期間中はさらに広告が急増したため『タイムズ』は批判を展開し、コラムニストのレイチェル・シルヴェスターは首相になんらかの対策をとるよう要請した（２０１４）。そこでギャンブル産業は「セネト・グループ」という、広告基準を設けるための独立部門を立ち上げた。グループは「ギャンブル委員会の仕事を助け、より安全かつ公正なギャンブル・サービスを提供し、責任あるギャンブルのメッセージを頻繁に、目立つようにプレーヤーに提示することになる」（参照：http://senetgroup.org.uk/responsible-gambling-standards/）。

6. ２０１４年12月、規則が変更されたために、イギリスの顧客にサービスを提供する事業者はイギリスでも許可を受け納税しなければならなくなった。こうしてオンライン・ギャンブルのオープン市場を目指した社会実験は終わりを告げた。大蔵省の試算では、新たな規制のおかげで毎年３億ポンドの税収が新たに生じるらしい（HM Treasury 2013）。しかし、この変化はおもに顧客保護を理由に正当化されたもので、その他の理由でイギリス市場へのアクセスを制限することは、ＥＵ法に抵触する。

7. 不正使用などの理由により利用代金の支払に同意しない場合の支払い取り消しは、デビットカードやクレジットカードのプロバイダーに要請される。

第8章　規制の駆け引き

1. ガンベッリ裁判を見ると、イギリス政府がいつ、なぜオンライン・ギャンブルに消費地課税制度を導入したかがわかる。イギリス政府は「消費者保護」をその根拠とした。海外拠点の企業から取り損ねた税金を取り戻すための税制の導入は、欧州司法裁判所（ＥＣＪ）の精査につながった。

2. 「ワイルド・ウェスト」とは、オンライン産業の規制以前の時代を指し、「ペイパルとビザの正面衝突」は２００３年のオンライン・ギャンブル用決済からペイパルが撤退したことを指す（ごく最近再加盟した）。「２００５年」は（おそらく）オンライン・ギャンブル禁止法（United States Treasury Department 2006）を意味する。この法律でアメリカでのオンライン・ギャンブルは違法となり、株式上場企業はアメリカ人プレーヤーに対するゲーム提供をやめざるを得ず、企業評価が大幅に下落した。「ポーカー」とはアメリカ司法省が3大オンライン・ポーカー事業者を起訴した２０１１年4月15日、通称「ブラックフライデー」を意味する。

3. 管轄区内でライセンスを持つ企業が破産し、顧客に支払いができなくなったスキャンダルのこと。

1. 心の病を抱える人々は、肉体的な不調を抱える人々よりも同情されにくいとの調査結果がある（Weiner et al. 1988）。

2. 私は公衆衛生の専門家チャールズ・リヴィングストンの論文でこのキャンペーンに注目した。キャンペーンの詳細は、以下のウェブサイト参照のこと。https://www.towardszero.vic.gov.au/safe-people/why-safe-people-matter

3. たとえば、2018年のウィリアムヒルの戦略は「3つの優先事項への集中」だった。「イギリスおよび世界各地でデジタル戦略を成長させること、アメリカでのビジネス規模を拡大すること、イギリスの小売りモデルを改めること」である（William Hill 2018）。

参考文献

ABB (Association of British Bookmakers), 2013a. The Truth about Betting Shops and Gaming Machines, 12 August. London: ABB, www.abb.uk.com/thetruth-about-gaming-in-betting-shop/

ABB (Association of British Bookmakers), 2013b. The ABB Code for Responsible Gambling and Player Protection in Licensed Betting Offices in Great Britain. London: ABB.

Abt, W., J. Smith and E. Christiansen, 1985. The Business of Risk: Commercial Gambling in Mainstream America. Lawrence, KS: University Press of Kansas.

ACIL Allen Consulting, Deakin University, Central Queensland University and the Social Research Centre, 2017. Fourth Social and Economic Impact Study of Gambling in Tasmania: Report 1. Hobart: Tasmanian Department of Treasury and Finance.

Adams, P., 2007. Gambling, Freedom and Democracy. Routledge Studies in Social and Political Thought. London: Routledge.

Adams, P., 2016. Moral Jeopardy: Risks of Accepting Money from the Alcohol, Tobacco and Gambling Industries. Cambridge: Cambridge University Press.

AGA (American Gaming Association), 2017. AGA Code of Conduct for Responsible Gaming, www.americangaming.org/sites/default/files/AGA%20Code%20of%20Conduct%20for%20Responsible%20Gaming_Final%207.27.17.pdf

Ahmed, M., 2017. Unlikely duo behind the multimillion hit facing British bookmakers. Financial Times, 29 September, www.ft.com/content/a6b40dfea1fe-11e7-9e4f-7f5e6a7c98a2

Aitken, M., 2015. Heartbroken partner of gambling addict who took his own life calls for new curbs on betting terminals. Daily Record, 1 November, www.dailyrecord.co.uk/news/real-life/heartbroken-partner-gambling-addict-who-6740736

Amsel, P., 2018. Maine' s biggest ever illegal bookmaker cops a plea. 25 May, https://calvinayre.com/2018/05/25/business/maine-biggest-illegal-bookmaker-guilty/

Anderson, P., A. de Bruijn, K. Angus, R. Gordon and G. Hastings, 2009. Impact of alcohol advertising and media exposure on adolescent alcohol use: a systematic review of longitudinal studies. Alcohol Alcoholism 44(3): 229–43.

Anonymous, 1947. Mass Observation Report into Gambling. Unpublished report, Mass Observation Archive, University of Sussex Special Collections, www.massobservation.amdigital.co.uk/Documents/Details/MASS-GAMBLING/FileReport-2560

Appel, H., 2004. Occupy Wall Street and the economic imagination. Cultural Anthropology 29(4): 602–25.

ASA (Advertising Standards Association), 2019. Protecting Children and Young People - Gambling Guidance, 13 February, www.asa.org.uk/resource/protecting-children-and-young-people-gambling-guidance.html

Atkinson, S., 2006. Gibraltar proves a winning bet. BBC News, 14 August, http://news.bbc.co.uk/1/hi/business/4776021.stm

Australian Associated Press, 2011. Gambling reforms un-Australian: industry. Sydney Morning Herald, 11 April, https://tinyurl.com/yyrrfbam

Australian Associated Press, 2014. Gambling: Australians bet more and lose more than anyone else. Guardian, 4 February, https://tinyurl.com/y2ltg9r9

Australian Government Department of Communications and the Arts, 2019. Interactive Gambling, www.communications.gov.au/what-we-do/internet/internet-governance/online-gambling

Babor, T., R. Caetano, S. Casswell, G. Edwards, N. Giesbrecht, K. Graham et al., 2010. Alcohol - No Ordinary Commodity: Research and public policy, 2nd edn. New York: Oxford University Press.

Badcock, J., 2017. Spain plans to end Gibraltar' s 'privileged' existence as a 'tax haven' in Brexit negotiations. Telegraph, 3 May, www.telegraph.co.uk/news/2017/05/03/spain-plans-end-gibraltars-privileged-existence-tax-haven-brexit/

Banks, G., 2011. Presentation to South Australian Centre for Economic Studies, Corporate Seminar, Adelaide, 30 March, 6.

Barton, K.R., A. Yazdani, N. Ayer et al., 2017. The effect of losses disguised as wins and near misses in electronic gaming machines: a systematic review, Journal of Gambling Studies 33: 1261, https://doi.org/10.1007/s10899-017-9696-0

Baxter, D., M. Hilbrecht and C. Wheaton, 2019. A mapping review of research on gambling harm in three regulatory environments. Harm Reduction Journal 16: 12.

BBC News, 1999. UK Casinos gamble on new freedom. 23 August, http://news.bbc.co.uk/1/hi/uk/428516.stm

BBC News, 2004. Bingo scandal sees markets gyrate. 20 February, http://news.bbc.co.uk/1/hi/business/3508257.stm

BBC News, 2006. UK gaming rule bid 'not tax grab' . 31 October, http://news.bbc.co.uk/1/hi/uk_politics/6100012.stm

BBC News, 2007. Manchester wins super-casino race. 30 January, http://news.bbc.co.uk/1/hi/uk_politics/6312707.stm

BBC News, 2011. National Lottery: Sir Ivan Lawrence on Margaret Thatcher' s doubts. 28 October, www.bbc.co.uk/news/uk-politics-15027222

BBC News, 2012. Undercover in Britain' s bookies. 5 November, www.bbc.co.uk/news/uk-20182750

BBC News, 2017. Ladbrokes Coral bought by online rival GVC. 22 December, www.bbc.co.uk/news/business-42452945

BBC Sport, 2001. Brown scraps betting duty. 7 March, http://news.bbc.co.uk/sport1/hi/front_page/1207748.stm

Belger, T., 2016. Dad whose gambling-addicted son hanged himself calls for crackdown on fixed-odds betting terminals. Liverpool Echo, 20 February, www.liverpoolecho.co.uk/news/liverpool-news/dad-whose-gambling-addicted-son-10922618

Bennett, O., 2013. Fancy a flutter? The rise of the middle-class gambler. Management Today, www.managementtoday.co.uk/fancy-flutter-rise-middle-class-gambler/article/1182983

Beugge, C., 2013. Mike Tindall' s racehorse: from £12,000 to £200,000. Telegraph, 12 February, www.telegraph.co.uk/finance/personalfinance/investing/9862223/How-to-invest-in-a-racehorse.html

Binde, P., 2005. Gambling across cultures. International Gambling

Studies 5(1): 1-27.

Blackmore, R., 1891. The Jockey Club and Its Founders: In Three Periods. London: Smith, Elder.

Blaszczynski, A., R. Ladouceur and H. Shaffer, 2004. A science-based framework for responsible gambling: the Reno model. Journal of Gambling Studies 20(3): 301–17.

Bloomberg, 2016. Bloomberg industry market leaders. 10 February, www.bloomberg.com/graphics/industries/

Bolger, J., 2004. Need to know: global business briefing - economics. The Times, 5 March, www.thetimes.co.uk/article/need-to-know-global-businessbriefing-k5jmzfxs78n

Born, M., 2003. Minister broadcasts her desire for competition. The Telegraph, 18 July, www.telegraph.co.uk/news/uknews/1436410/Minister-broadcasts-her-desire-for-competition.html

Bowers, S., 2003. Odds-on favourite. Guardian, 7 June, www.theguardian.com/business/2003/jun/07/9

Bowers, S., 2008. William Hill to buy in technical experts to save internet arm. Guardian, 11 January, www.theguardian.com/business/2008/jan/11/williamhill

Breen, H., 2008. Visitors to northern Australia: debating the history of Indigenous gambling. International Gambling Studies 8(2): 137–50.

Brown, M., 2001. Welcome to the ministry of fun, Tessa. Guardian, 11 June, www.theguardian.com/media/2001/jun/11/mondaymediasection.generalelection

Browne, M., E. Langham, V. Rawat, N. Greer, E. Li, J. Rose, M. et al., 2016. Assessing Gambling-related Harm in Victoria: A Public Health Perspective. Melbourne: Victorian Responsible Gambling Foundation.

Browne, M., M. Bellringer, N. Greer, K. Kolandai Matchett, V. Rawat, E. Langham et al., 2017. Measuring the Burden of Gambling Harm in New Zealand. Wellington, New Zealand: Ministry of Health.

Bullough, O., 2017. Defend Gibraltar? Better condemn it as a dodgy tax haven. Guardian, 9 April, www.theguardian.com/commentisfree/2017/apr/08/defendgibraltar-condemn-it-as-dodgy-tax-haven

Burton, D., D. Knights, A. Leyshon, C. Alferoff and P. Signoretta, 2004. Making a market: the UK retail financial services industry and the rise of the complex sub-prime credit market. Competition & Change 8: 3–25.

Busby, M., 2018. Revealed: how bookies use AI to keep gamblers hooked. Guardian, 30 April, www.theguardian.com/technology/2018/apr/30/bookiesusing-ai-to-keep-gamblers-hooked-insiders-say

Casino News Daily, 2018. Las Vegas, Macau Casino revenue comparison report (with Infographic), 21 February, https://tinyurl.com/y2yomvlc

Cassidy, R., 2002. Sport of Kings: Kinship, Class and Thoroughbred Breeding in Newmarket. Cambridge: Cambridge University Press.

Cassidy, R., 2012a. Reassessing the Distinction between Gambling and Problem Gambling: An Anthropological Approach. ESRC Impact Report, RES-164-25-0005. Swindon: ESRC.

Cassidy, R., 2012b. Horse versus machine: battles in the betting shop. Journal of the Royal Anthropological Association 18(2): 266–84.

Cassidy, R., 2014. 'A place for men to come and do their thing' : constructing masculinities in betting shops in London. British Journal of Sociology 65(1): 170–91.

Cassidy, R., C. Loussouarn and A. Pisac, 2013. Fair Game: Producing Gambling Research. Goldsmiths, University of London, https://tinyurl.com/yyvgjorr

Castren, S., M. Heiskanen and A. Salonen, 2018. Trends in gambling participation and gambling severity among Finnish men and women: cross-sectional population surveys in 2007, 2010 and 2015. British Medical Journal Open 8(8).

Chan, T., 2018. Japan' s pinball gambling industry makes 30 times more cash each year than Las Vegas. Independent, 26 July, www.independent.co.uk/news/world/asia/pachinko-japan-pinball-gambling-revenue-money-las-vegas-a8464881.html

Chapman, B., 2018. Bet365 boss Denise Coates' pay rises to 'eye-watering' £265m. Independent, 21 November, www.independent.co.uk/news/business/news/bet365-denise-coates-boss-pay-265-million-pounds-salary-a8645351.html

Chase, H. and L. Clark, 2010. Gambling severity predicts midbrain response to near-miss outcomes. Journal of Neuroscience 30: 6180–7.

Chinn, C., 2004. Better Betting with a Decent Feller: Bookmaking, Betting and the British Working Class, 1750–1990. London: Aurum Press.

Clapson, M., 1989. Popular Gambling and English Culture, c.1845 to

1961. PhD thesis, University of Warwick.

Clark, L., A.J. Lawrence, F. Astley-Jones and N. Gray, 2009. Gambling near-misses enhance motivation to gamble and recruit win-related brain circuitry. Neuron 61(3): 481–90.

Clubs Australia, 2015. Responsible Gambling, www.clubsaustralia.com.au/advocacy/policy-centre/responsible-gambling

Cohen, M., 2015. As VIP play shrinks and shifts, Morgan Stanley upbeat on global gaming. Forbes, 7 April, https://tinyurl.com/yxqyzpoj

Collins, P., 2013. Tacky and demeaning: football must face the truth about its gambling addiction. Daily Mail, 14 December, www.dailymail.co.uk/sport/football/article-2523856/PATRICK-COLLINS-Football-face-truth-gambling-addiction.html

Conolly, A., E. Fuller, H. Jones et al., 2017. Gambling Behaviour in Great Britain in 2015: Evidence from England, Scotland and Wales. London: National Centre for Social Research.

Copley, C., 2015. Germany rallies around Volkswagen in diesel emissions scandal. Reuters, 15 October, https://uk.reuters.com/article/uk-volkswagenemissions-germany-regulati/germany-rallies-around-volkswagen-in-diesel-emissions-scandal-idUKKCN0S91AS20151015

Cosgrave, J. and T. Klassen (eds), 2009. Casino State: Legalized Gambling in Canada. Toronto: University of Toronto Press.

Cox, J., 2018. £30 stake limit for fixed-odds betting terminals. Independent, 19 March, www.independent.co.uk/news/business/news/gambling-stake-limit-30-pounds-fixed-odds-betting-terminals-

commission-recommendationaddiction-a8262801.html

Crawley, M., 2017. 4 surprising things about the Ontario government' s finances. CBC News, 16 October, www.cbc.ca/news/canada/toronto/ontariogovernment-revenue-kathleen-wynne-tax-1.4300960

Cremin, J., 2003. Talking shop: why Gaskell and others of his ilk cannot be replaced. Racing Post, 28 May.

Crouch, T., 2018a. Tracey Crouch' s statement on the government response to the consultation on proposals for changes to gaming machines and social responsibility measures. Oral statement to Parliament, www.gov.uk/government/ speeches/tracey-crouchs-statement-on-the-government-response-to-the-consultation-on-proposals-for-changes-to-gaming-machines-and-social-responsibility-measure

Crouch, T., 2018b. Gambling: Written question – 142403, 9 May, www.parliament.uk/business/publications/written-questions-answers-statements/written-question/Commons/2018-05-09/142403/

Cummings, L., 2002. Is UK the new gambling capital? BBC News, 6 October, http://news.bbc.co.uk/1/hi/business/2278853.stm

Curtis, P., 2011. Tony Blair: New Labour died when I handed over to Gordon Brown. Guardian, 8 July, www.theguardian.com/politics/2011/jul/08/tony-blairnew-labour-gordon-brown

Davies, M. 2010. Is everything okay, Ralph? A view from Barnes village. 2 February,

http://markxdavies.blogspot.com/2010/02/is-everything-ok-ralph.html

Davies, M. 2013. Global markets, changing technology: the future of the betting industry. In R. Cassidy (ed.), The Cambridge Companion to Horseracing. Cambridge: Cambridge University Press, pp. 177–90.

Davies, R. 2016a. Paddy Power' s £280,000 penalty equal to three hours' trading. Guardian, 8 March, www.theguardian.com/business/2016/mar/08/paddy-power-pre-merger-revenues-hit-850m

Davies, R. 2016b. Gambling Commission orders Betfred to pay £800,000. Guardian, 14 June, www.theguardian.com/society/2016/jun/14/gambling-commissionorders-betfred-to-pay-800000-pounds

Davies, R. 2017a. Gambling firm 888 penalised record £7.8m for failing vulnerable customers. Guardian, 31 August, www.theguardian.com/society/2017/aug/31/gambling-firm-888-fined-online-bookmaker-problem-gamblers

Davies, R. 2017b. Ladbrokes Coral hit by £2.3m penalty over rogue bets. Guardian, 6 November, www.theguardian.com/business/2017/nov/06/ladbrokescoral-hit-by-23m-penalty-over-rogue-bets

Davies, R. 2018a. Labour blasts government for delays to fixed-odds betting terminal curbs. Guardian, 15 June, www.theguardian.com/uk-news/2018/jun/15/labourblasts-government-for-secret-delays-to-fixed-odds-betting-terminal-curb
s

Davies, R. 2018b. FOBTs row: minister quit over claim pro-gambling MP secured delay. Guardian, 2 November, www.theguardian.com/uk-news/2018/nov/02/fobts-row-minister-quit-over-claim-pro-gambling-mp-secured-delay

Davies, R. 2018c. Sky Bet fined £1m for failing to protect vulnerable customers. Guardian, 28 March, www.theguardian.com/

society/2018/mar/28/sky-bet-finedvulnerable-customers-gambling-commission

Davies, R. 2018d. Ladbrokes wooed problem gambler - then paid victims ￡1m. Guardian, 17 December, www.theguardian.com/society/2018/dec/17/ladbrokes-wooed-problem-gambler-then-paid-victims-1m

Davies, R. 2019. UK gambling firms' offer to boost levy branded a bribe. Guardian, 20 June, www.theguardian.com/society/2019/jun/19/top-uk-gambling-firms-offer-increase-voluntary-levy-fund-treatment-problem-gamblers

Davies, R. and S. Marsh, 2018. UK gambling regulator calls on industry to stamp out sexism. Guardian, 5 February, www.theguardian.com/society/2018/feb/05/uk-gambling-regulator-calls-on-industry-to-stamp-out-sexism

DCMS (Department for Culture, Media, Digital and Sport) 2002. A Safe Bet for Success - Modernising Britain's Gambling Law, Cm. 5397, www.gov.uk/government/publications/modernising-britains-gambling-laws-draft-gambling-bill

DCMS (Department for Culture, Media, Digital and Sport) 2003. The Future Regulation of Remote Gambling: A DCMS Position Paper. London: DCMS.

DDCMS (Department for Digital, Culture, Media and Sport), 2018a. Government to cut fixed odds betting terminals maximum stake from ￡100 to ￡2. Press release, 17 May, www.gov.uk/government/news/government-to-cut-fixed-oddsbetting-terminals-maximum-stake-from-100-to-2

DDCMS (Department for Digital, Culture, Media and Sport),

2018b. Government Response to the Consultation on Proposals for Changes to Gaming Machines and Social Responsibility Measures. May, https://assets.publishing.service.gov.uk/government/uploads/system/uploads/attachment_data/file/707815/Government_response_to_the_consultation_on_proposals_for_changes_to_gaming_machines_and_social_responsibility_measures.pdf

DDCMS (Department for Digital, Culture, Media and Sport), 2018c. Tracey Crouch' s statement on the Government Response to the Consultation on proposals for changes to Gaming Machines and Social Responsibility Measures. 17 May, www.gov.uk/government/speeches/tracey-crouchs-statement-on-thegovernment-response-to-the-consultation-on-proposals-for-changes-to-gaming-machines-and-social-responsibility-measure

Djohari, N., G. Weston, R. Cassidy, M. Wemyss and S. Thomas, 2019. Recall and awareness of gambling advertising and sponsorship in sport in the UK: a study of young people and adults. Harm Reduction Journal 16(24): 1–12.

Dodds, A., 2006. The core executive' s approach to regulation: from 'better regulation' to 'risk-tolerant deregulation' . Social Policy & Administration 40(5): 526–42.

Donoughue, S., 2019. The system is broken. Gambling Insider, March/April: 46–7.

Douglas, T., 2004. Papers turn on gambling law change. BBC News, 28 October, http://news.bbc.co.uk/1/hi/entertainment/3963307.stm

Doward, J., 1999. A rock and a hard place for betting. Observer, 14 November, www.theguardian.com/business/1999/nov/14/gibraltar.internationalnews

Doward, J., 2000. A rock and a cheap flutter. Observer, 24

September, www.theguardian.com/technology/2000/sep/24/business.theobserver

Downs, C., 2010. Mecca and the birth of commercial bingo 1958–70: a case study. Business History 52(7): 1086–106.

Ebrahimi, H., 2012. Ladbrokes fires digital director Richard Ames over botched strategy. Telegraph, 30 July, www.telegraph.co.uk/finance/newsbysector/retailandconsumer/9436936/Ladbrokes-fires-digital-director-Richard-Ames-overbotched-trategy.html

ECJ (European Court of Justice), 1994. Case C-275/92, Her Majesty' s Customs and

Excise v. Gerhart Schindler and Jorg Schindler, ECR I-1039.

ECJ (European Court of Justice), 2003. Case C-243/01, Criminal Proceedings against Piergiorgio Gambelli and Others, ECR 1-13031.

Economist Daily Chart, 2017. The world' s biggest gamblers: Australia was the first country to deregulate gambling, and it shows. 9 February, https://tinyurl.com/yy5u2vcx

EGR Magazine, 2012. Ralph Topping. EGR Magazine, September.

Elliott, L., 2001. How Thatcher stumbled on her Big Idea. Guardian, 20 March,

www.theguardian.com/society/2001/mar/20/5

Ellson, A., 2018. World Cup kicks off a £2.5bn betting splurge. The Times, 25 June, www.thetimes.co.uk/article/world-cup-kicks-off-a-2-5bn-betting-splurge-qgx8prl5m

ERC (European Research Council), 2015, Turning the Tables: Researching Gambling Research. 12 March, https://erc.europa.eu/projects-figures/stories/turning-tables-researching-gambling-

research

『レイム・ディアー：ヴィジョンを求める者』ジョン・ファイアー・レイム・ディアー口述、リチャード・アードス編、北山耕平訳、河出書房新社、1993年

Evans, C., 2014. Betting shops, single staffing. Westminster Hall Debate, 5 February, www.theyworkforyou.com/whall/?id=2014-02-05b.99.0

Evans, R., 2002. Bookmakers close ranks. Telegraph, 9 September, www.telegraph.co.uk/sport/horseracing/3034168/Bookmakers-close-ranks.html

Ewens, J., 2018. Industry urged to keep regulation from 'emotional' politicians. Gambling Compliance, 11 September, https://gamblingcompliance.com/premium-content/insights_analysis/industry-urged-keep-regulation-emotionalpoliticians

Filby, E., 2013. Margaret Thatcher: her unswerving faith shaped by her father. Telegraph, 14 April, http://tinyurl.com/dywheld

Findlay, J., 1986. People of Chance: Gambling in American Society from Jamestown to Las Vegas. New York: Oxford University Press.

Ford, J., 2019. The troubling legacy of Britain's gambling experiment. Financial Times, 19 July, www.ft.com/content/cde538be-a821-11e9-b6ee-3cdf3174eb89

『言葉と物：人文科学の考古学』ミシェル・フーコー著、渡辺一民、佐々木明訳、新潮社、1974年

Freedland, J., Football is addicted to gambling - and it's harming children. Guardian, 13 February, www.theguardian.com/

commentisfree/2019/feb/13/protect-children-gambling-ads-football-target

Gambling Commission, 2018a. Gambling Participation in 2017: Behaviour, Awareness and Attitudes, Annual Report, February, www.gamblingcommission.gov.uk/PDF/survey-data/Gambling-participation-in-2017-behaviour-awareness-and-attitudes.pdf

Gambling Commission, 2018b. Young People and Gambling 2018. Birmingham: Gambling Commission.

Gambling Commission, 2019a. Industry Statistics, April 2016 to March 2018. Birmingham: Gambling Commission.

Gambling Commission, 2019b. Gambling Commission Industry Statistics - May 2019. Birmingham: Gambling Commission, www.gamblingcommission.gov.uk/Docs/Gambling-industry-statistics.xlsx

Gambling Online Magazine, 2008. Bookies breathe easy despite smoking ban. 1 July, www.gamblingonlinemagazine.com/gambling-news-detail.php?articleID=703

Gambling Review Body, 2001. Gambling Review Report (Budd Report), Cm. 5206, July. London: Department for Culture, Media and Sport.

GamblingCompliance, 2018. UK Online Gambling: Data Forecasting and Market Shares. London.

GamblingData, 2011. In-play Betting Report. London: GamblingData.

GamblingData, 2012. Regulated European Online Markets Data Report. https://tinyurl.com/y46zg7bj

Gaming Intelligence, 2018. Responsible gambling operator of the year: NO ONE. 6 February, www.gamingintelligence.com/business/46172-responsible-gamblingoperator-of-the-year-no-one

Gannage-Stewart, H., 2018. Africa: dig for opportunities and strike gold. 9 May,
www.igbaffiliate.com/articles/africa-dig-opportunities-and-strike-gold

Ge, C. ,2016. Wynn Macau, Sands China and Melco Crown Entertainment, three of Asia' s biggest casino operators, all reported recovering businesses for high rollers in 2016. South China Morning Post, 20 July, https://tinyurl.com/yyudtmzw

『ディープ・プレイ：バリの闘鶏に関する覚書』（『文化の解釈学 2』）クリフォード・ギアーツ著、吉田禎吾訳、岩波書店、1987 年

Gibbs, E., 2019a. Gambling trade associations in UK join forces. 25 February, https://calvinayre.com/2019/02/25/business/gambling-trade-associationsuk-join-forces/

Gibbs, E., 2019b. Two UK gaming groups to be dissolved as a new one emerges. 4 July, https://calvinayre.com/2019/07/04/business/two-uk-gaming-groups-tobe-dissolved-as-a-new-one-emerges/

『儀礼としての相互行為：対面行動の社会学（新訳版）』アーヴィング・ゴッフマン著、浅野敏夫訳、法政大学出版局、2012 年

Goodale, J.C., 1987. 'Gambling is hard work' : card playing in Tiwi society. Oceania 58(1): 6–21.

Goodwin, B., M. Browne, M. Rockloff and J. Rose. 2017. A typical problem gambler affects six others. International Gambling Studies 17(2): 276–89,

『負債論：貨幣と暴力の5000年』デヴィッド・グレーバー著、酒井隆史監訳、高祖岩三郎、佐々木夏子訳、以文社、2016年

Grierson, J., 2016. Paddy Power founder lobbied against fixed-odds terminals.
Guardian, 5 December, www.theguardian.com/society/2016/dec/05/paddypower- founder-lobbied-against-fixed-odds-terminals

GVC, 2019. Capital Markets Day. 16 May. https://gvc-plc.com/wp-content/uploads/2019/05/2019-GVC-Capital-Markets-Day-Presentation.pdf

Habib, T., 2012. Welcome to Ghas Mandi: Asia' s largest gambling den. Pakistan Today, 25 July, www.pakistantoday.com.pk/2012/07/25/welcome-to-ghas-mandiasias-largest-gambling-den/

Haigh, P., 2002. Are you collaborating with this virtual abomination? Racing Post, 3 May.

Hancock, L. and G. Smith, 2017. Critiquing the Reno Model I-IV international influence on regulators and governments (2004–2015) – the distorted reality of 'responsible gambling'. International Journal of Mental Health and Addiction. Advance online publication, doi: 10.1007/s11469-017-9746-y

Hansard (1960) Betting and Gaming Bill. Hansard vol. 623, 11 May, https://hansard.parliament.uk/Commons/1960-05-11/debates/0c227af7-f68c-47d4-bcf7-125acb241071/BettingAndGamingBill

Hansard (1995) Lord Gisborough in HL Deb., 22 November. Hansard vol. 567, cols 298–300, https://publications.parliament.uk/pa/ld199596/ldhansrd/vo951122/text/51122-02.htm

Hansard (2013) Minister of State Hugh Robertson, Culture Media and Sport, oral answers to questions, 10 January. Hansard vol. 556, https://hansard.parliament.uk/Commons/2013-01-10/debates/13011036000009/CultureMediaAndSport

Hariyadi, M., 2018. Christian couple sentenced to flogging for gambling in Aceh. 28 February, www.asianews.it/news-en/Christian-couple-sentenced-to-flogging-for-gambling-in-Aceh-43223.html

Hastings, G., M. Stead, L. McDermott, A. Forsyth, A. MacKintosh, M. Rayner et al. 2003. Review of Research on the Effects of Food Promotion to Children: Final Report and Appendices. Food Standards Agency, www.food.gov.uk/multimedia/pdfs/foodpromotiontochildren1.pdf

Hastings, G., O. Brooks, M. Stead, K. Angus, T. Anker and T. Farrell, 2010. Failure of self-regulation of UK alcohol advertising. British Medical Journal 340. https://doi.org/10.1136/bmj.b5650

Hattersley, R., 2004. Betraying the values my party stood for. Daily Mail, 15 October, www.dailymail.co.uk/news/article-322008/Gambling-futures.html

Hey, S., 2001. When the bookies hit the jackpot, Independent, 27 April.

Hey, S., 2008. Our national love affair: a history of the betting shop. Independent, 5 April, www.independent.co.uk/sport/racing/our-national-love-affair-a-history-of-the-betting-shop-804966.html

HM Customs & Excise, 2003. The Modernisation of Gambling Taxes: A Report on the Evaluation of the Gross Profits Tax on Betting. London: The Stationery Office.

HM Treasury, 2013. Gambling tax: new rules and sanctions to prevent avoidance by gambling companies. News story, 16 August, www.gov.uk/government/news/gambling-tax-new-rules-and-sanctions-to-prevent-avoidance-by-gamblingcompanies

Ho, C., 2016. Senate Republicans revive legislation to ban online gambling. Washington Post, 28 September, https://tinyurl.com/y3fboctj

Ho, J., 2013. Macau at odds over responsible gambling. South China Morning Post, 24 May, www.scmp.com/news/hong-kong/article/1244405/macau-odds-overresponsible-gambling

Hodgins, D.C., J.N. Stea and J.E. Grant, 2011. Gambling disorders. Lancet 378: 1874–84.

Horowitz, R., 2013. America' s Right Anti-establishment Conservatism: From Goldwater to the Tea Party. Cambridge: Polity.

House of Commons Culture, Media and Sport Committee, 2012a. The Gambling Act 2005: A Bet Worth Taking? First Report of Session 2012–13, vol. 1, https://publications.parliament.uk/pa/cm201213/cmselect/cmcumeds/421/421.pdf

House of Commons Culture, Media and Sport Committee, 2012b. Minutes of Evidence HC 421, https://publications.parliament.uk/pa/cm201213/cmselect/cmcumeds/421/120112.htm

House of Lords, 2004. Improving the framework of regulation. Chapter 8 in Select Committee on Constitution Sixth Report, https://publications.parliament.uk/pa/ld200304/ldselect/ldconst/68/6810.htm

Huggins, M., 2000. Flat Racing and British Society 1790-1914: A Social and Economic History. Sport in the Global Society. Portland,

OR: Frank Cass.

Huggins, M., 2003. Horseracing and the British 1919–1939. Manchester: Manchester University Press.

Humphreys, B., B. Soebbing, H. Wynne, J. Turvey and Y. Lee, 2011. University of Alberta SEIGA Research Team: Final Report to the Alberta Gaming Research Institute on the Socio-economic Impact of Gambling in Alberta, https://dspace.ucalgary.ca/handle/1880/48545

Hurt, C., 2005. Regulating public morals and private markets: online securities trading, internet gambling and the speculation paradox. Boston University Law Review 86: 371–441.

iGaming Business, 2008. Intertops toasts 25 years of trustworthy gambling. iGaming Business, 26 March, www.igamingbusiness.com/intertops-toasts-25-years-trustworthy-gambling%C2%A0

Jack, S., 2019. Bookmakers pledge £100m to avoid gambling crackdown. BBC News, 19 June. www.bbc.co.uk/news/business-48690743

Jackson, L., 2015. Live betting explosion at Bet365. 6 July, www.online-betting.me.uk/news/bet365-reveal-80-of-sports-betting-revenue-comesfrom-live-inplay-betting.html

Janower, C., 1996. Gambling on the internet. Computer Mediated Communication 2(2), https://onlinelibrary.wiley.com/doi/full/10.1111/j.1083-6101.1996.tb00054.x#fn1

Jensen, C., 2017. Money over misery: restrictive gambling legislation in an era of liberalization. Journal of European Public Policy 24(1): 119–34.

Joint Committee on the Draft Gambling Bill, 2003–4. Session 2003–

04, vol. 1, Stationery Office, p. 60, https://publications.parliament.uk/pa/jt200304/jtselect/jtgamb/63/6309.htm

Jones, B., 2018. The online gaming industry is going up, up and away. Gambling Insider, 20 August, www.gamblinginsider.com/in-depth/5770/the-onlinegaming-industry-is-going-up-up-and-away

Jowell, T., 2002. Licensing and gambling reform. Talk to the British Institute of Sport and Leisure Annual Conference at the Royal Lancaster Hotel, 20 November, www.tourismalliance.com/downloads/Tessa%20Jowell%20Speech.doc

Judt, T., 1998. The Third Way is no route to paradise. New York Times, 27 September,
www.nytimes.com/1998/09/27/opinion/the-third-way-is-no-route-to-paradise.html

Karlsson, A. and A. Hakansson, 2018. Gambling disorder, increased mortality, suicidality, and associated comorbidity: a longitudinal nationwide register study. Journal of Behavioral Addictions 7(4): 1091–9.

Katz, R., 2019. The Supreme Court has undone a century of American opposition to sports gambling. The Nation, 25 February, www.thenation.com/article/sports-gambling-supreme-court-betting/

Keneally, P., 2017. Australia gripped by poker machine addiction. Guardian, 14 December, www.theguardian.com/australia-news/2017/dec/14/australia-grippedby-poker-machine-addiction-report-says

KeytoCasino, 2015. Online gambling access around the world. 11 May, www.keytocasino.com/en/article/online-gambling-access-around-the-world.html

Kilsby, J., 2008. Antigua added to UK gambling 'whitelist' . GamblingCompliance, 5 November, https://gamblingcompliance.com/premium-content/insights_analysis/antigua-added-uk-gambling-%E2%80%98whitelist%E2%80%99

King, L., 2011. Side-stepping the censors: the failure of self-regulation for junk food advertising. The Conversation, 26 June, https://theconversation.com/side-stepping-the-censors-the-failure-of-self-regulation-for-junk-foodadvertising-2006

Kingma, S. 2008. The liberalization and (re)regulation of Dutch gambling markets: national consequences of the changing European context. Regulation & Governance 2(4): 445–58.

Kite, M., 2004. 'Opponents of new gambling law are snobs' , says Tessa Jowell. Telegraph, 24 October, www.telegraph.co.uk/news/uknews/1474933/Opponentsof-new-gambling-law-are-snobs-says-Tessa-Jowell.html

Knights, D., 1997. Governmentality and financial services: welfare crises and the financially self-disciplined subject. In G. Morgan and D. Knights (eds), Regulation and Deregulation in European Financial Services. London: Macmillan, pp. 216–36.

Kohler, D., 2016. On the regressivity of gambling taxes in Switzerland. Swiss Journal of Economics Statistics 152: 193.

Kollewe, J., 2019. Gambling regulator warns firms over use of gagging orders. Guardian, 31 January, www.theguardian.com/society/2019/jan/31/gamblingregulator-warns-firms-over-use-of-gagging-orders

Krugman, P., 2009. Reagan did it. New York Times, 31 May, www.nytimes.com/2009/06/01/opinion/01krugman.html?_r=2&

Kyodo, 2016. Why Singapore is seen as the model for Japan' s casino gamble. South China Morning Post, 19 December, www.scmp.com/news/asia/east-asia/article/2055702/why-singapore-seen-model-japans-casino-gamble

Ladbrokes, 2006. Responsible Business: Performance Report 2006. Harrow: Ladbrokes, www.ladbrokesplc.com/~/media/Files/L/Ladbrokes-V2/responsiblebusiness-downloads/csr-report-2006.pdf

Ladbrokes, 2016. Fair Play. Performance Update. Corporate Responsibility Report. Harrow: Ladbrokes, https://gvc-plc.com/wp-content/uploads/2018/03/ladbrokescoral-cr-report-2016.pdf

Lancet. 2017. Problem gambling is a public health concern. Lancet, 309(10098): 913.

Langham E., H. Thorne, M. Browne, P. Donaldson, J. Rose and M. Rockloff. 2016. Understanding gambling related harm: a proposed definition, conceptual framework, and taxonomy of harms. BMC Public Health. 2016;16:23.

Lazzarato, M. 2009. Neoliberalism in action: inequality, insecurity and the reconstitution of the social. Theory, Culture & Society 26: 109–33.

Littler, A., 2007. The regulation of gambling at European level: the balance to be found. ERA Forum 8(3): 357–71.

Livingstone, C., 2018. A case for clean conferences. Drug and Alcohol Review 37(5): 683–6.

Livingstone, C., A. Rintoul and L. Francis, 2014. What is the evidence for harm minimisation measures in gambling venues? Evidence Base 2: 1–24.

Livingstone, C., A. Rintoul, C. de Lacy-Vawdon, R. Borland, P. Dietze, T. Jenkinson et al. 2019. Identifying Effective Policy Interventions to Prevent Gambling-related Harm. Melbourne: Victorian Responsible Gambling Foundation.

Louie, S. 2014. Asian gambling addiction. Psychology Today, 10 July, www.psychologytoday.com/gb/blog/minority-report/201407/asian-gamblingaddiction

Lund, E., 2018. The re-regulation of the Swedish gambling market explained. 1 August, www.gambling.com/news/the-re-regulation-of-the-swedish-gamblingmarket-explained-1512200

Lundh, A., J. Lexchin, B. Mintzes, J. Schroll and L. Bero, 2017. Industry sponsorship and research outcome. Cochrane Database Systematic Review, 16 February: 2.

Mackenzie, D., 2008. An Engine Not a Camera: How Financial Models Shape Markets. Cambridge, MA: MIT Press.

Markham, F., M. Young and B. Doran, 2016. The relationship between player losses and gambling-related harm: evidence from nationally representative cross-sectional surveys in four countries. Addiction 111: 320–30.

Massachusetts Gaming Commission, 2015. Expanded Gaming Act, http://massgaming.com/about/expanded-gaming-act/

MF, 2017. How bookmakers deal with winning customers. The Economist, 4 October, www.economist.com/the-economist-explains/2017/10/04/how-book makers-deal-with-winning-customers

Miers, D., 2004. Regulating Commercial Gambling: Past, Present and Future. Oxford Socio-Legal Studies. Oxford: Oxford University.

Miles, T., 2018. Antigua 'losing all hope' of U.S. payout in gambling dispute. 22 June, www.reuters.com/article/uk-usa-trade-antigua/antigua-losing-all-hope-ofu-s-payout-in-gambling-dispute-idUSKBN1JI0VZ

Ministry of Health, 2014. Roles. 19 March, www.health.govt.nz/our-work/mentalhealth-and-addictions/gambling/strategic-direction-overview/roles

Mitchell, T., 1991. The limits of the state: beyond statist approaches and their critics. American Political Science Review 85(1): 77–96.

Monaghan, A., 2018. William Hill fined £6.2m by Gambling Commission. Guardian, 20 February, www.theguardian.com/business/2018/feb/20/williamhill-fined-62m-by-gambling-commission

Morgan Stanley, 2015. Morgan Stanley Global Gaming Report 2015. http://docslide.us/data-analytics/morgan-stanley-global-gaming-report-2015.html

Murphy, S., 2012. When going to work is far from a safe bet. Guardian, 11 May,
www.theguardian.com/money/2012/may/11/work-safety-betting-shop-staff

Nash, R., 2013. Sporting with kings. In R. Cassidy (ed.), The Cambridge Companion to Horseracing. Cambridge: Cambridge University Press, pp. 13–25.

New Zealand Ministry of Health. 2015. Strategy to Prevent and Minimise Gambling Harm 2016/17 to 2018/19: Consultation Document. Wellington: Ministry of Health

.

Newall, P., 2015. How bookies make your money. Judgment and Decision Making 10(3): 225–31.

Newman, O., 1968. The sociology of the betting shop. British Journal of Sociology 19: 17-35.

Nicoll, F., 2013. Finopower: governing intersections between gambling and finance. Communication and Critical/Cultural Studies 10(4): 385-405.

Nicoll, F., 2019. Gambling in Everyday Life: Spaces, Moments and Products of Enjoyment. New York: Routledge.

Nolan, K., 2015. Neoliberal common sense and race-neutral discourses: a critique of 'evidence-based' policy-making in school policing. Discourse: Studies in the Cultural Politics of Education 36(6): 894-907.

Oakley, R., 2016. The turf: on the money. The Spectator, 25 June, www.questia.com/magazine/1P3-4097182881/the-turf-on-the-money

O' Connor, N., 2017. A short history of the betting exchange industry. www.bettingmarket.com/refraichir010388.htm All Rights Reserved.

Orford, J., 2012. Gambling in Britain: the application of restraint erosion theory. Addiction 107: 2082-6.

Orford, J., H. Wardle and M.D. Griffiths, 2013. What proportion of gambling is problem gambling? Estimates from the 2010 British Gambling Prevalence Survey. International Gambling Studies 13: 4-18.

Patel, J., 2018. LeoVegas Italy MD exclusive: 'Ad ban is insane and goes against EU law' . Gambling Insider, 29 August, www.gamblinginsider.com/news/5809/leovegas-italy-md-exclusive-ad-ban-is-insane-and-goes-against-eu-law

Paton, D., D.S. Siegel and L. Vaughan Williams, 2002. A policy response to the e-commerce revolution: the case of betting taxation in the UK. Economic Journal 112(480): F296–F314.

Paton, D., D.S. Siegel and L. Vaughan Williams, 2004. Taxation and the demand for gambling: new evidence from the United Kingdom. National Tax Journal 57(4): 847–61.

Payne, T., 2019. Gamblers paid to keep betting: UK' s top online betting firm Bet365 gives losers CASH so they carry on spending, undercover investigation finds. Daily Mail, 17 February, www.dailymail.co.uk/news/article-6715159/Addictspaid-gambling-UKs-online-betting-firm-Bet365-gives-losers-cash.html

Peev, G., 2012. High stakes machines in bookies lead to violence, claims gambling boss who helped introduce them to high street. Daily Mail, 1 November.

Pempus, B., 2015. Morgan Stanley nearly cuts in half U.S. internet gambling market estimate. Card Player, 31 March, https://tinyurl.com/y3dzrdy6

Percy, J., 2011. Bookies need respect too. 10 November, www.progressonline.org.uk/2011/11/10/bookies-need-respect-too/

Pickles, A., 2014. Introduction: gambling as analytic in Melanesia. Oceania 84: 207–21.

『21 世紀の資本』トマ・ピケティ著、山形浩生、守岡桜、森本正史訳、みすず書房、2014 年

Pitt, A., 2012. A study of gamblers and gaming culture in London, c. 1780–1844. MA thesis, University of York.

Pitt, C., 2013. Reflections draw on global phenomenon. BOS Magazine, March/ April, http://content.yudu.com/A23ur1/bosmagmarapr13/resources/19.htm

Pomfret, J., 2002. China' s high rollers find a seat at table - in Vegas. Washington Post, 26 March, https://tinyurl.com/y2oqe492

Preda, A. 2009. Framing Finance: The Boundaries of Markets and Modern Capitalism. Chicago and London: University of Chicago Press.

Press Association, 2012. Harman, Blunkett: Labour gambling move wrong. The Christian Institute, 6 August, http://tinyurl.com/khjppw4

Press Releases, 2017. The park is open. Microgaming celebrates Jurassic World on Day 1 of ICE 2017. 7 February, https://calvinayre.com/2017/02/07/pressreleases/the-park-is-open-microgaming-celebrates-jurassic-world-on-day-1-of-ice-2017/

Productivity Commission, 2010. Gambling: Productivity Commission Inquiry Report. Report no. 50. Canberra: Productivity Commission.

Puri, S., 2014. Speculation in Fixed Futures: An Ethnography of Betting in between Legal and Illegal Economies at the Delhi Racecourse. Kobenhavns Universitet, Det Humanistiske Fakultet.

Queensland Government, 2015. Australian/New Zealand Gaming Machine National Standard § 3.3, https://publications.qld.gov.au/dataset/a-nz-gaming-machinenational-standards/resource/5904c4d0-19ea-4769-ae25-fa2605a8c9f2

Quinn, B. and G. Wilson, 2007. Gordon Brown scraps super-casinos. Daily Telegraph, 12 July.

Racing Post Staff, 1998. Anthony O' Hara, nominee, Betting Office Manager of the Year, 30 November.

Ramesh, R., 2013. High-stakes gambling machines 'suck money from poorest communities'. Guardian, 4 January, www.theguardian.com/uk/2013/jan/04/fixed-odds-betting-terminals-poorest-communities

Reith, G., 2004. Gambling and the contradictions of consumption: a genealogy of the 'pathological' subject. American Behavioural Scientist 51(1): 33–55.

Rennie, D., 2001. Chinese drug addiction 'in the genes'. Daily Telegraph, 15 March, https://tinyurl.com/yxuungzs

Richards, R., 2019. William Hill, MGM resorts committed to U.S. sports betting, 7 July, https://ats.io/news/william-hill-mgm-resorts-committed-to-u-s-sportsbetting/3587/

Riches, D., 1975. Cash, credit and gambling in a modern Eskimo economy: speculations on origins of spheres of economic exchange. Man 10(1): 21–33.

Rintoul, A. and J. Deblaquiere, 2019. Gambling in Suburban Australia, Research

Report. Melbourne: Australian Institute of Family Studies.

Rock, G., 2001. Gambling a-gogo. Guardian, 29 April, www.theguardian.com/sport/2001/apr/29/comment.theobserver

Rose, N., 1999. Powers of Freedom: Reframing Political Thought. Cambridge: Cambridge University Press.

Rose, N., 2003. Gambling and the law: the new millennium. In:

G. Reith (ed.), Gambling: Who Wins? Who Loses? New York: Prometheus, pp. 113–31.

Rossow, I. and M.B. Hansen, 2016. Gambling and gambling policy in Norway–an exceptional case. Addiction 111: 593–8.

Rowlatt, S., 1933. Final Report of the Royal Commission on Lotteries and Betting 1932–3, Cmd 4341. London: HMSO.

Rudgard, O., 2019. Social media giants face US grilling over failure to protect children. Telegraph, 10 July, www.telegraph.co.uk/technology/2019/07/10/social-media-giants-face-us-grilling-failure-protect-children/

Sahlins, M., 2008. The Western Illusion of Human Nature. Chicago: Prickly Paradigm Press.

Sallaz, J., 2009. The Labor of Luck: Casino Capitalism in the United States and South Africa. Berkeley: University of California Press.

SBC News, 2014. William Hill' s single manning trial comes under scrutiny. 12 August, www.sbcnews.co.uk/retail/2014/08/12/uk-mps-attack-william-hills-retailemployee-policies/#ixzz3LPJCaUBl.

Schull, N., 2005. Digital gambling: the coincidence of desire and design. Annals of the American Academy of Political and Social Science 597: 65–81.

『デザインされたギャンブル依存症』ナターシャ・ダウ・シュール著、日暮雅通訳、青土社、2018 年

Schull, N., 2013. Turning the tables: the global gambling industry' s crusade to sell slots in Macau. In R. Cassidy, A. Pisac and C. Loussouarn (eds), Qualitative Research in Gambling. New York:

Routledge, pp. 92–106.

Schwartz, D., 2006. Roll the Bones: The History of Gambling. New York: Gotham.

Scott, A., 2015. Keeping Macau responsible. World Gaming Magazine, https://fba.um.edu.mo/keeping-macau-responsible/

Select Committee on the European Union, 2017. Uncorrected oral evidence: Brexit: Gibraltar. http://data.parliament.uk/writtenevidence/committeeevidence.svc/evidencedocument/european-union-committee/brexit-gibraltar/oral/46200.html

Sherwell, P. and P. Hennessy, 2006. Prescott did talk about casinos says Done. Telegraph, 16 July, www.telegraph.co.uk/news/uknews/1524035/Prescott-didtalk-about-casinos-says-Dome-firm.html

Shore, C. and S. Wright, 2015. Governing by numbers: audit culture, rankings and the new world order. Social Anthropology 23(1): 22–8.

Sidney, C., 1976. The Art of Legging. London: Maxline International.

Silver, A., 2014. Legalize and regulate sports betting. New York Times, 13 November,
www.nytimes.com/2014/11/14/opinion/nba-commissioner-adam-silverlegalize-sports-betting.html

Singh, N., 2018. Thane anti-extortion cell nabs Sonu Jalan, India' s leading cricket bookie. 29 May, www.dnaindia.com/india/report-thane-anti-extortion-cell-nabssonu- jalan-india-s-leading-cricket-bookie-2620071

Sky News, 2014. World Cup betting set to smash £1bn barrier. 11 July, http://news.sky.com/story/1299404/world-cup-betting-set-to-smash-1bn-barrier

Smith, K., 2013. Beyond Evidence-based Policy in Public Health: The Interplay of Ideas. Basingstoke: Palgrave Macmillan.

Smith, S.W., C.K. Atkin and J. Roznowski, 2006. Are 'drink responsibly' alcohol campaigns strategically ambiguous? Health Communication 20(1): 1-11.

Smurthwaite, T., 2000. How big a gamble is the zero-tax plan? Economists evaluate John Brown' s call for punters' deductions to be abolished. Racing Post, 3 February, www.thefreelibrary.com/How+big+a+gamble+is+the+zero-tax+plan%3F%3B+Economists+evaluate+John...-a060968396

Steinmetz, A., 1870. The Gaming Table: Its Votaries and Victims, in All Times and Countries, Especially in England and in France. London: Tinsley Brothers.

Steketee, M., 2016. Gambling pays off ... for Australian governments, ABC News, 16 July, www.abc.net.au/news/2015-07-17/steketee-gambling-pays-off-for-australiangovernments/6625170

Stocks, T., 2015. Red roses and slain dragons. Presentation, 23 April, https://docplayer.net/5662945-Red-roses-and-slain-dragons-a-presentation-by-timstocks-chairman-james-stocks-co-and-partner-taylor-wessing-llp.html

Stradbrooke, S., 2013. Online gambling companies ponder future as UK gov' t confirms 15% POC tax. 16 August, https://calvinayre.com/2013/08/16/business/uk-govt-confirms-online-gambling-point-of-consumption-tax/

Stradbrooke, S., 2016. Crown Resorts hires legal team to probe liability over China arrests. 25 November, https://calvinayre.com/2016/11/25/casino/crown-resortslegal-review-liability-china-

arrests/

Stradbrooke, S., 2018a. Italy’ s gambling ad ban won’ t apply to existing contracts. 2 July, https://calvinayre.com/2018/07/02/business/italy-gambling-ad-ban-carveoutexisting-contracts

Stradbrooke, S., 2018b. Vietnam identifies first casino to take part in locals gambling trial. 18 June, https://calvinayre.com/2018/06/18/casino/vietnamfirst-casino-locals-gambling-trial/

Strathern, M. (ed.), 2000. Audit Cultures: Anthropological Studies in Accountability, Ethics, and the Academy. London: Routledge.

Sweney, M., 2013. TV gambling ads have risen 600% since law change. Guardian, 19 November, www.theguardian.com/media/2013/nov/19/tv-gambling-ads

Sylvester, R., 2014. Stop bombarding our kids with betting ads. The Times, 29 July.

Tattersalls, 2018. October Yearling Sale Book 1. www.tattersalls.com/october1-saleoverview.php

Tempest, M., 2004. MPs: ‘Bill will increase problem gambling’ . Guardian, 7 April.

Thomas, A., 2014. Is horse racing entering the final furlong? Telegraph, 23 August, www.telegraph.co.uk/finance/newsbysector/retailandconsumer/leisure/11052183/Is-horse-racing-entering-the-final-furlong.html

Thomas, P., 2002. The worst job I ever had - virtually, that is. Racing Post, 5 July.

Thomas, W., 1901. The gaming instinct. American Journal of Sociology 6: 750–63.

Thorley, C., A. Stirling and E. Huynh, 2016. Cards on the Table: The Cost to Government Associated with People Who Are Problem Gamblers in Britain. London: IPPR.

Tomiyama, A., 2017. Vietnam to legalize gambling by locals next month. Nikkei, 17 February, https://asia.nikkei.com/Economy/Vietnam-to-legalize-gambling-bylocals-next-month

Travis, A., 2001. Britain set to embrace 'Las Vegas' gambling. Guardian, 18 July, www.theguardian.com/uk/2001/jul/18/alantravis

Treanor, J., 2013. Farewell to the FSA – and the bleak legacy of the light-touch regulator. Guardian, 24 March, www.theguardian.com/business/2013/mar/24/farewell-fsa-bleak-legacy-light-touch-regulator

United States Treasury Department 2006. Unlawful Internet Gambling Enforcement Act, Examination Handbook Section 770. https://occ.gov/static/ots/examhandbook/ots-exam-handbook-770p.pdf

Vockeroth, B., 2014. New centre to analyze problem gambling. University of British Columbia News, 12 November, https://news.ubc.ca/2014/11/12/new-centre-to-analyze-problem-gambling/

Walsh, D., 2003. Betting terminals odds on for clearance. The Times, 20 November, www.thetimes.co.uk/article/betting-terminals-odds-on-for-clearancesc7wf3cq2z0

Wardle, H., C. Seabury, H. Ahmed, C. Payne, C. Bryon, J. Corbett

et al., 2014. Gambling Behaviour in England and Scotland: Findings from the Health Survey for England 2012 and Scottish Health Survey 2012. London: The Gambling Commission.

Webb, D., 2017. Sponsored post: Derek Webb: The bookies' trade body desperately attacks the Centre for Social Justice over its FOBT report. Conservative Home, 23 August, www.conservativehome.com/sponsored/2017/08/sponsored-post-derekwebb-the-bookies-trade-body-desperately-attacks-the-centre-for-social-justiceover-its-fobt-report.html

Weiner, B., R. Perry and J. Magnusson, 1988. An attributional analysis of reactions to stigmas. Journal of Personal and Social Psychology 55(5): 738–48.

Weir, S., 1999. The City has taken over the quangos under New Labour. Independent, 23 November, www.independent.co.uk/arts-entertainment/the-city-has-takenover-the-quangos-under-new-labour-1128029.html

Weissmann, J., 2014. Is illegal sports betting a $400 billion industry? Slate, 21 November, https://tinyurl.com/y7e8qqnv

Wiesmann, G., 2011. Betfair files German states monopoly complaint. Financial Times, 3 July, www.ft.com/content/acbc0fbc-a598-11e0-83b2-00144feabdc0

William Hill, 2018. Capital Markets Day, 6 November, www.williamhillplc.com/media/12685/capital-markets-rns-6-november-2018.pdf

William Hill, 2019. Final Results 53 Weeks ended 1 January 2019, 1 March, www.williamhillplc.com/media/12911/wmh-2018-full-year-results-presentation-1-mar-19.pdf

Williams, R.J. and R.T. Wood, 2016. What proportion of gambling revenue is derived from problem gamblers? Communication presented at the Alberta Gambling Research Institute Conference, Banff, https://prism.ucalgary.ca/bitstream/handle/1880/51141/Williams_AGRI2016_What_Proportion_of_Gambling_Revenue_is_Derived_from_PG.pdf;jsessionid=390CD0D05C2C9316A233B27C8AC68DF7?sequence=18

Williams, R.J., Y. Belanger and J. Arthur, 2011. Gambling in Alberta: History, Current Status, and Socioeconomic Impacts. Edmonton, AB: Report prepared for the Alberta Gambling Research Institute.

Williams, R.J., B.L. West and R.I. Simpson, 2012. Prevention of Problem Gambling: A Comprehensive Review of the Evidence and Identified Best Practices. Report prepared for the Ontario Problem Gambling Research Centre and the Ontario Ministry of Health and Long Term Care, www.uleth.ca/dspace/handle/10133/3121.

Williams, R.J., R.A. Volberg, R.M.G. Stevens, L.A. Williams and J.N. Arthur, 2017. The Definition, Dimensionalization, and Assessment of Gambling Participation. Report prepared for the Canadian Consortium for Gambling Research, 1 February.

Willink, H., 1951. Report of the Royal Commission on Betting, Lotteries and Gaming, 1949-51, Cmd 8190.

Wilson, T. and M. Saito, 2018. Foreign casino operators go all in as they vie for Osaka licence. Reuters, 20 August, https://tinyurl.com/y4s58fot

Witherow, T., 2018. Finance director, 35, stole £1million from his employer to fund gambling addiction after betting firms convinced him to spend £50k in ONE DAY by giving him free holidays. Daily

Mail, 2 December, www.dailymail.co.uk/news/article-6452499/Finance-director-35-stole-1million-employer-fundgambling-addiction.html

Wood, G., 1998. Racing: advance of the High Street bookie. Independent, 25 September, www.independent.co.uk/sport/racing-advance-of-the-high-streetbookie-1200462.html

Wood, G., 2013. Bookmakers' starting prices often costing punters an arm and a leg. Guardian, 3 February, www.theguardian.com/sport/blog/2013/feb/03/horseracing

Wood, V., 2019. Brigid Simmons to step down from British Beer & Pub Association. The Caterer, 4 July, www.thecaterer.com/articles/555514/brigid-simmons-to-stepdown-from-british-beer-pub-association

Woodburn, J., 1982. Egalitarian societies, Man NS 17(3): 431-51.

Woodcock, A., 2012. Labour' s law on gambling ruined lives, says Harman. The Scotsman, 6 August, www.pressreader.com/uk/the-scotsman/20120805/282071979043363

Woodhouse, J., 2017. Fixed odds betting terminals. House of Commons Briefing Paper Number 06946, 24 February, http://cliftondavies.com/wp-content/uploads/2017/02/HoC-Library-Briefing-Paper-Fixed-Odds-Betting-Terminals.pdf

Woolley, R. and C.H. Livingstone, 2009. Into the zone: innovating in the Australian poker machine industry In S.F. Kingma (ed.), Global Gambling: Cultural Perspectives on Gambling Organisations. New York: Routledge, pp. 38-63.

Worhunsky P., M. Potenza and R. Rogers, 2017. Alterations in

functional brain networks associated with loss-chasing in gambling disorder and cocaine-use disorder. Drug and Alcohol Dependence 178: 363–71.

Young, M. and F. Markham, 2017. Rehabilitating Reno: a commentary on Hancock and Smith. International Journal of Mental Health Addiction, 15(6): 1187–92.

Zaloom, C., 2006. Out of the Pits: Traders and Technology from Chicago to London. Chicago: University of Chicago Press.

Zelizer, V., 1979. Morals and Markets: The Development of Life Insurance in the United States. New York: Columbia University Press.

Zelizer, V., 1994. The Social Meaning of Money: Pin Money, Paychecks, Poor Relief, and Other Currencies. New York: Basic Books.

Zheng, V. and P. Wan, 2014. Gambling Dynamism: The Macao Miracle. Berlin: Springer.

Ziolkowski, S., 2017. The World Count of Gaming Machines 2016. Gaming Technologies Association, Australia, http://gamingta.com/wp-content/uploads/2017/05/World_Count_2016.pdf

Zuboff, S., 2019. The Age of Surveillance Capitalism. London: Profile.

【著者】レベッカ・キャシディ（Rebecca Cassidy）

ロンドン大学ゴールドスミス・カレッジ人類学教授。『ギャンブリングの定性調査：リスクの生産と消費の探求（Qualitative Research in Gambling : Exploring the Production and Consumption of Risk)』の共著者。

【訳者】甲斐理恵子（かい・りえこ）

翻訳者。北海道大学卒業。おもな訳書に『世界史を変えた戦い』（ヴィジュアル・エンサイクロペディア)、『ピクルスと漬け物の歴史』(「食」の図書館)（以上、原書房)、『時の番人』（静山社）などがある。

【翻訳協力】株式会社トランネット　www.trannet.co.jp

ギャンブリング害 ―貪欲な業界と政治の欺瞞―

2021年6月30日　初版第1刷発行

著　者　レベッカ・キャシディ
訳　者　甲斐理恵子

発行者　中野進介
発行所　株式会社ビジネス教育出版社

〒102-0074　東京都千代田区九段南4-7-13
TEL 03(3221)5361(代表)／FAX 03(3222)7878
E-mail ▶ info@bks.co.jp URL ▶ https://www.bks.co.jp

装丁・DTP／有留　寛
印刷・製本／シナノ印刷株式会社

ISBN 978-4-8283-0863-0　C0033